低碳经济：
气候变化背景下中国的发展之路

How Will China Move
Towards A Low Carbon
Economy?

庄贵阳 著

气象出版社

图书在版编目(CIP)数据

低碳经济：气候变化背景下中国的发展之路/庄贵阳著. —北京：气象出版社，2007.11（2010.10 重印）

ISBN 978-7-5029-4366-0

Ⅰ.低… Ⅱ.庄… Ⅲ.气候变化-影响-经济发展-研究-中国 Ⅳ.P468.2

中国版本图书馆 CIP 数据核字（2007）第 158127 号

低碳经济：气候变化背景下中国的发展之路

Ditan Jingji：Qihou Bianhua Beijing Xia Zhongguo de Fazhan zhi Lu

出版发行：气象出版社

地　　址：北京市海淀区中关村南大街 46 号

邮政编码：100081

网　　址：http://www.cmp.cma.gov.cn

E-mail： qxcbs@263.net

总 编 室：010-68407112

发 行 部：010-68409198

责任编辑：郭彩丽　张　斌

终　　审：陈云峰

封面设计：燕　彤

插　　图：王　伟

责任技编：都　平

责任校对：韩晓芳

印　　刷：北京奥鑫印刷厂

开　　本：710×1000　1/16

印　　张：11.5

字　　数：207 千字

版　　次：2007 年 11 月第 1 版

印　　次：2010 年 10 月第 4 次印刷

定　　价：25.00 元

前　言

2007 年达沃斯世界经济论坛已将气候变化列为全球压倒一切的首要问题。中国作为一个主要经济力量的出现,对国家、地区和全球的能源利用和环境保护具有重要的含义。国际气候谈判中关于发展中国家是否应该承诺减排义务的争论,促进了对能源消费和经济增长、温室气体排放与经济发展关系的研究。中国对发展权利和排放空间的正当主张,也需要中国学者强有力的学术支持。因此,无论从理论层面还是从实践层面来看,本文选题都具有重要的学术价值和现实意义。

中国政府为满足人民群众日益增长的物质和文化需求的目标和为此而付出的努力,是驱动当前和今后中国能源消费和二氧化碳排放增长的主要原因。中国既需要较大的温室气体排放空间,也有保护全球气候的义务。在"共同但有区别的责任"原则下,把气候政策与国家发展目标结合起来,走低碳发展道路,是中国应对气候变化挑战的必然选择。很多发展中国家也希望中国能够探讨低碳经济发展模式,中国是研究向低碳经济转型的绝好案例。

气候变化是环境问题,也是发展问题,归根结底是发展问题。从长期看,一个国家(或地区)向低碳经济转型的过程,就是温室气体排放与经济增长不断脱钩的过程。通过研究全球人均收入和温室气体排放数据,我们发现,从全球层面来看,如果没有足够的政策干预,人均收入增长和人均排放之间的正相关关系将长期存在。必须通过适当的政策措施,才能打破这种联系。我们有理由相信,人均温室气体排放与人均收入之间会出现近似倒"U"型的曲线,但中国正处于这一曲线的爬坡阶段。

向低碳经济转型已经成为世界经济发展的大趋势。低碳经济不仅是一项经济愿景,更是一项社会工程。对于发展中国家来说,虽然发达国家的实践经验具有重要的借鉴意义,发达国家也会给予相应的支持,但机遇与挑战并存,挑战甚至大于机遇。由于中国目前正处于资本密集型工业化和城市化阶段,在国际贸易分工的大格局下,中国正在成为"世界加工厂",投资规模在中国乃至世界历史上几乎都是前所未有的。如果只是对常规技术的简单复制,一经投入,便有一个投资回报期技术和资金的锁定效应(lock-in effect)。因此,中国向低碳经济转型必须在后京都国际制度框架中统筹考虑。

发展中国家能否利用后发优势在工业化进程中实现低碳经济发展,在很大程度上取决于资金和技术能力。限于自身经济实力，发展中国家整体科技水平相对落后，技术研发能力、技术消化吸纳能力十分有限，对进口国外技术依赖性很强。虽然市场上各种技术（从高端到低端）应有尽有，但发展中国家缺乏足够的购买能力。虽然中国的储蓄率很高，但资金或沉淀或浪费，没有发挥出应有的效率。虽然《联合国气候变化框架公约》规定，发达国家有义务向发展中国家提供技术转让，然而实际进展与预期相去甚远，清洁发展机制（CDM）项目对发展中国家的技术转让也十分有限。因此，未来国际气候制度的发展，非常有必要寻求通过制度化的手段，解决好知识产权保护和技术转让的关系问题。中国应该积极利用公约框架内外的各种途径促进发达国家向中国的技术转让。

中国在提高能源效率和降低能源强度方面不仅目标雄心勃勃，而且已经付出了卓有成效的努力。中国"十一五"规划中提出控制温室气体排放，降低单位国内生产总值（GDP）能耗 20％的目标就是一项重要的低碳经济发展行动。然而，由于中国正处于经济扩张期，即便实现能源强度下降 20％的目标，也只能做到相对的低碳发展。

本书是基于作者的博士论文和英国全球机遇基金项目"通过激励机制促进低碳发展"的研究成果完成的。作者在国内率先对低碳经济的概念和理论基础进行了阐述，并对中国低碳经济发展的途径与潜力等进行了前瞻性分析。希望本书的一些研究结论和思考对相关部门的决策和后续研究都有重要的参考价值。

庄贵阳

2007 年 11 月

Foreword

Climate Change was ranked the top issue to be solved by the World Economic Forum Annual Meeting 2007. China is an emerging economic superpower, its actions to tackle climate change has important implications for energy utilization and environmental protection at local, regional and global level. The controversy on whether developing countries should make commitment to restrict their greenhouse gas (GHG) emissions in the international climate negotiation, has promoted research on relationship between energy consumption and economic growth, as well as GHG emissions and economic development. The rational claim for China to have development right and emission space needs strong academic support from the Chinese researchers. Therefore, this study intends to enhance academic values and practical implications both at theoretical and practical levels.

China's sustained high growth rate and its pursuit of being a well-off society have been the primary drivers for the large increase in energy demand and GHG emissions at current and future period. China needs larger GHG emissions space. At the same time, China has the obligation to protect global climate. Under the principle of "Common but Differentiated Responsibilities", a win-win solution for China is to pursue low carbon development through coordinating climate change policy and development goals. Therefore, China constitutes a strong case to explore the approach of a low carbon economy development.

Climate change is not just an environmental concern but also a development issue, ultimately a development problem. In the long term, the process that a country moves towards a low carbon economy is that GHG emissions gradually are decoupled from economic growth. At the global level, in the absence of policy interventions, the long-run positive relationship between income growth and emissions per capital is likely to persist. It requires strong and deliberate policies to change this positive relation. The inverted "U" curve could be the relation between GHG emission per capital and income per capital under appropriate policy interventions, and China is now in the climbing up stage.

Moving towards a low carbon economy has been a global trend of world economy development. Low carbon economy is not only an economic vision, but also a social project. Actual experiences and supports from developed countries are of great importance for developing countries. Both opportunities and challenges exist, however challenges are greater than opportunities. As China is in the stage of capital-intensive industrialization, urbanization, and the "world manufacturing factory" under the pattern of international trade, the investment scale is almost unprecedented in the history of China and the world. If the investment is just a replication of conventional technologies, once invested, there would be a "lock-in effect" of capital and technology during the life expectancy. Therefore, China's low carbon economic development must be attached importance to in the context of post-Kyoto climate regime building.

The degree to which developing countries can realize low carbon development taking advantage of being a later comer in industrialization depends on the capability of capital and technology. Constrained by limited economic strength, the development of science and technology in developing countries are far behind developed countries. The capabilities and assimilation of technological R&D are rather limited in developing countries and rely mainly on importing new technologies from developed countries. Although there are all kinds of technologies from high to low levels in the market, developing countries also lack enough purchasing capability. Although China has a high saving rate, capital dose not play its role efficiently due to its deposition or waste.

UNFCCC stipulates that developed countries have obligations to transfer technology to developing countries, but the actual progress is far from the expectations, and the role of Clean Development Mechanism (CDM) in technology transfer from developed countries to developing countries is rather limited. Therefore, it is necessary to seek institutional arrangement in the process of future international climate regime construction to solve the issue of Intellectual Property Rights (IPR) and technology transfer. China should use various accesses within and outside UNFCCC framework in a proactive way to promote technology transfer from developed countries to China.

China has set ambitious targets to improve energy efficiency, as well as reduce energy intensity, and exerted highly effective efforts. The 11th Five-Year Plan (2006 — 2010) requires that energy intensity should be reduced at least 20 percent, which is a critical action towards low carbon development. However, due to continuously growing economy, even though 20% reduction target is achieved, China could only realize relative low carbon development.

The book was completed based on the author's doctor's dissertation and some project findings from a UK Global Opportunity Fund (GOF) titled "Promotion Low Carbon Development through Incentives" (2005 — 2007). The concept of low carbon economy, its theoretical foundation, as well as approaches and potentials for china are first proposed and researched by the author. The findings and discussions could serve as important reference for the policy-makers and future research.

Zhuang Guiyang

目　录

第一章

问题的提出：选题背景及其重要意义

　　"低碳经济"由英国率先提出，目的是在发达国家和发展中国家之间建立起相互理解的桥梁。低碳经济的本质是提高能源效率和清洁能源结构问题，核心是能源技术创新和政策创新。实际上，向低碳经济转型已成为世界经济发展的大趋势。

发达国家　　　　　　　发展中国家

　　气候变化是科学、经济、政治、外交、技术、法律、制度等多种学科交叉的综合性问题,日益受到国际社会的广泛关注。在 2007 年瑞士达沃斯世界经济论坛年会上,气候变化问题超过恐怖主义、阿以冲突、伊拉克问题成为压倒一切的首要问题。国际社会在应对气候变化的挑战中逐渐认识到,解决气候变化问题的根本出路在于切断经济增长和温室气体排放之间的联系,建立一种低碳型经济发展模式。由英国引领的低碳经济发展模式不只是一个新概念,它着眼于国际气候制度建设,而且与发展中国家的经济增长和发展权益联系在一起。因此,无论从理论层面还是从实践层面来看,本书选题都具有重要的研究价值和实践意义。

1.1　低碳经济概念提出的国际政治背景

　　政府间气候变化专门委员会(Intergovernmental Panel on Climate Change,IPCC)第四次评估报告提供的证据显示,由人类活动引起的全球气候变暖已是一个不争的事实。近百年来(1906—2005 年)全球平均地面温度上升了0.74 ℃,预计到本世纪末,全球平均地面温度(与 1980—1999 年相比)可能会升高1.1～6.4 ℃(IPCC 2007a)。全球气候变化影响人类的生存和发展,对经济社会的可持续发展带来了严重的挑战,深度触及农业和粮食安全、水资源安全、能源安全、生态安全、公共卫生安全。

　　为了应对全球气候变化带来的挑战,国际社会一直努力寻求解决的良策。由于大气温室气体及其排放空间是全球公共物品,具有消费的"非排他性"和"非竞争性",因此,必须通过国际合作加以解决,以防免费搭车。由于气候变化影响的广泛性、深远性和现实性,以及应对气候变化行动的紧迫性、复杂性和艰巨性,在国际气候谈判中发达国家和发展中国家、发达国家内部各国之间、发展中国家内部各国之间利益交错,难以形成共识。既要强调历史责任,又要考虑现实排放;既要考虑公平,又要追求效率;既要考虑减排潜力,又要考虑减排能力;既要考虑减排义务,又要照顾发展需求。总而言之,气候变暖具有全球化特征和历史性根源,非一时、一地、一国之问题,也非单纯的气候问题,更非一般的环境问题,适应与减缓气候变化必须从科学、技术、经济、政治、社会、外交等多方面做出努力。

　　国际气候谈判进程的主要驱动和约束因子涉及政治意愿、经济利益和科学认知三个方面,而三者又是相互联系和相互影响的。政治意愿取决于对经济利益的判断,而经济利益又需要有坚实的科学基础。纵观国际气候谈判进程,从《联合国气候变化框架公约》(1992 年签署,1994 年生效)到《京都议定书》(1997

年签署,2005 年生效),再到后京都谈判艰难上路(2005 年启动),IPCC 的三次科学评估报告发挥了重要的推动作用。国际社会在对全球气候变暖的科学认识不断加深的同时,对温室气体减排的负面经济影响也有了更多的担心和顾虑。无论是学术界还是政府谈判代表,一度将温室气体减排和经济发展放在比较对立的角度去认识,而不同立场必然使争论陷入零和博弈的僵局。

《京都议定书》生效的条件有两个:一是至少有 55 个《联合国气候变化框架公约》缔约方批准《京都议定书》;二是批准《京都议定书》的附件 1 缔约方(发达国家和经济转型国家)的二氧化碳(CO_2)排放总量占所有附件 1 缔约方 1990 年二氧化碳排放总量的 55% 以上。由于欧盟和广大发展中国家支持《京都议定书》,因此第一个条件很容易满足。而美国布什政府于 2001 年 3 月宣布退出《京都议定书》(美国 1990 年二氧化碳排放量占附件 1 国家二氧化碳总排放量的 36.1%),《京都议定书》的前途受到重大威胁。美国退出《京都议定书》的理由有三点:一是气候变化在科学上尚存在不确定性;二是实现《京都议定书》目标对美国经济影响太大;三是中国、印度和巴西等发展中大国没有"有意义"地参与。

事实上,在《京都议定书》谈判过程中,发达国家与发展中国家就减排义务分配问题的立场存在严重对立,发达国家不断向发展中国家,尤其是中国、印度等发展中大国施压,要求其尽早承担减排义务。而发展中国家以公约公平和"共同但有区别的责任"的基本原则为依据,维护自身的发展空间和发展权益,拒绝承担任何新的义务。2000 年在荷兰海牙召开的公约第六次缔约方会议上,国际社会原本希望就《京都议定书》生效准备好条件,但由于欧美在海外减排比例和碳汇使用额度上分歧严重,最终会议无果而终。在美国宣布退出《京都议定书》的情况下,欧盟和广大发展中国家从大局出发,通过政治妥协,先后达成《波恩政治协定》和《马拉喀什协议》,从而暂时挽救了《京都议定书》,使国际气候谈判似乎又柳暗花明。但实际上,自 2001 年马拉喀什《联合国气候变化框架公约》第七次缔约方大会以后,气候变化国际谈判就开始进入低谷阶段,气氛沉闷,各国对《京都议定书》生效的信心越来越不足。在美国宣布退出的情况下,国际社会纷纷将目光集中在俄罗斯身上。俄罗斯 1990 年二氧化碳排放量占附件 1 国家二氧化碳总排放量的 17.4%,与美国合计占 53.5%。俄罗斯政府曾在 2002 年约翰内斯堡世界可持续发展大会上宣布,要考虑批准《京都议定书》。但此后的时间里,俄罗斯政府没有任何迹象表明会兑现该声明,相反却不断有政府高官和专家声称,批准《京都议定书》会对其经济造成重大影响,政府不应或不会批准。虽然俄罗斯在反复的博弈中最后决定批准《京都议定书》,《京都议定书》也于 2005 年 2 月 16 日正式生效,但《京都议定书》生效的曲折过程促使国际社会不断反思《京都议定书》模式的利弊,酝酿构建气候变化新的制度框架。在这一"反思"和"酝酿"的过程中,有三点是大部分发达国家和发展中国家都基本认同的:

(1)设定强制性减排或限排温室气体指标的《京都议定书》模式,阻力很大,实施成本很高,对经济发展确有较大不利影响,尤其是发展中国家。而且,这一模式产生的"对抗"多于主动"合作",甚至可以通过拒绝批准而退出该机制。

(2)国际社会比以往任何时候都更加深刻地体会到,减缓气候变化必须依赖科学技术,特别是清洁能源技术进步,改变经济发展方式。

(3)减缓气候变化的行动必须考虑各国的贫困和发展问题,应在可持续发展框架下进行。

然而,不管发达国家和发展中国家在某些方面的认识和看法上如何趋同,促进发展中国家有效参与全球气候保护、承担减排或限排义务始终是发达国家"反思"和"酝酿"的焦点,只是方式在发生变化。相对于《京都议定书》时期采用的政治高压立场,发达国家现在则转向较宽松、趋向自愿承诺的方式拉发展中国家参与;同样,相对于以前采用的是针锋相对、寸步不让的对策,广大发展中国家也转变了观念,主要发展中大国根据未来国内发展和国际政治的需要,倾向于转向既有承诺意愿又不会影响自身发展的策略。在这一背景下,承认发展中国家的发展权益,强调在经济发展的同时促进减排的"低碳经济"概念,逐渐成为国际气候谈判中的时髦名词。发达国家希望利用这一概念寻求发达国家与发展中国家都能够接受的立场。

"低碳经济"概念,基本上可以认为是在气候变化国际制度框架(包括《联合国气候变化框架公约》和《京都议定书》),特别是《京都议定书》遭受空前挫折的形势下由英国率先提出的。2003 年 2 月 24 日英国首相布莱尔发表了题为《我们未来的能源——创建低碳经济》的白皮书(DTI 2003)(后文简称《能源白皮书》)。宣布到 2050 年英国能源发展的总体目标是:从根本上把英国变成一个低碳经济的国家。《能源白皮书》指出,英国需要新的能源政策。尽管在过去的五年中取得了一些进步,但当今的政策无法应对未来的挑战。首先,英国需要处理来自气候变化的威胁;其次,英国必须解决由于石油、天然气和煤炭产量减少所带来的问题,这将使英国由能源出口国变为能源净进口国;最后,英国需要在接下来的 20 年中更替或更新大部分的能源基础设施。

针对上述三方面的挑战,英国能源政策提出了四个目标:

(1)不能让气候变化对环境产生重大的破坏性影响。要使英国踏上正确的轨道,大约到 2050 年时将英国二氧化碳的排放量削减 60%,并于 2020 年取得实质性的进展。

（2）可靠的能源供应是实现总体经济增长和可持续发展的基础。必须在短期和长期范围内保证适当而足够的能源安全，保持能源供应的稳定性和可靠性。

（3）自由的、竞争性的市场仍将是能源政策的基石。如果市场本身无法发出正确的信号，将采取措施鼓励工商界进行创新并发现新的机遇，在国内外促进竞争性市场的形成，协助提高可持续的经济增长率并提高劳动生产率。

（4）确保每个家庭以合理的价格获得充分的供暖。政策应当充分考虑到对社会各界可能造成的影响。对于特殊的人群可能需要采取特殊的政策，例如向能源成本负担过重的企业提供一定的支持等。

从白皮书看出，英国的低碳经济是通过政府引导、商业激励的方式，鼓励市场运用最新的低碳技术，为工业和投资者提供一个明确而稳定的政策框架，促进整个经济结构的转变。检视白皮书中的英国能源政策，显见其对于未来50年的国家发展前景与温室气体减排的进程已达成共识，除了大力提升资源利用效率之外，也兼顾实现社会公正。白皮书强调，迈向低碳经济的转型不仅在技术上是可行的，也将促使经济更繁荣地发展。英国将采取积极政策措施，发展环境友善的能源，提高能源效率，改善能源基础设施，发展低碳生产、低碳运输、低碳社区等，全面进行经济社会结构的调整；维持稳定的能源供应，发展再生能源，并确保每户家庭、特别是社会弱势群体能负担合理的能源价格。经济成长不应成为唯一的发展目标，须同时满足可持续发展的原则以及与社会公正的均衡。《能源白皮书》也承认，向低碳经济转型也会给英国经济带来新的机遇，开发、利用并出口最先进的技术，创建新的业务，提供更多的就业机会。此外，还将使英国在欧洲和全球范围内领先开发出无损于环境的、可持续的、可靠的、具有竞争力的能源市场，这将有利于世界各地的经济发展。

由于英国是工业革命的发源地，也是世界上最早实现工业化的国家，因此，其白皮书的内容以及所引领的未来政策方向备受瞩目，也引起广泛的讨论。与欧盟单一的可再生能源计划或美国氢能经济相比，低碳经济的内涵更丰富，外延更宽泛，不仅包括对新能源和可再生能源的开发利用，而且涵盖对矿物能源利用的技术改造和效率提高，还涉及对整个经济系统的结构和技术改造等更加深入和广泛的层面。所以，低碳经济是一项长期的、艰巨的、复杂的系统工程。

从长远看，低碳经济与我国的可持续发展目标是一致的。低碳经济倡导以较少的温室气体排放实现经济发展目标，强调经济发展与环境保护相协调。如果加上对社会公平问题的考虑，在实施低碳经济发展的过程中，注重满足所有国家和所有人的基本生活需求和相应的碳排放权利，则与强调经济、社会、环境协调发展的可持续发展战略是高度一致的。从技术经济特性看，低碳经济在实质上是提高能源效率和清洁能源结构的问题,核心是能源技术创新和制度创新。这一技术经济特性与中国等发展中国家目前正在开展的节约资源、能源,提高效率,调整能源结构,转变经济增长方式,走新型工业化道路,降低污染排放等做法是一致的。可以相信,国际上围绕低碳经济的能源和产业新技术开发和应用,无疑会有助于改变高消耗、高排放、低效益的社会经济发展模式,有利于缓解经济增长与资源环境之间的尖锐矛盾,促进实现全面建设小康社会目标。特别是低碳经济中对传统矿物能源利用效率的技术革新,对发展中国家更有价值。同时,有关激励低碳经济技术研发的制度创新,也对发展中国家有学习和借鉴意义。

低碳经济在国际上仍属新生事物,面临诸多发展困难和挑战。目前英国等发达国家尽管制定了一些支持政策,但低碳经济发展仍面临着诸多严重障碍,直接制约着低碳经济的发展。一是地理和资源环境的影响。尽管低碳经济比传统经济对环境的影响要小得多,而且这些影响还可以通过技术改进和政策调整被降低到最小程度,但低碳经济也会受到地理和资源环境因素的制约,不是所有国家和地区都具备发展低碳经济的条件。二是成本因素。没有低碳技术就不会有低碳经济,但低碳技术尚处于开发应用的初期阶段,单位开发成本高,生产规模小,与传统能源技术相比,尚不具备市场平等竞争的优势。

中国目前正处在工业化中期阶段,重化工工业化特征非常明显。这一特征意味着中国在较长一段时间内不可避免地要大量消耗能源和资源。根据国际能源机构发布的报告,预计到 2009 年,中国将可能超过美国,成为全球最大的温室气体排放国(IEA 2006)。考虑到经济发展的阶段特征、贸易地位、能源禀赋条件、能源效率状况、技术研发能力、国际技术环境等方面的因素,中国要在短期内大幅度控制温室气体排放,走向低碳经济,其难度与挑战是可想而知的。

总之,"低碳经济"问题因气候变化问题而起,又直接指向气候变化。从长期看,低碳经济概念符合全球环境利益和人类可持续发展要求,也迎合了发展中国家对经济发展的关注。但实际上,低碳经济是建立新的气候变化制度框架的"敲门砖"。对于广大发展中国家来说,低碳经济是一把"双刃剑",面临机遇,更面临挑战。

1. 2 低碳经济概念的界定及衡量方法

英国虽然率先提出了低碳经济的概念,并明确了自身实现低碳经济的目标和时间表,但英国并没有界定低碳经济的概念,也没有给出可以在国际上进行比较的指标体系。国际气候谈判之所以步履维艰,在于量化各国的减排或限排义务涉及到各国的经济利益,从而影响各国的政治意愿。无论是绝对量的减排目标或相对量的减排目标(强度目标),还是人均排放量目标或基本需求指标等都有各自的优点和缺陷,部分国家反对、部分国家支持。《京都议定书》是人类减缓全球气候变暖的重要的第一步,根据"共同但有区别的责任"原则率先为附件 1 国家规定了具有法律约束力的绝对量减排目标,但由于美国的退出,《京都议定书》的环境效益大打折扣,《京都议定书》绝对量减排目标设定模式也受到很多质疑。因此,寻求"一刀切"的低碳经济指标也会面临同样的问题。

一般而言,对低碳的理解可以分为三种情形:第一种情形是温室气体排放的增长速度小于国内生产总值(GDP)的增长速度;第二种情形是零排放;第三种情形是绝对排放量的减少。实现以上三种情形低碳发展的前提条件是经济正增长(GDP 增长率大于零)。对于英国等发达国家来说,追求的目标应该是绝对的低碳发展;对于发展中国家而言,目标应该是相对的低碳发展。潘家华研究员指出,低碳经济(发展),重点在低碳,目的在发展,是要寻求全球水平、长时间尺度的可持续发展(潘家华 2004b)。各国有多种方式来实现发展,而每种发展方式的碳排放情景往往存在差别。在给定大气中温室气体浓度的情况下,发展的路径、速度和规模会受到一定的硬性约束。通俗地讲,低碳经济就是为了实现公约的最终目标——"把大气中温室气体浓度稳定在防止气候系统受到威胁的人为干扰的水平上",在保持经济增长的同时,减少温室气体排放。政府采取低碳经济政策的终极目标就是切断经济增长与温室气体排放之间的联系。为了指导低碳经济实践,建立概念与政策之间的联系,必须设立低碳经济的评价方法。

在环境经济领域,衡量环境变量与经济变量关系最常见的方法是"环境库兹涅茨曲线"(Environmental Kuznets Curve,EKC)。20 世纪 90 年代以后,美国经济学家格鲁斯曼(Grossman 等 1991)等提出了"环境库兹涅茨曲线"概念,认为环境质量同经济增长一样也呈倒"U"型曲线关系,即在经济发展的初期阶段,随着人均收入的增加,环境污染由低趋高,到达某个临界点(拐点)后,随着人均收入的进一步增加,环境污染又由高趋低,环境得到改善和恢复。不过,需要注意的是,"环境库兹涅茨曲线"原本就是经济学的一种假说,并不能理解为一般规律,更不能当做"放之四海而皆准"的真理,对待"环境库兹涅茨曲线"要用科学的、审慎的态度。经济学对这一曲线的应用多限于实证研究,没有理由证明它可以演绎为具有全球普遍适用的必然规律(吴瑞林 2006)。

一般认为,评价低碳经济的标准是指在经济增长的同时,温室气体排放量负增长。其实这只是理想状态。向低碳经济转型就是经济增长与温室气体排放之间的关系不断"脱钩"(decoupling)的过程。顾名思义,"脱钩"就是指用少于以往的物质消耗产生多于以往的经济财富,这个概念是针对长期以来经济增长对物质消耗的高度依赖而提出的。英文中"decoupling"一词源于"coupling"。"coupling"是"耦合"的意思,指两个不同的个体或体系,因密切相关而在运动发展中相互干预、相互牵制的现象。长期以来,人类的经济增长与物质消耗之间的关系处于典型的"耦合"状态,尤其是 20 世纪后半叶以来,经济增长极大地依赖于物质消耗,这种耦合关系变得更加紧密。但随着西方发达国家的技术进步和工业体系的逐渐完备,在 20 世纪七八十年代出现了大量的经济增长与物质消耗相背离的事实,引起了广泛的关注。科学家们分别从不同角度对这种"脱钩"现象进行了描述、研究,尽管研究方法与表达手段各异,但是基本能够达成一致的是:它反映了经济增长与物质消耗不同步变化的实质(邓华等 2004)。

脱钩指标是基于驱动力(driver)—压力(pressure)—状态(state)—影响(influence)—反应(response)框架(DPSIR)而设计的,主要反映前两者的关系也就是驱动力(如 GDP 增长)与压力(如环境污染)在同一时期的增长弹性变化情况。脱钩指标的具体测度量为脱钩指数。如公式(1.1)所示,脱钩指数指在一个时期内,一个具体的压力变量的相对变化和一个相关的经济驱动力变量的相对变化的比率。表达示为

$$DR_{t_0,t_1} = \frac{EP_{t_1}/EP_{t_0}}{DF_{t_1}/DF_{t_0}}, \tag{1.1}$$

式中 DR_{t_0,t_1} 为脱钩指数,EP 代表环境压力变量,DF 代表经济驱动力变量,下标 t_0 和 t_1 分别为考虑时间段的起始和终止时刻。

建立脱钩指标的目的在于检验一个国家温室气体政策的有效性,并寻求影响连接与可能造成脱钩的因素,作为制定适当脱钩政策的依据。以温室效应现象为例,二氧化碳排放即是环境压力,而 GDP 可成为经济驱动力,如果二氧化碳排放增长率与 GDP 增长率呈现不平行的现象,即称经济体系发生了脱钩现象。然而不平行又可分为两种情况,如果 GDP 增长率高于二氧化碳排放增长率,称为相对脱钩,倘若经济驱动力呈现稳定增长,而二氧化碳排放量反而减少,称为绝对脱钩,如图 1.1 所示。

除了绝对脱钩和相对脱钩的概念之外,还有初级脱钩、次级脱钩、双重脱钩等概念。初级脱钩指的是经济增长与自然资源利用的脱钩,衡量的是自然资源消耗(能源)和经济增长(GDP)之间的变化关系;次级脱钩指的是自然资源与环境污染的脱钩,衡量的是环境污染(CO_2)和自然资源利用(能源)变化量之间的关系;同时达到初级脱钩与次级脱钩称为"双重脱钩"。Tapio (2005)利用"脱钩弹性"(decoupling elasticity)的概念,进一步将脱钩指标再细分为连接

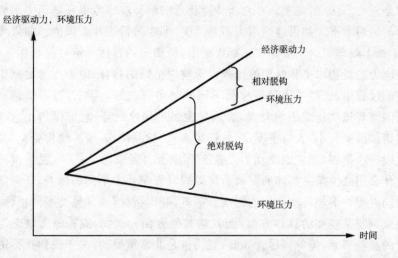

图 1.1　OECD 相对脱钩与绝对脱钩关系图

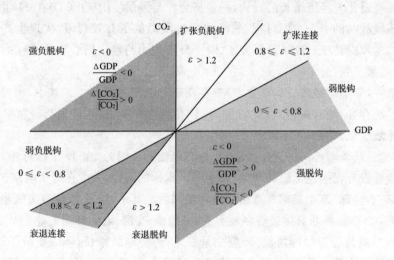

图 1.2　Tapio（2005）的脱钩指标

（coupled）、脱钩或负脱钩三种状态，再依据不同弹性值，进一步细分为弱脱钩、强脱钩、弱负脱钩、强负脱钩、扩张负脱钩、扩张连接、衰退脱钩与衰退连接等八大类（见图 1.2），使得脱钩指标进入新阶段。该指标的优点在于对环境压力指标与经济驱动力指标的各种可能组合给出了合理的定位。

　　脱钩指标建立的准则是政策相关性、分析合理性及资料的可获得性。即便上述三个准则完全满足，用脱钩指数这样一个单一尺度来衡量动态概念仍是非常困难的。首先，在许多情况下，一个具体压力变量的绝对水平是更重要的，然后才是它与 GDP 的关系。对它所传递信息的解释应该考虑环境压力和经济驱动力的绝对水平。如果这些压力需要减少,那应该低于什么阈值? 如果允许增长,那么上限是多少? 毕竟,《京都议定书》所确定的目标是绝对量目标。其次,环境压力的最初水平和时期的选择也影响对结果的解释,因为在努力减少环境压力的过程中,这些国家往往根据不同的时间表进行。第三,当用脱钩来比较不同国家环境执行成绩的时候,必须考虑每个国家的环境,即国情。这些国情包括诸如国家大小、人口密度、自然资源禀赋、能源结构、经济结构变化、经济发展阶段等。第四,当考虑驱动力变量和环境压力复杂的关系时,脱钩指标可能没有什么用处。某一具体的驱动力可以同时影响几个不同的压力,任何给定的压力同时受许多经济驱动力的影响。第五,脱钩指标,像其他类型的指标一样,往往强调复杂现实的具体方面,而省略其他方面。例如,脱钩概念缺乏与环境容量的自动联系,等等。尽管如此,脱钩也是非常重要的,关于脱钩指标的工作是重要的一步(Sturluson 2002)。

环境退化与经济增长的脱钩,是经济合作与发展组织(OECD)在 21 世纪头十年环境战略的一个主要目标,它要求促进资源的更有效利用,实现生产和消费模式的相应转变。OECD 研究了 39 个环境压力与经济增长脱钩指标的国家差别,结果发现:

第一,环境与经济脱钩现象,普遍存在于 OECD 成员国中。其中,相对脱钩现象广泛存在;绝对脱钩,也比较普遍;只有少数环境指标,环境与经济脱钩的现象比较少见。

第二,环境与经济的进一步脱钩,是有可能的。因为,在 39 个指标中,只有三个指标没有发生绝对脱钩现象;最少一个指标的脱钩,发生在两个国家。

第三,全部 39 个指标覆盖很广的环境问题。其中,16 个指标与国民经济整体有关,23 个指标与具体经济领域有关,如能源、交通、农业和制造业。

绝对脱钩分为两种情况:环境变量稳定,经济继续增长;环境变量下降,经济继续增长。第一种,部分符合环境库兹涅茨曲线;第二种,完全符合环境库兹涅茨曲线。在 39 个脱钩指标中,有 36 个指标出现了绝对脱钩;在 30 个国家中,有 29 个国家(不含土耳其)至少有 1 个指标出现绝对脱钩。很显然,在 OECD 成员国中,EKC 已经是一个普遍存在的现象,而且还会继续发展。

如果把全部 30 个国家 39 个指标作为 OECD 国家环境与经济脱钩的整体代表,那么,OECD 国家总的绝对脱钩率约为 33%,总的相对脱钩率约为 19%,总脱钩率约为 52%。由此可见,在 OECD 国家,环境与经济的冲突,已经得到有效的控制,并在继续向好的方面转化。可以预计,在不远的将来,环境和经济的冲突,可以得到满意的解决方案(OECD 2002)。

IPCC 第三次评估报告指出,国家和历史资料都表明,经济发展和温室气体排放的关系非常密切。许多研究将碳排放表示为碳强度、富裕程度(人均收入)和人口三个因子的乘积。这种分解方法表明,未来的碳排放和经济发展的目标应该通过控制人口数量、研发能够导致低碳排放的技术和管理进步来实现。一些富裕国家的收入水平相似,但人均排放水平却相差很远,这就意味着存在技术发展的"蛙跳"的机会,可以通过对技术开发和能力建设的投入,将排放降低到二分之一或三分之一。但是,实现这些机会的障碍在报告中没有进行系统分析。如果没有这些投入,温室气体排放与经济发展的关系仍将很密切。所以,发展中国家倾向认为,减少碳排放是对社会经济发展过程的一种制约。因此,减缓的挑战是将经济发展与温室气体排放增长脱钩。但是减缓政策应该根据不同国家的实际情况来设计。对附件 1 国家来说,是在改善生活质量的情况下减少温室气体的排放;对非附件 1 国家来说,是通过保持经济增长速度来逐步提高生活质量,同时保持较低的人均排放水平或降低人均排放水平(国家发展和改革委员会能源研究所 2004)。

目前我国关于脱钩的研究开展得还较少,台湾学者李坚明等(2005)针对台湾的二氧化碳排放与经济增长的脱钩指标进行了研究;贺秀斌等(2005)则将其引入到大陆的农业生态环境评价领域;陈百明等(2006)就耕地占用与 GDP 增长之间的关系进行了脱钩研究;赵一平等(2006)根据"脱钩"与"复钩"的基本思想,提出我国经济发展与能源消费相对"脱钩"与"复钩"的概念模型,并对我国经济发展与能源消费的响应关系进行实证研究,对我国能源弱"脱钩"现象背后存在的深层次问题及主要矛盾进行识别与分析。脱钩指标研究初步显示出其重要价值。

1.3　本书的选题意义和内容框架设计

全球气候变化是一个内容非常广泛的研究领域。国际学术界对气候变化问题的广泛关注可以说是从 1988 年世界气象组织(WMO)和联合国环境署(UNEP)共同成立政府间气候变化专门委员会(IPCC)开始的。作为气候变化问题的科学评估和咨询机构,IPCC 下设三个工作组和一个专题组。第一工作组主要负责从科学角度评估气候系统和气候变化,告诉人们气候变化是否在发生以及发生的原因和速度。第二工作组主要负责评估在气候变化的情况下,社会经济体系和自然系统的脆弱性,主要关注的是气候变化对人类和自然环境的影响程度,以及如何减弱这种影响。第三工作组主要负责评估限制温室气体排放、减缓气候变化的选择方案。IPCC 下设的国家温室气体清单专题组,主要负责计算、编制各个国家能源活动、工业生产、农业以及土地利用等产生的温室气体排放量等。IPCC自成立以来,分别于1990,1995,2001和2007年四次发表评估报告。这些报告已经成为国际社会认识和了解气候变化问题的主要科学依据,为国际气候保护进程,尤其是《联合国气候变化框架公约》和《京都议定书》的签署和生效起到重要的推动作用。第四次评估报告的决策者摘要于2007年刚刚完成。在《京都议定书》通过10周年和《京都议定书》下第二承诺期谈判启动之际,这第四份评估报告意义非凡。

中国作为一个主要经济力量的出现,对国家、地区和全球的能源利用和环境保护具有重要的含义,因而一直是国际学术界的重点研究对象。近年来能源消费和经济增长关系研究的热起,缘自国际气候谈判中关于发展中国家是否应该承诺减排义务的争论。中国是全球温室气体排放第二大国,预计2009年前后将超过美国成为世界第一,人均排放也将很快达到世界平均水平。国际社会要求中国承诺减排或限排的压力与日俱增。中国对发展权利和排放空间的正当主张,也需要中国学者强有力的学术支持。国外的研究成果从理论和国际比较的角度虽然有借鉴意义,但中国学者更应该做出自己独立的分析和判断。

英国率先提出低碳经济的概念并在国内开始实践。在国际层面上,2005年英国利用其作为八国首脑会议的东道国和欧盟轮值主席国之际,把气候变化问题列为八国首脑峰会的两主题之一,并于当年11月召开了以"向低碳经济迈进"为主题的由20个温室气体排放大国环境和能源部长参加的高层会议。英国是全球气候变化行动的领导者,积极利用各种平台推动后京都谈判进展,呼吁全球向低碳经济转型。2006年10月30日,英国发布了由前世界银行首席经济学家尼古拉斯·斯特恩牵头完成的《气候变化的经济学》(后文简称《斯特恩报告》),对全球变暖可能造成的经济影响做出了具有里程碑意义的评估(Stern 2007)。

总体来看,《斯特恩报告》以气候科学为基础,用"成本-效益分析"方法对欧盟明确提出的全球2℃升温上限(Brooks等2004)加以论证(进行学术与方法论阐释),呼吁各国迅速采取切实可行的行动,尽早向低碳经济转型。报告认为,实现温室气体浓度稳定是一个棘手和复杂的过程,"很难达到全球温室气体减排速度高于每年1%的目标,除非发生经济萧条的情况。即使有些国家采取了显著的减排措施,温室气体的排放通常也会高于同期的水平。"在全球范围内,"如果没有政策的干预,收入增长和人均排量的长期正比关系将持续下去。打破这种联系需要人们在选择上发生巨大转变,对碳密集型商品和服务定价,或者在科技发展上有重大突破"。只有采取"适当的政策",才可以改变这种联系。否则,"仅靠提高生产效率并不能消除收入增长所带来的影响。"在全球范围内,几乎看不到人们在变富后渴望减排而导致的大量主动减排"。

《斯特恩报告》的核心观点主要有三个:①如果各国政府在未来 10 年内不采取有效行动遏制温室效应,那么气候变化的总代价和风险将相当于每年至少失去全球 GDP 的 5%~20%。相比之下,采取行动的代价可以被控制在每年全球 GDP 的 1%左右。②在 2050 年以前,要使大气中的温室气体浓度控制在 550 ppm① 以下,全球温室气体排放必须在今后 10~20 年中达到峰值,然后以每年 1%~3%的速率下降。③到 2050 年,全球排放必须比现在的水平低大约 25%。即发达国家在 2050 年前把绝对排放量减少 60%~80%,发展中国家在 2050 年的排放与 1990 年相比,增长幅度不应超过 25%。

评论认为,《斯特恩报告》虽然只是"系列警报"中最新的一次,但这是首次由一位经济学家而不是科学家做出的关于气候变化的重量级报告,因而更具说服力和震撼力。由于斯特恩是前世界银行首席经济学家,其资深的学术经历以及各国学者不同程度地参与撰写提高了报告的权威性和公信力。斯特恩的全球游说之旅(与各国学者和政治家的交流)进一步加强了报告的影响力和说服力。

中国是《联合国气候变化框架公约》和《京都议定书》的缔约方,具有保护全球气候的义务。同时中国又是发展中国家,正处在快速工业化和城市化进程之中,需要较大的温室气体排放空间。协调好气候目标和发展目标的可能途径,就是走低碳经济发展道路,在工业化和减缓气候变化之间寻找到平衡点。中国《气候变化国家评估报告》已经明确提出,中国要走低碳经济发展道路。中国减缓气候变化的总体思路是:在保证中国到 2020 年全面建设小康社会、基本实现工业化以及到本世纪中叶基本实现现代化的社会经济发展目标的前提下,采取转变经济增长模式和社会消费模式,发展并推广先进节能技术、提高能源利用效率,积极发展可再生能源技术和先进核能技术,以及高效、洁净、低碳排放的煤炭利用技术和氢能技术,优化能源结构,保护生态环境等措施,走"低碳经济"的发展道路,并逐步建立减缓气候变化的制度和机制,以减少二氧化碳等温室气体的排放(气候变化国家评估报告编写委员会 2007)。

低碳经济不仅是一种经济愿景,更是一项社会工程。虽然中国已经完全接受了低碳经济的概念,也提出了减缓气候变化的总体思路,但并没有明确发展

①ppm(百万分之一)表示温室气体分子数与干燥空气的大气分子总数之比。如 300 ppm 表示在 100 万个干燥大气分子中,有 300 个分子是温室气体。

低碳经济的政策和制度保障措施。中国作为发展中的经济体，经济总量不断增加，能源消费和温室气体排放也在增长。相对于经济相当成熟的英国来说，中国向低碳经济转型的目标、路径肯定有很大不同。中国是否会延续发达国家经济增长和温室气体排放关系的发展道路？中国面临哪些挑战？又有哪些机遇？这些都是需要研究的课题。

中国学者最早接触的概念是低碳发展。从 1999 年起，美国能源基金会率先在中国开展了低碳发展之路项目（Low Carbon Development Programme，LCDP），重点是开发分析工具，帮助中国的能源规划人员预测当前决策对未来的影响。主要内容包括：①开发能够预测能源政策成效的情景分析工具，并利用这些工具构建可持续能源发展规划。②制定针对主要耗能行业的可持续能源政策，尤其是充分考虑能源利用外部社会成本的"全成本"能源定价政策。③推动中国能源管理体制改革，促进可持续能源政策的制定和实施。④制定主要耗能行业的国家可持续能源政策。1999—2006 年，LCDP 在中国共资助了 34 个研究项目。最具代表性的项目是《2020 中国可持续能源情景》（周大地等 2003）。虽然能源政策是低碳发展的最重要组成方面，低碳发展与低碳经济有许多相同的内涵，但是低碳经济的外延更加广泛。2003 年英国《能源白皮书》发表以后，英国外交部和英国环境、乡村和食品部（Department for Environment，Food & Rural Affairs，DEFRA）通过英国驻华使馆在中国开展了一些相关研讨会和项目研究，传播低碳经济的理念和英国经验。国内为数不多的文献主要来自中国社会科学院，文献的内容涉及英国发展低碳经济的经验（陈迎 2006）、低碳发展的社会经济与技术分析（潘家华 2004b）、中国经济低碳发展的途径与潜力（庄贵阳 2005）、机遇与挑战（潘家华 2004a）等。

作者从 1997 年起开始关注气候变化问题，并把国际气候制度和减缓气候变化的社会经济影响分析作为研究重点。作者曾经对国际气候制度的演化进程和未来发展趋势做过系统的梳理，提出走低碳发展道路，但未进行深入的分析（庄贵阳等 2005）。从目前国内发展需求来看，建设资源节约型和环境友好型社会，发展循环经济，转变经济增长方式，走新型工业化道路等符合低碳经济的内涵。因此，在已有研究工作的基础上，本书把中国如何向低碳经济转型作为主要研究内容。

本书按照提出问题、分析问题和解决问题的研究思路进行写作框架设计。首先分析比较全球温室气体排放的阶段性特征，把握温室气体排放和经济发展之间一般性的规律，然后重点研究中国向低碳经济转型的外在压力、内在需求、现实途径，并以国家"十一五"规划中能源强度目标作为案例进行剖析，从改革能源补贴政策、借鉴国际经验、发挥全球碳市场的作用三个层面评析了各种途径的潜力并提出建议，最后进行总结，展望中国低碳经济发展前景。

从具体内容看，本书共分为九章：

第 1 章："问题的提出：选题背景及其重要意义"。本章简要介绍英国《能源白皮书》提出的低碳经济发展目标和具体措施，归纳低碳经济的基本内涵。从国际气候进程尤其是《京都议定书》所面临的困境解释了发达国家提出低碳经济概念的政治经济背景，对低碳经济的衡量方法和主要研究结论进行文献综述。针对中国在国际气候谈判中所处的地位，无论是中国对发展空间的主张还是《斯特恩报告》向低碳经济转型的呼吁，凸显深入研究低碳经济的重要意义。本章概述了本书选题的意义、研究思路和主要内容。

第 2 章："从耦合到脱钩：打破排放与增长之间的联系"。本章通过对多个截面数据①的经验研究发现，从长期来看，如果没有政策干预措施，人均排放和人均收入之间将是正相关关系。只有通过周详而强有力的政策措施，才能打破这种联系。人均温室气体排放和人均 GDP 之间存在近似倒"U"型的关系，而中国等发展中国家正处于这一曲线的爬坡阶段。全球未来的温室气体排放增长将主要来自发展中国家，发展中国家必须而且有可能走低碳发展道路。本章是全书立论的基础。

第 3 章："向低碳经济转型：实现发展与减排的双赢"。本章将分析视角聚焦在世界经济舞台上具有举足轻重地位的中国身上。作为一个发展中的全球第二大温室气体排放国，中国需要较大的能源需求和温室气体排放空间，也面临国际社会要求减排的巨大压力。与此同时，中国的能源安全和资源问题已成为制约发展的因素，控制温室气体排放在一定程度上也有助于发展目标的实现。"向低碳经济转型"既是中国自身经济发展的内在要求，也是应对国际减排压力的必然选择，关系到中国未来能源战略和可持续发展的大局。

第 4 章："发展优先：中国经济低碳发展的现实途径"。本章首先比较分析了发展目标与气候目标的冲突与协调，并以交通部门为例，探讨了发展目标如何与气候目标协调统一。国际气候制度的基础是"共同但有区别的责任"原则，发展中国家既有发展的权利，也有保护气候的义务。把气候政策与国家发展目标结合起来，在发展中寻求减排是走向低碳经济发展道路的现实途径，并从提高能源效率、调整能源结构、调整经济结构、发挥碳汇潜力、遏止奢侈浪费、国际经济合作等六个方面对低碳经济发展的潜力进行了分析。

第 5 章："'十一五'能源强度目标：向低碳经济转型的重要行动"。本章将

---

① 同一时间点上各个主体的数据，如 2000 年的各国人均温室气体排放量、人均 GDP 等。

分析视角聚焦在"十一五"规划中能源强度下降 20% 目标上,首先分析了从 1980 年到 2005 年我国能源强度变化的趋势及其原因,指出从 1980 年到 2000 年能源强度下降主要是工业能源利用效率提高引起的,从 2001 年开始能源强度的反弹是由我国产业结构的重型化发展所致。本章利用情景分析方法计算了在 20% 能源强度目标约束下我国的能源需求,同时用脱钩指数说明,中国只能实现相对的低碳发展,并提出了中国实现 20% 能源强度目标的政策措施。

第 6 章:"能源补贴政策及其改革:为减排提供经济激励"。本章将分析视角集中在对国民经济影响最大的能源部门上。近年关于能源和经济增长关系的研究,无论从历史发展、经验研究还是理论层面,都证明了能源和经济增长之间的紧密关系,这说明各国为什么都要对能源部门进行严重干预的原因。能源补贴是政府为了实现国家能源政策目标而经常采取的一种政策手段,其存在的唯一理由是外部收益内部化。然而,现实中扭曲的能源价格和补贴政策已成为控制温室气体排放的最大障碍,在推进减缓气候变化的行动中,需要发挥补贴政策的正面影响,减少负面效应。

第 7 章:"英国经验:以激励机制促进低碳发展"。本章将分析视角从国内转向国际。英国是全球气候变化领域的领导者,也是低碳经济的践行者,已经实现了绝对的温室气体减排。本章介绍了英国气候变化政策中的各种经济工具以及英国气候变化政策的效果,并以中国国内的二氧化硫排污权交易为例分析了英国的政策实践对中国的借鉴意义。

第 8 章:"全球碳市场:对低碳经济的作用与改进方向"。本章将分析视野集中在一个现实而又长远的问题上。利用市场机制减少温室气体排放是《京都议定书》的一个有益的创举。全球碳市场支持符合成本效益的减排,在一定程度上促进了向发展中国家的融资和技术转让。世界银行和亚洲开发银行等国际组织都对用建立碳市场的方法促进低碳经济发展寄予厚望。虽然国际碳市场表面上看是一片繁荣景象,但实际上其持续健康发展面临着一系列严峻挑战。深层次的和流动性的全球碳市场的建立和发展是发展中国家走向低碳经济不可或缺的一个条件。

第 9 章:"前景展望:后京都时代的中国低碳发展之路"。本章强调低碳经济不仅是一种经济愿景,更是一项社会工程。对于发展中国家来说,虽然发达国家的实践经验具有重要的借鉴意义,发达国家也会给予相应的支持,但机遇与挑战并存,挑战甚至大于机遇。中国向低碳经济转型必须在后京都国际制度框架中统筹考虑。根据后京都时代所处的国情,提出中国经济低碳发展应该是自愿承诺、道义承诺和条件承诺三种承诺的组合。

第二章

从耦合到脱钩：打破排放与增长之间的联系

如果没有适当的政策干预，人均GDP与人均温室气体排放水平之间的正相关关系将长期存在。研究表明，人均GDP与人均温室气体排放水平之间存在近似倒"U"型的曲线关系。虽然中国正处于这一倒"U"型曲线的爬坡阶段，但中国也不能在环境库兹涅茨曲线上坐等拐点。

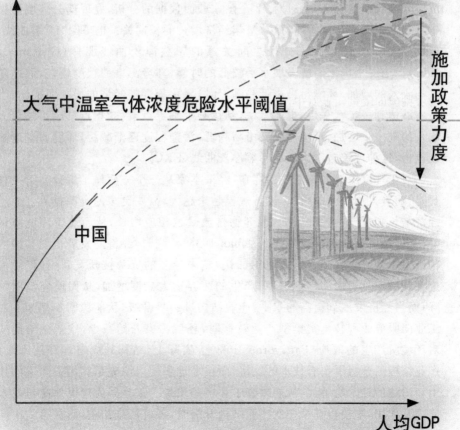

没有政策干预的情况

大气温室气体浓度

大气中温室气体浓度危险水平阈值

施加政策力度

中国

人均GDP

由人类活动造成的温室气体排放而引发的全球变暖已是不争的事实。随着世界经济的发展和各国财富的积累,大气中温室气体浓度不断攀升。发达国家对全球温室气体排放负有历史责任,但未来的全球温室气体排放将主要来自发展中国家。从《联合国气候变化框架公约》到《京都议定书》,再到后京都谈判艰难上路,关于发展权与排放权的讨论不断升级。经验研究表明,人均温室气体排放与人均 GDP 之间经过了一个低收入低排放、收入增加排放增加、高收入排放稳定甚至降低的过程。虽然发展中国家对温室气体排放需求空间的主张有重要依据,但发展中国家有必要和有可能实现向低碳经济的转型。

2.1 温室气体排放与经济发展的 EKC 检验

库兹涅茨曲线是 20 世纪 50 年代诺贝尔奖获得者、经济学家库兹涅茨用来分析人均收入水平与分配公平程度之间关系的一种学说。研究表明,收入不均现象随着经济增长先升后降,呈倒"U"型曲线关系。20 世纪 90 年代初,美国经济学家格鲁斯曼等人,通过对 42 个国家截面数据的分析,发现部分环境污染物(如颗粒物、二氧化硫等)排放总量与经济增长的长期关系也呈倒"U"型曲线,就像反映经济增长与收入分配之间关系的库兹涅茨曲线那样(Grossman 等1991)。当一个国家经济发展水平较低的时候,环境污染的程度较轻,但是随着人均收入的增加,环境污染由低趋高,环境恶化程度随经济的增长而加剧;当经济发展达到一定水平后,也就是说,到达某个临界点或称"拐点"以后,随着人均收入的进一步增加,环境污染又由高趋低,污染程度逐渐减缓,环境质量逐渐得到改善,这种现象被称为环境库兹涅茨曲线(EKC)。

对于环境库兹涅茨曲线的存在,经济学家从三个方面作了解释。第一种解释是,随着人均收入的增长,经济规模越来越大,需要更多的资源投入。而随着经济增长和资源消耗的增加,废弃物排放量也相应增长,从而使得环境质量下降,这就是所谓的规模效应(Grossman 1995)。同时,经济的发展也使其经济结构产生了变化。伴随着工业化的加快,越来越多的资源被开发利用,资源消耗速率开始超过资源的再生速率,产生的废弃物大幅度增加,从而使环境质量下降;而当经济发展到更高的水平,产业结构进一步升级,从能源密集型为主的重工业向服务业和技术密集型产业转移时,环境污染开始减少,这就是结构变化对环境所产生的效应(Panayotou 1993)。实际上,结构效应暗含着技术效应。产业结构的升级需要有技术的支持,而技术进步使得原先那些污染严重的技术由较清洁的技术所替代,从而改善了环境的质量。正是因为规模效应与技术效应相互作用,才使得在第一次产业结构升级时,环境污染加重,而在第二次产业结构升级时，环境污染减轻，从而使环境与经济发展的关系呈倒"U"型曲线。

第二种解释是从人们对环境服务的消费倾向探讨的。在经济发展初期，对于那些正处于脱贫阶段或者正处于经济起飞阶段的国家，人均收入水平较低，人们关注的焦点是如何摆脱贫困和获得快速的经济增长，再加上初期的环境污染程度较轻，人们对环境服务的需求较低，从而忽视了对环境的保护，导致环境状况恶化。此时，环境服务对他们来说是奢侈品。但随着国民收入的提高，产业结构发生了变化，人们的消费结构也随之产生变化。此时，人们对环境质量的需求增加了，于是开始关注对环境的保护问题，环境服务成为正常品，环境恶化的现象逐步减缓乃至消失（Panayotou 2003）。

第三种解释是从政府对环境所实施的政策和规章手段来阐述的。在经济发展初期，由于国民收入低，政府的财政收入有限，而且整个社会的环境意识还很薄弱，因此，政府对环境污染的控制力较差，环境受污染的状况随着经济的增长而恶化。但当国民经济发展到一定水平后，随着政府财力的增强和管理能力的加强，以及一系列环境法规的出台与实行，环境污染的程度逐渐降低。若就政府对环境污染的治理能力而言，环境污染与收入水平呈递减关系，即随着政府加快对环境污染的治理，污染物排放量呈逐步下降趋势。

自从格鲁斯曼等人的开创性研究以来，学术界对环境与经济增长的关系问题展开了激烈的争论。许多学者用实证分析方法证实了环境库兹涅茨曲线的存在，但也有一些研究结果并不支持环境库兹涅茨曲线假说。由于缺乏某国环境变化的历史数据或数据质量较差，多数西方学者早期检验 EKC 假设的实证研究，大多采用了发达国家和发展中国家在某一年份的截面数据，并用于解释或预测发展中国家将要经历的环境变化。这一研究方法得出的结果同利用时间序列数据得出的结果不一定一致。当前，越来越多的研究者利用特定国家或地区多样本、长时间段的面板数据（panel data）进行统计分析。比较一致的观点是，即使其中一些研究结果支持环境库兹涅茨曲线假说，但它们并不能确保其结果对单个国家或地区都成立（De Brueyn 等 1998）。从单个国家的情况来看，环境污染与经济增长的关系也不是单一的关系。而且由于所选样本不同，有些指标的实证结果相互矛盾。因此，"环境库兹涅茨曲线只是一个客观现象，而不是一个必然规律"（赵云君等 2004）。

关于温室气体排放与经济增长[①]关系的实证研究，多数结果支持环境库兹涅茨曲线假说，但也有例外。如 Schmalensee 等（1998）和 Galeotti 等（1999）都验证了二氧化碳排放状况与人均收入之间的倒"U"型曲线关系。Giles 等

---

①经济增长和经济发展具有不同的内涵，经济发展包含经济增长，但经济增长不等于经济发展。本文对二者不做区分。

(2003)发现,从 1895 年到 1996 年,新西兰甲烷(CH_4)的排放状况与人均收入呈倒"U"型形态分布;Ankarhem(2005)考察了瑞典的情况,指出 1918—1994 年间,二氧化碳、二氧化硫(SO_2)和挥发性有机物(VOC)的排放状况也呈环境库兹涅茨曲线分布;但是,Roca(2001)对 1980—1996 年间西班牙的六种空气污染指标进行分析,发现只有 SO_2 可能符合环境库兹涅茨曲线,其他指标并没有随收入的提高而改善;另外,Friedl 等(2003)认为,1960—1999 年间奥地利的 CO_2 排放状况与经济增长呈"N"型而非倒"U"型关系;Grubb 等(2004)认为,在工业化初期,随着人均收入的增加,人均 CO_2 排放量较高,但是跨越这一阶段之后,人均财富和人均 CO_2 排放量的关系很弱,如早期工业化国家如英国和美国,人均 CO_2 排放量已经在不同水平上趋于饱和。国内相关文献十分有限,《中国现代化报告:2007》(中国现代化战略研究课题组等 2007)根据 1960—2002 年各国人均 CO_2 排放量的变化趋势,认为部分国家符合环境库兹涅茨曲线,部分国家不符合;徐玉高等(1999)用计量经济学的方法探讨了人均 GDP 与人均 CO_2 排放量的关系,认为人均 GDP 的增加是人均碳排放增加的主要来源;张雷(2003)用多元化指数方法分析了经济发展对碳排放的影响,认为经济结构的多元化和能源消费结构的多元化会导致国家从以高碳燃料为主向以低碳为主的转变;王中英等(2006)通过相关分析探讨了中国 GDP 增长与碳排放量的关系,结果表明,二者有明显的相关性($R^2 = 0.958\ 1$)。杜婷婷等(2007)采用 SPSS 统计软件和 Excel,对中国 CO_2 排放量与人均收入增长的关系进行时间序列分析,认为二者之间呈现似"N"型而非倒"U"型的演化特征。

为了验证全球人均温室气体排放与人均 GDP 的关系,我们根据美国世界资源研究所(World Resource Institute,WRI)气候分析指标工具(Climate Analysis Indicators Tool,CAIT),利用 Excel 系统对 1975,1980,1985,1990,1995,2000 和 2003 年 7 个截面数据进行拟合分析。世界经济发展差异很大,一些早期的发达国家工业化进程都在百年以上,而进行时间序列分析必须有足够的时间跨度,但我们只有 1975—2003 年 29 年的统计数据,所以我们只进行多个横截面数据分析。

从 1975,1980,1985,1990,1995 和 2000 年 6 个横截面数据的散点图(图 2.1—2.6)来看,人均温室气体排放和人均 GDP 之间近似呈现正相关关系,并未出现倒"U"型的环境库兹涅茨曲线趋势。图 2.7 关于 2003 年人均温室气体排放和人均 GDP 关系散点图则显示,人均温室气体排放和人均 GDP 之间出现了近似倒"U"型趋势。CO_2 等温室气体被看做是污染物只是近 20 年的事。人均 GDP 和人均温室气体之间曲线关系形状的变化,说明随着时间和人均收入增长,有更多的国家人均温室气体排放增长开始接近饱和或出现放缓的趋势。

　　由于只有 1975—2003 年人均温室气体排放和人均 GDP 关系的统计数据，所以无法准确判断各个国家（主要是发达国家）是否符合环境库兹涅茨曲线。从图 2.8 来看，美国和日本人均温室气体排放渐渐趋于稳定，英国和欧盟 25 国趋于下降，韩国、中国和印度不断上升，考虑到各国的经济发展阶段，这在一定程度上是对环境库兹涅茨曲线存在的支持。根据 Huntington（2005）的研究，美国的人均 GDP 和人均 CO_2 排放呈现环境库兹涅茨曲线的关系（见图 2.9）。由于发达国家和发展中国家的发展是不同步的，发达国家的发展可能代表世界发展的方向和水平，因此，这个事实说明，温室气体排放可能是符合环境库兹涅茨曲线假说的。由于环境库兹涅茨曲线只是客观现象，并不是普适规律，所以，研究结果并不保证对每个国家都适用。

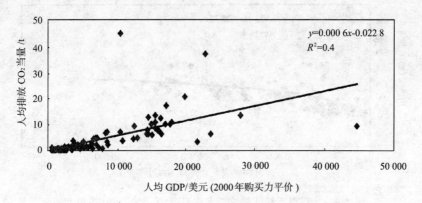

图 2.1　人均温室气体排放与人均 GDP 关系示意图（1975 年）

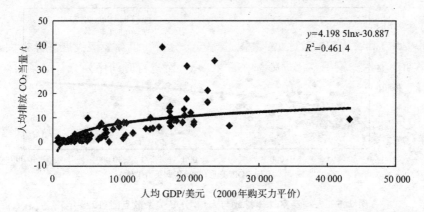

图 2.2　人均温室气体排放与人均 GDP 关系示意图（1980 年）

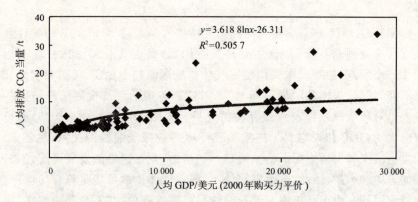

图 2.3 人均温室气体排放与人均 GDP 关系散点图(1985 年)

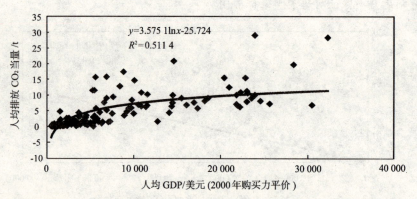

图 2.4 人均温室气体排放与人均 GDP 关系散点图(1990 年)

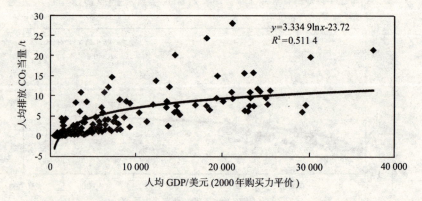

图 2.5 人均温室气体排放与人均 GDP 关系散点图(1995 年)

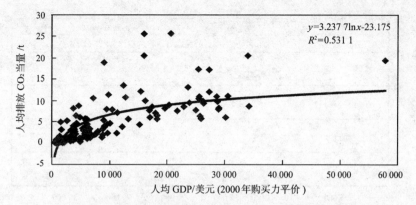

图 2.6　人均温室气体排放与人均 GDP 关系散点图(2000 年)

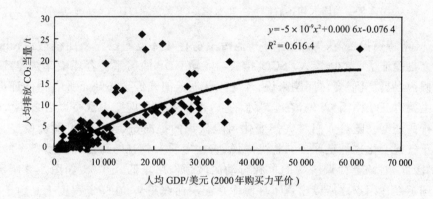

图 2.7　人均温室气体排放与人均 GDP 关系散点图(2003 年)

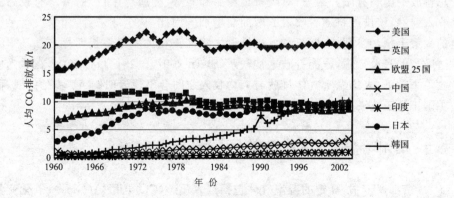

图 2.8　主要国家人均温室气体排放量变化趋势

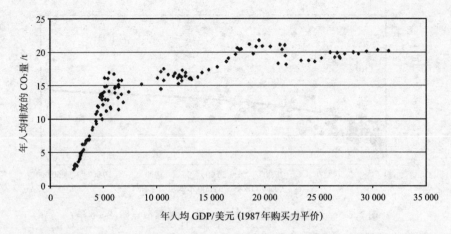

图 2.9 美国人均排放的 CO_2 和人均 GDP 的关系（Huntington 2005）

《斯特恩报告》认为,虽然对其他污染物存在环境库兹涅茨曲线假说,相关研究也验证了一些国家人均 CO_2 排放与人均 GDP 的关系符合环境库兹涅茨曲线假说,但就气候变化问题来说,环境库兹涅茨曲线假说还缺乏强有力的证据。这主要有三个原因:首先,在全球水平上,很少看到人们变得富裕以后自愿大量减排的证据。随着人们对气候变化风险认识的提高,这种情况可能会改变,但对于气候变化这种全球公共物品来说,它在本质上具有外部性和免费搭车的特点,因此,对缺乏协调统一的单独行动的激励作用较低。其次,如图 2.9 所示,美国等发达国家之所以出现了环境库兹涅茨曲线趋势,在一定程度上是由于制造业向发展中国家大量转移的结果。对全球来说,富裕国家的结构调整对全球总排放的影响有限。第三,对碳密集商品和服务(如航空旅行)的需求有较高的收入弹性,碳排放将随着收入的增加而增加。因此,从全球来看,如果没有足够的政策干预,人均收入增长和人均排放之间的正相关关系将长期存在。必须通过适当的政策措施,才能打破这种联系(Stern 2007)。我们可以认为,在适当的政策干预下,人均温室气体排放与人均收入之间会出现近似倒"U"型的曲线,而中国正处于这一曲线的爬坡阶段。

2.2 影响温室气体排放的因素分析

《京都议定书》规定的温室气体包括二氧化碳(CO_2)、甲烷(CH_4)、氧化亚氮(N_2O)、六氟化硫(SF_6)、氢氟碳化物(HFCs)、全氟化物(PFCs)六种。一个国家或地区的温室气体排放总量是按照六种气体的全球增温潜势(Global Warming Potential,GWP)折合成二氧化碳当量求和表示的。一个国家或地区的人均温室气体排放量取决于人均 GDP 和温室气体排放强度两个因素。对于主要的温室气体二氧化碳来说，影响一个国家或地区二氧化碳排放量的主要因素，除经济增长之外，主要包括人口、能源消费强度、能源结构或单位能源碳含量，用 Kaya (1990)的公式可表示为

$$\frac{CO_2 \text{ 排放量}}{\text{人口}} = \frac{GDP}{\text{人口}} \times \frac{\text{能源消耗量}}{GDP} \times \frac{CO_2 \text{ 排放量}}{\text{能源消耗量}}。$$

人均 GDP 衡量的是一个国家或地区的经济发展水平，它是衡量一个国家或地区人文发展指数和经济发展阶段的重要指标。从表 2.1 来看，美国人均 GDP 最高为 35 373 美元，巴基斯坦人均 GDP 最低只有 1 977 美元，相差约 18 倍。美国、澳大利亚和欧盟国家已进入后工业化阶段，而广大发展中国家只进

表 2.1　主要国家温室气体排放和经济增长指标比较(2003 年)

国别	温室气体排放总量/Mt	人均温室气体排放量/t	人均 GDP /美元	温室气体排放强度 /(t/100 万美元)
乌克兰	322.6	6.7	5 211	1 294.6
俄罗斯	1 581.0	10.9	8 524	1 282.7
沙特阿拉伯	327.1	14.0	12 460	1 125.6
伊朗	374.2	5.6	6 608	852.9
南非	382.5	8.3	10 055	830.1
波兰	311.2	8.1	11 287	722.0
中国	4 497.1	3.5	4 966	702.9
韩国	489.0	10.2	18 097	564.7
澳大利亚	341.4	17.2	27 271	629.9
美国	5 777.7	19.9	35 373	561.7
加拿大	543.5	17.2	28 311	606.9
印度尼西亚	346.8	1.6	3 213	502.9
土耳其	221.5	3.1	6 668	469.7
墨西哥	400.0	3.9	8 784	445.2
印度	1 148.3	1.1	2 731	395.0
德国	865.1	10.5	25 654	408.5
巴基斯坦	111.7	0.8	1 977	380.4
西班牙	335.1	8.0	22 782	350.2
欧盟 25 国	4 003.2	9.0	23 770	369.1
日本	1 258.2	9.9	26 270	375.4
英国	552.6	9.3	27 605	336.0
阿根廷	131.2	3.5	11 364	303.8
意大利	468.4	8.1	25 610	317.3
巴西	332.3	1.8	7 306	250.7
法国	393.9	6.6	26 493	247.7

①资料来源：WRI CAIT 数据库。
②表中的温室气体排放量和排放强度均以 CO_2 当量计；GDP 均以 2000 年购买力平价计。

入工业化的初期和中期。

温室气体排放强度衡量的是单位 GDP 的温室气体排放水平。不同国家的温室气体排放强度差异很大。在主要温室气体排放大国中,温室气体排放强度的差距在 5 倍左右。例如,乌克兰每百万美元产值排放的温室气体为 1 294.6 t CO_2 当量,法国每百万美元产值排放的温室气体仅为 247.7 t CO_2 当量。一个国家的温室气体排放强度与二氧化碳排放强度是不同的,由于考虑了六种温室气体,所以温室气体排放强度要高于二氧化碳排放强度。虽然发展中国家和发达国家总的二氧化碳排放强度是相似的,但发展中国家温室气体(包括六种气体)排放强度平均比发达国家高 40%。另外,排放强度水平与 GDP 的测度方法有很大关系,GDP 可以用一个国家自己的货币衡量,也可以用美元或以国际美元(购买力平价,PPP)表示。为了国际比较,一般需要根据不同基年做通货膨胀调整。

碳排放强度衡量的是单位 GDP 的二氧化碳排放水平,由能源强度和燃料结构两个变量决定。第一个变量能源强度,即单位 GDP 能耗反映了一个国家能源效率水平和它的总体经济结构,包括进出口商品的碳含量。如果一个国家的经济由重工业支配,那么它的能源强度很可能高于由服务业支配的国家,即便两个国家的能源效率是一致的。同样,如果一个国家通过贸易进口碳密集度较高的产品,当其他因素相同的话,它的能源强度将低于那些自己生产这些商品来出口的国家。能源强度水平和经济发展水平的相关性不大。经济转型国家,如俄罗斯和乌克兰具有较高的能源强度和碳排放强度。发展中国家的能源强度一般高于发达国家,主要由于 GDP 的很大份额来自于能源密集度较高的制造业。而在发达国家,碳排放强度较低的服务业在经济中占较大份额。

从历史来看,25 个排放大国中有 19 个国家从 1990 年到 2002 年的碳排放强度都在降低。中国的下降趋势最明显,为 51%。碳排放强度上升的国家包括沙特阿拉伯、印度尼西亚、伊朗和巴西等国(Baumert 等 2005)。表 2.2 给出了能源强度和燃料结构对总的碳排放强度变化的贡献。欧盟碳排放强度的下降同时缘于能源强度下降和燃料转换两个因素,如英国从煤炭转向了天然气。美国能源强度的下降几乎全部来自于能源强度的下降。在某些情况下,两个因素起的作用正好相反。比如在印度,燃料碳含量的增加几乎全部抵消了能源强度下降的作用。韩国的情况完全相反,向低碳燃料转换的效益被能源强度上升所抵消。从全球来看,相对于燃料结构的转变,碳排放强度下降更多地取决于能源强度的下降。

在 25 个主要排放大国中,分以下四种情况:一是人均 GDP 和温室气体排放强度都在下降,结果是人均温室气体排放量下降,这类国家包括南非、乌克兰和

表 2.2　主要国家人均温室气体排放量影响因素分解表(1990—2002)(Baumert 等 2005)

国 别	人均温室气体排放量变化/%	人均 GDP 变化/%	温室气体排放强度变化/%	CO_2排放强度变化/%	能源强度变化/%	单位能源含碳量变化/%
乌克兰	−48.4	−44.3	−7.5	−14	−1	−13
俄罗斯	−28.2	−23.1	−6.6	−15	−13	−3
沙特阿拉伯	35.1	1.4	33.2	45	47	−1
伊朗	56.2	38.5	12.8	17	19	−1
南非	−7.9	−0.4	−7.5	−2	−2	−1
波兰	−17.2	39.2	−40.5	−43	−39	−7
中国	32.9	186.2	−53.6	−51	−54	7
韩国	73.2	80.1	−3.8	−2	10	−10
澳大利亚	21.6	29.9	−14.0	−16	−15	−1
美国	2.1	21.8	−16.2	−17	−16	−1
加拿大	5.6	22.8	−14.0	−14	−15	0
印度尼西亚	65.0	35.5	21.7	22	1	20
土耳其	12.5	16.7	−3.6	−2	0	−2
墨西哥	4.2	15.2	−9.6	−9	−10	−1
印度	38.7	50.1	−7.6	−9	−21	16
德国	−16.0	22.8	−31.6	−29	−20	−10
巴基斯坦	19.2	24.3	−4.1	4	−2	6
西班牙	35.6	29.0	5.1	5	6	−1
欧盟 25 国	−4.4	26.5	−24.5	−23	−13	−2
日本	7.0	10.2	−2.9	−6	0	−6
英国	−8.6	24.1	−26.3	29	−19	−12
阿根廷	−5.9	18.6	−20.7	−18	−8	−11
意大利	9.9	16.8	−5.9	−10	−5	−5
巴西	31.7	13.8	15.8	17	6	10
法国	−3.7	20.7	−20.2	−19	−6	−14

俄罗斯。二是人均 GDP 和温室气体排放强度都在增长,结果是人均温室气体排放量上升,这类国家包括沙特阿拉伯、伊朗、印度尼西亚、西班牙和巴西。三是人均 GDP 增长而温室气体排放强度下降,结果是人均温室气体排放量下降,这类国家包括阿根廷、澳大利亚、德国、英国、欧盟 25 国、波兰、日本和法国。四是人均 GDP 增长而温室气体排放强度下降,结果是人均温室气体排放量上升,这类国家包括美国、加拿大、土耳其、墨西哥、印度、韩国、中国、意大利和巴基斯坦。其中最显著的情况是中国,温室气体排放强度下降了 53.6%,而人均 GDP 增长了 186.2%,温室气体排放强度显著下降的效果被人均 GDP 的高增长所抵消。美国也一样,16.2% 的温室气体排放强度下降被人均 GDP 21.8% 的增长所抵消。

为了清楚地了解主要国家温室气体排放与经济发展的关系,我们利用第 1 章所介绍的衡量低碳经济发展的 Tapio 脱钩指标(见图 1.2),对 2003 年全球 20

个温室气体排放大国在不同时期的脱钩特征进行了分析（表2.3）。从国别来看，发达国家如美国、英国、欧盟25国、德国、加拿大、澳大利亚、意大利、西班牙、法国、日本和俄罗斯，在6个时间段至少出现一次强脱钩，其中英国最为突出，一直呈现强脱钩特征。其余发达国家也以强脱钩和弱脱钩为主要特征。从发展中国家的情况来看，中国在1975—1980年和2000—2003年两个时段出现扩张连接特征，前一个时段正好是中国改革开放的起步阶段，后一个时段正是中国工业化加速、出现重化工特征的时期。1980—2000年中国出现的弱脱钩特征，同20年间中国GDP翻两番而能源消费只翻一番的发展现实是吻合的。印度的情况最为典型，在前两个时段呈现扩张负脱钩特征，中间两个时段呈现扩张连接特征，最后两个时段出现弱脱钩特征，这是我们所期望的一条发展轨迹。韩国的情况也不错，从1985—1995年的扩张连接，发展到1995—2003年的弱脱钩特征。印度尼西亚的情况最糟，主要呈现的是扩张负脱钩特征，原因在于优质能源的利用率在降低。对于巴西、沙特阿拉伯、伊朗、南非和墨西哥来说，不同时段呈现不同的特征，主要原因可能是由于经济的波动。不过，根据表2.2的数据分析，1990—2002年，伊朗呈现扩张负脱钩特征，墨西哥呈现弱脱钩特征，南非呈现衰退脱钩特征，沙特阿拉伯呈现扩张负脱钩特征。以上的分析表明，实现温室气体排放与经济增长的强脱钩是完全可能的，发达国家的发展实践是最好的明证。但是，实现绝对的低碳经济发展是一个长期复杂的系统过程。除英国之外，其他发达国家在实现低碳经济发展的道路上都曾出现过波动。对于广大发展中国家来说，采取相应的政策措施，努力做到相对的低碳经济发展更为现实。

表2.3　主要温室气体排放大国的脱钩特征

		1975—1980	1980—1985	1985—1990	1990—1995	1995—2000	2000—2003
美国	人均温室气体排放变化	0.6%	−1.6%	0.1%	−0.1%	0.9%	−1.1%
	人均GDP变化	2.6%	2.2%	2.4%	1.2%	2.4%	1.4%
	弹性	0.23	−0.72	0.04	−0.08	0.38	0.79
	脱钩类型	弱脱钩	强脱钩	弱脱钩	强脱钩	弱脱钩	弱脱钩
中国	人均温室气体排放变化	4.5%	3.2%	4.1%	3.9%	0.3%	8.3%
	人均GDP变化	5.1%	9.1%	6.2%	11.4%	7.5%	8.1%
	弹性	0.88	0.35	0.66	0.34	0.04	1.02
	脱钩类型	扩张连接	弱脱钩	弱脱钩	弱脱钩	弱脱钩	扩张连接
欧盟25国	人均温室气体排放变化	1.3%	−1.4%	−0.6%	−1.0%	−0.2%	1.1%
	人均GDP变化	2.7%	1.7%	3.7%	1.5%	2.6%	1.5%
	弹性	0.48	−0.82	−0.16	−0.67	−0.08	0.73
	脱钩类型	弱脱钩	强脱钩	强脱钩	强脱钩	强脱钩	弱脱钩

续表

		1975—1980	1980—1985	1985—1990	1990—1995	1995—2000	2000—2003
俄罗斯	人均温室气体排放变化	1.9%	0.7%	−1.0%	−5.9%	−0.6%	1.3%
	人均 GDP 变化				−8.9%	2.2%	6.3%
	弹性				0.66	−0.27	0.21
	脱钩类型				弱负脱钩	强脱钩	强脱钩
日本	人均温室气体排放变化	0.5%	−1.2%	3.2%	1.1%	0.5%	0.3%
	人均 GDP 变化	3.5%	2.3%	4.3%	1.2%	0.9%	0.1%
	弹性	0.14	0.52	0.74	0.92	0.55	3.00
	脱钩类型	弱脱钩	强脱钩	弱脱钩	扩张连接	弱脱钩	扩张负脱钩
印度	人均温室气体排放变化	2.8%	5.6%	4.7%	3.8%	2.5%	1.3%
	人均 GDP 变化	0.7%	3.3%	4.2%	3.2%	3.9%	4.2%
	弹性	4.00	1.70	1.12	1.19	0.64	0.31
	脱钩类型	扩张负脱钩	扩张负脱钩	扩张连接	扩张连接	弱脱钩	弱脱钩
德国	人均温室气体排放变化	2.0%	−0.9%	−1.5%	2.5%	−0.9%	0.1%
	人均 GDP 变化	3.3%	1.2%	2.9%	2.0%	1.9%	0.2%
	弹性	0.61	−0.75	−0.52	1.25	−0.47	0.50
	脱钩类型	弱脱钩	强脱钩	强脱钩	扩张负脱钩	强脱钩	弱脱钩
英国	人均温室气体排放变化	−0.5%	−1.0%	0	−1.0%	−0.4%	−0.1%
	人均 GDP 变化	2.1%	1.8%	3.0%	1.2%	2.5%	1.6%
	弹性	−0.24	−0.560	−0.83	−0.16	−0.06	−0.06
	脱钩类型	强脱钩	强脱钩	强脱钩	强脱钩	强脱钩	强脱钩
加拿大	人均温室气体排放变化	0.7%	−2.3%	−0.3%	0.3%	1.8%	0
	人均 GDP 变化	2.7%	1.6%	1.6%	0.6%	3.0%	1.2%
	弹性	0.26	−1.44	−0.19	0.50	0.60	0
	脱钩类型	弱脱钩	强脱钩	强脱钩	弱脱钩	弱脱钩	强脱钩
韩国	人均温室气体排放变化	8.3%	3.3%	7.6%	7.8%	2.8%	1.0%
	人均 GDP 变化	5.4%	6.5%	8.1%	6.8%	3.5%	3.8%
	弹性	1.54	0.51	0.94	1.15	0.80	0.26
	脱钩类型	扩张负脱钩	弱脱钩	扩张连接	扩张连接	弱脱钩	弱脱钩
意大利	人均温室气体排放变化	0.8%	−0.7%	2.3%	1.1%	0.7%	1.6%
	人均 GDP 变化	3.8%	1.8%	3.0%	1.1%	1.6%	0.8%
	弹性	0.21	−0.38	0.77	1.00	0.44	2.00
	脱钩类型	弱脱钩	强脱钩	弱脱钩	扩张连接	弱脱钩	扩张负脱钩
墨西哥	人均温室气体排放变化	8.4%	−0.4%	−0.2%	−0.6%	1.7%	−0.2%
	人均 GDP 变化	4.5	0	−0.6%	0	3.5%	−1.0%
	弹性	1.87	−∞	0.33	−∞	0.49	0.2
	脱钩类型	扩张负脱钩	衰退脱钩	弱负脱钩	衰退脱钩	弱脱钩	弱负脱钩

续表

		1975—1980	1980—1985	1985—1990	1990—1995	1995—2000	2000—2003
法国	人均温室气体排放变化	1.0%	−5.0%	−0.9%	−1.6%	0.3%	1.5%
	人均GDP变化	2.6%	2.2%	2.2%	0.9%	2.3%	1.0%
	弹性	0.38	−2.27	−0.41	−1.77	0.13	1.50
	脱钩类型	弱脱钩	强脱钩	强脱钩	强脱钩	弱脱钩	扩张连接
南非	人均温室气体排放变化	1.8%	3.3%	−2.1%	0.6%	−1.6%	1.7%
	均GDP变化	0.6%	−1.1%	−0.6%	−2.1%	1.2%	2.2%
	弹性	3.00	−3.00	3.50	−0.28	−1.33	0.77
	脱钩类型	扩张负脱钩	强负脱钩	衰退脱钩	强负脱钩	强脱钩	扩张连接
伊朗	人均温室气体排放变化	7.2%	1.7%	−0.1%	5.6%	2.6%	2.3%
	人均GDP变化	−6.9%	1.5%	−2.7%	3.0%	1.8%	4.3%
	弹性	−1.04	1.13	0.03	1.87	1.44	0.53
	脱钩类型	强负脱钩	扩张连接	弱负脱钩	扩张负脱钩	扩张负脱钩	弱脱钩
印度尼西亚	人均温室气体排放变化	14.9%	5.3%	8.5%	5.4%	2.6%	4.0%
	人均GDP变化	5.9%	3.9%	5.1%	5.8%	0.1%	2.0%
	弹性	2.52	1.34	1.67	0.93	26.00	2.00
	脱钩类型	扩张负脱钩	扩张负脱钩	扩张负脱钩	扩张连接	扩张负脱钩	扩张负脱钩
澳大利亚	人均温室气体排放变化	1.8%	−0.6%	1.8%	0.1%	2.1%	−0.3%
	人均GDP变化	2.0%	1.3%	1.8%	1.9%	2.4%	2.4%
	弹性	0.90	−0.46	1.00	0.05	0.88	−0.13
	脱钩类型	扩张连接	强脱钩	扩张连接	弱脱钩	扩张连接	强脱钩
西班牙	人均温室气体排放变化	2.4%	−1.2%	2.3%	2.2%	3.1%	1.9%
	人均GDP变化	1.0%	0.9%	4.3%	1.2%	3.3%	4.7%
	弹性	2.40	−1.33	0.53	1.83	0.94	0.40
	脱钩类型	扩张负脱钩	强脱钩	弱脱钩	扩张负脱钩	扩张连接	弱脱钩
巴西	人均温室气体排放变化	3.3%	−3.4%	0.7%	2.6%	3.2%	−1.8%
	人均GDP变化	4.6%	−0.7%	−0.4%	1.3%	1.0%	0
	弹性	0.72	4.86	1.75	2.00	3.20、	−∞
	脱钩类型	弱脱钩	衰退脱钩	强负脱钩	扩张负脱钩	扩张负脱钩	衰退脱钩
沙特阿拉伯	人均温室气体排放变化	37.6%	−8.5%	−0.6%	6.0%	−0.2%	1.3%
	人均GDP变化	0.9%	−11.7%	−0.8	1.1%	0.1%	0.2%
	弹性	41.80	0.73	0.75	5.45	−2.00	6.50
	脱钩类型	扩张负脱钩	弱负脱钩	弱负脱钩	扩张负脱钩	强脱钩	扩张负脱钩

注:根据 WRI(CAIT)资料分析得出。

2.3　发展中国家的温室气体排放需求

人类经济活动排放大量的温室气体，引起全球气候变化，因而温室气体排放与经济发展水平在一定程度上存在关联。工业革命以前，人类社会的碳排放对大气中的二氧化碳浓度几乎没有任何影响，当时人类社会的碳排放不需要任何限制。工业革命以后，随着人口的增加和社会经济的发展，人类对自然资源的需求也在不断增加。人类对矿物能源的大量燃烧以及对森林的大量采伐和破坏，使大气中的二氧化碳浓度不断增加，逐渐破坏了大气中的碳平衡并引发温室效应，加剧全球气候变化。为了应对全球气候变化的挑战，稳定大气温室气体浓度，实现《联合国气候变化框架公约》的最终目标，各国的温室气体排放容量更成为一种经济上的稀缺资源。虽然处于后工业化阶段的发达国家碳排放趋于稳定以至下降，但占地球大部分的发展中国家却正处于快速工业化和城市化进程之中。这就意味着，随着经济的进一步发展，尤其是发展中国家经济发展水平的提高，温室气体的排放还可能会进一步增加。

前文图 2.7 的截面数据显示，人均温室气体排放与人均 GDP 之间经过了一个低收入低排放、收入增加排放增加、高收入排放稳定甚至降低的过程。从表 2.4 来看，附件 1 缔约方的人均 GDP、人均温室气体排放量、人均能源消费量分别是非附件 1 缔约方的 5 倍、4 倍和 5 倍。根据 IPCC 于 2000 年完成的未来100 年碳排放情景的分析，全球温室气体排放呈上升趋势而且主要来自发展中国家的碳排放（Nakicenovic 等 2000）[①]。从图 2.10 可见，发达国家与发展中国家之间的人均碳排放差距均随时间的推移而不断缩小，呈现一种趋同态势。潘家华（2002）认为，人类个体对碳排放的需求既具有生物学和物理学意义上的有限性属性，也具有消费欲望的无限性属性。发展中国家为了满足人文发展需求，碳排放不可避免地要上升。而发达国家消费的理性化可以使碳排放趋于稳定甚至不断下降。

据国际能源机构分析（IEA 2005），如果不采取任何新的政策措施，全球二氧化碳排放量将继续增长。在这一情景下，到 2030 年全球二氧化碳排放量将比 2000 年增长 69％。其中最快的增长来自于非 OECD 国家，排放量将增长 2倍以上。OECD 国家二氧化碳排放占全球的份额将从 2000 年的 54％降到2030 年的 42％，而非 OECD 国家所占的份额将从 2000 年的 46％增长到 58％，

[①] 需要说明的是，IPCC 预测的未来 100 年碳排放情景，是在没有任何关于气候变化政策的假设条件下根据经济发展、人口增长和技术进步的趋势而作出的分析，来自于 IPCC 排放情景 AIB17，所表示的是经济全球化和经济增长导向的发展格局，与当前各国的努力方向相吻合。

表 2.4　附件 1 缔约方和非附件 1 缔约方主要指标比较(2003 年)

	附件 1 缔约方	非附件 1 缔约方
温室气体排放总量(2000 年 CO_2 当量)/Mt	17 355.8	15 909.5
温室气体排放占世界的比例/%	51.48	47.19
人均温室气体排放量(CO_2 当量)/t	14.1	3.3
能源利用的碳强度/(t CO_2/t 油当量)	2.43	2.53
温室气体排放强度/[t CO_2/百万美元(2003 年购买力平价)]	502.2	546.0
人均收入/美元(2000 年购买力平价)	22 945	4 116
经济规模/美元(2000 年购买力平价)	28 638 349	19 881 793
经济规模占世界的比例/%	58.81	40.83
能源利用总量(油当量)/Mt	5 920	4 425
能源利用总量占世界的比例/%	56.15	41.97
人均能源利用量(油当量)/t	4.7	0.9
人口/千人	1 248 140	4 967 923
人口占世界的比例/%	19.84	78.98

资料来源:WRI CAIT。

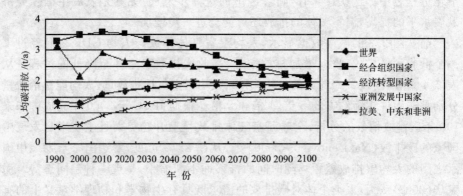

图 2.10　世界各地区人均碳排放变化趋势(1990—2100 年)

其中中国所占的份额将从 13%增长到 17%(见图 2.11)。为什么将来全球碳排放的增加主要来自于发展中国家? 我们还需要从 Kaya 公式来解释。人均碳排放量取决于人均 GDP、能源强度和单位能源含碳量三个变量。虽然发展中国家的经济增长速度高于发达国家,但经济增长不等于经济发展。发展中国家的经济增长一般着眼于短期经济总量的增长,重视经济增长的效率,而忽视经济增长的质量和增长的可持续性,使得经济增长的效率低下,结果是对资源、环境形成无形的巨大压力。

　　处于工业化阶段的国家一般具有较高的能源消费强度,其原因在于工业化时期的国民经济产业结构中,工业所占比重远高于发达国家,大量的基础设施和工业化基础建设需要大量的钢铁、水泥、机械等高耗能产品,高耗能行业的比

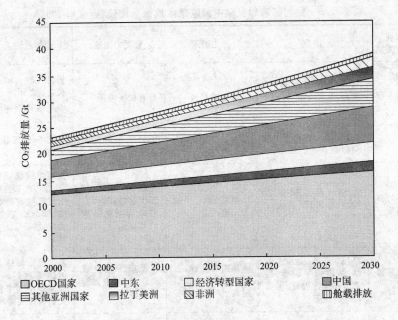

图 2.11　全球二氧化碳排放趋势（2000—2030 年）
（舱载排放一般指飞机、轮船等使用燃料造成的排放）

重高且以较快的速度发展；而且由于技术水平相对落后，其能源利用效率也低于发达国家。同时，工业化阶段一般都伴随着经济的高速发展，人民生活水平迅速提高，对能源的需求也快速增长。因此，工业化阶段大都伴随较高的碳排放强度。但是，经济增长到一定阶段会引起技术、制度的变革和经济结构的演进，由此引起的经济发展可能使碳排放量在一定时期减少。发达国家在工业化后，发展方式以内涵式增长为主，依靠科技进步和提高产品附加值，GDP 增长较缓，能源消费弹性相应较低，碳排放强度也呈下降趋势。表 2.5 是对发达国家和发展中国家的碳排放需求进行了初步评估，结果表明，今后碳排放的增长在很大程度上来自发展中国家发展经济和提高生活水平的需要（潘家华 2002）。

　　为了实现全球气候的稳定，无论是发达国家还是发展中国家，都要采取周详而强有力的政策措施实现经济发展与碳排放的脱钩。《斯特恩报告》指出，为了实现公约的最终目标，全球大气温室气体浓度（二氧化碳当量浓度）应该稳定在 450～550 ppm，以每年全球 GDP 的 1% 的投资可以避免每年全球 GDP 5%～20% 的经济损失。为此，发达国家应该在 2050 年把温室气体排放量减少 60%～80%，发展中国家的温室气体排放量增长也不应该超过 25%（Stern 2007）。经济增长和经济发展与二氧化碳排放的关系不是永恒的。在一些最富裕国家，能源技术、经济结构和需求模式的变化，减少了排放对收入增长的弹

表 2.5 发达国家和发展中国家碳排放需求比较(潘家华 2002)

发展权益类别	内容	发达国家	发展中国家	碳排放需求评估
基本生存	衣、食、住(住房面积、家用电器、空调、供热)	已基本满足	尚有较大差距	仍将有较大的需求增长,主要用于发展中国家改善国民生存条件
生活质量	医疗卫生、教育文化、期望寿命等	已处于较高水平	仍处于相对低下水平	直接排放需求较低,可忽略不计
经济与制度结构	合理的劳动就业结构、社会保障、政治与民事权益	已基本建立并趋于完善	传统农业部门的制度惯性,阻碍合理经济制度结构的建立	发展中国家需要工业化、城市化和法制化来大量吸收和转化传统的、低效的农业劳动力,必然需要大量的碳排放
社会分摊成本	邮电、交通、通讯、道路、防洪抗旱设施、自来水和排污设施、污染治理设施等	体系相对完善,主要为维护和折旧投入	体系尚未建立或尚在建立,主要为建设投入	发达国家对体系维护的碳排放需求较低;但发展中国家体系建立的碳排放需求巨大
环境保护	污染治理、碳排放强度等	污染得到基本控制,碳排放强度较低	污染仍在蔓延,碳排放强度较高	发达国家的碳排放强度可望进一步降低;发展中国家的碳排放强度需要经过一个从增加到降低的过程

性。未来全球二氧化碳排放的增长主要来自发展中国家。虽然《京都议定书》根据"共同但有区别的责任"原则,没有为发展中国家规定具体的减排或限排义务,但是发展中国家巨大的温室气体排放需求和增长态势,意味着发展中国家也必须做出减缓全球气候变化的努力。如何通过国际制度框架帮助发展中国家实现低碳经济转型是一个巨大的挑战,也成为研究的热点问题。

第三章

向低碳经济转型：实现发展与减排的双赢

中国向低碳经济转型既是中国自身发展的内在需求，也是应对气候变化挑战的必然选择。中国在走向低碳经济的过程中，要解决好消除贫困、污染控制、能源安全和气候变化等问题。

无论从政治、经济,还是从其他方面来看,中国都是世界舞台上的一个重要角色。中国作为一个主要经济力量的出现对当地、地区和全球的能源利用和环境保护具有重要的含义。因此,中国必须以一种全面的、战略性的方式来考虑和制定能源和气候变化政策,在实现公平和可持续发展等更广泛的社会目标的同时,满足日益增长的能源需求并保护全球气候。面对国际社会要求中国减少温室气体排放的巨大压力,面对国内经济发展带来的资源和环境挑战,从中国自身的国情出发走低碳经济发展道路,应是中国应对气候变化实现双赢的正确选择。

3.1 中国的能源消费和温室气体排放路径

自从 20 世纪 70 年代末(改革开放)以来,中国进入了一个经济高速增长的阶段,这一势头一直保持至今。与 1978 年相比,2005 年中国名义 GDP(按现价计算)增长了 50 倍,而按可比价格计算,则增长了 12.8 倍。与此同时,社会事业全面进步,人民生活水平持续提高,对能源的需求也不断增长。2005 年,中国能源消费量从 1978 年 5.7 亿 t 标煤增加到 2005 年 22.25 亿 t 标煤,增长了 3.9 倍。由于中国长期以来坚持开源与节约结合、节约优先的能源方针,相比而言,能源需求的增长远远低于 GDP 的增长。1978—2005 年中国一次能源消费年均增长 5.16%,支撑了 GDP 年均9.9%的增长速度(见表 3.1)。

从世界层面来看,从 1978 年到 2005 年,欧盟 25 国、美国和世界能源消费量分别只增长 1.17,1.25 和 1.6 倍,而中国的能源消费量增长了 3.9 倍。1978年,中国的能源消费量只相当于欧盟 25 国能源消费量的 28%,美国的 22%,世界的 6.3%;到 2005 年,中国的能源消费量占欧盟 25 国的 91%,美国的 67%,世界的 14.7%。从 1978 到 2005 年,世界能源消费年平均增长率仅为 1.75%,而中国能源消费年均增长率为 5.16%(见表 3.2)。两者形成鲜明的对比。

目前,中国是世界第三大能源生产国和第二大能源消费国、世界最大的煤炭生产国和消费国(产量和消费量分别占世界总量的 28% 和 26%)、世界第三大石油消费国、世界第二发电大国。根据全面建设小康社会的目标,中国计划到 2020 年 GDP 水平比 2000 年翻两番。为了把握中国未来的能源需求和温室气体排放,专家学者开发了许多不同的情景。有些情景选择 50～100 年时间尺度,相对来说是长期情景,而有些情景只到 2020 年和 2030 年,属中短期情景。不同情景的预测结果相差很大。总的来说,时间尺度越长,不同情景预测结果的最高值和最低值之间的差距越大。但有一点是相同的,那就是到 2020 年甚至 2050 年,中国的能源需求和温室气体排放都将呈现增长态势。

表 3.1　中国经济增长和能源生产及消费情况(1978—2005 年)

年份	GDP/亿元 (当年价格)	GDP 增长率/%	能源消费 总量/万 t 标煤	能源消费 增长率/%	能源消费弹性
1978	3 624		57 144		
1980	4 518		60 275		
1985	8 989	13.5	76 682	8.1	0.60
1989	16 918	4.1	96 934	4.2	1.02
1990	18 598	3.8	98 703	1.8	0.47
1991	21 663	9.2	103 783	5.1	0.55
1992	26 652	14.2	109 170	5.2	0.37
1993	35 334	14.0	115 993	6.3	0.45
1994	48 198	13.1	122 737	5.8	0.44
1995	60 794	10.9	131 176	6.9	0.63
1996	71 177	10.0	138 948	5.9	0.59
1997	78 973	9.3	137 798	−0.8	
1998	84 402	7.8	132 214	−4.1	
1999	89 677	7.6	130 119	−1.6	
2000	99 215	8.4	130 297	0.1	0.01
2001	109 655	8.3	134 914	3.5	0.42
2002	120 333	9.1	148 222	9.9	1.09
2003	135 823	10.0	170 943	15.3	1.53
2004	159 878	10.1	197 000	15.2	1.51
2005	182 321	9.9	222 500	9.5	0.96

资料来源:国家统计局网站。

　　国内有关经济增长和排放情景的文献,通常时间尺度较短,一般选择全面建设小康社会的目标年 2020 年为分析尺度。2003 年,国家发展和改革委员会能源研究所率先发表了《2020 年中国可持续能源情景》(周大地等 2003)报告。该研究建立的基准情景预测,中国一次能源消费需求总量将从 1998 年的 13.68亿 t 标煤增加到 2020 年的 31 亿 t 标煤。煤在能源结构中的比重将从 1998 年的 75.4% 下降到 2020 年的 64.8%,2020 年 CO_2 排放量将达到约 19 亿 t 碳。国务院发展研究中心(DRC)作为中国政府的政策性智囊团,在其后不久也发布了一个非常类似的报告。其基准情景预测,中国一次能源消费需求总量将从2000 年的 12.97 亿 t 标煤提高到 2020 年的 32.80 亿 t 标煤,煤在能源结构中的比重将从 2000 年的 69.9% 下降到 2020 年的 63.2%,2020 年 CO_2 排放量将达到 19.40 亿 t 碳(DRC 2004)。

　　2005 年,中国一次能源总消费量达到 22.25 亿 t 标煤,明显超过了上述所有情景预计的 2010 年的情况(见表 3.3)。中国政府在第十一个五年规划("十一五"规划)中提出,到 2010 年,能源强度相比 2005 年要降低 20%。即使这一目标能够实现,到2010年,中国一次能源消费总量仍可能接近甚至超过上述情

表 3.2　中国与世界能源消费情况比较(1978—2005)(BP 2007)

年份	能源消费量/亿 t 油当量			
	世界	中国	欧盟 25 国	美国
1978	65.196	4.090	14.643	18.636
1979	67.548	4.419	15.136	18.861
1980	66.286	4.161	14.704	18.132
1981	65.895	4.112	14.279	17.671
1982	65.686	4.304	13.981	16.900
1983	66.567	4.517	13.955	16.828
1984	69.844	4.924	14.367	17.721
1985	71.662	5.329	15.037	17.665
1986	71.423	5.666	15.307	17.712
1987	76.890	6.032	15.573	18.321
1988	78.635	6.460	15.662	19.165
1989	80.205	6.739	15.706	19.605
1990	81.203	6.849	15.585	19.670
1991	81.819	7.195	15.736	19.640
1992	81.973	7.495	15.470	19.945
1993	62.663	8.060	15.385	20.368
1994	83.536	8.529	15.349	20.740
1995	85.684	9.164	15.658	21.197
1996	88.439	9.651	16.193	21.905
1997	89.132	9.609	16.121	22.076
1998	89.259	9.169	16.324	22.220
1999	90.488	9.341	16.350	22.603
2000	92.850	9.667	16.548	23.120
2001	93.482	10.000	16.818	22.584
2002	95.273	10.578	16.665	22.911
2003	98.322	12.287	16.975	22.986
2004	102.910	14.235	17.191	23.447
2005	105.371	15.540	17.151	23.366

景预测的 2020 年的情况。其根本原因在于中国经济增长的速度和特点。随着经济的继续发展,能源消费量的适度增加将意味着经济总量的持续增长。魏一鸣等(2006)在考虑了人口、经济增长、技术进步、城市化率等影响因素的基础上,对面向全面小康社会的能源需求进行了预测研究。结果显示,我国 2010 年 CO_2 排放量将达到 13.3 亿~15.7 亿 t 碳,比 2003 年提高 57%~85%;2020 年 CO_2 排放量将达到 15.43 亿~21.74 亿 t 碳,比 2003 年提高 82%~156%。这一预测结果已经考虑了可能的技术进步,包括能源利用效率和节能技术的提高。因此,我国未来的碳排放形势仍相当严峻,如果强制限排,必将以牺牲经济增长和城市化进程为代价。

表 3.3　中国未来能源需求情景

基准情景	能源类型	能源需求总量/Mt 标煤		
		基年	2010	2020
能源研究所	煤炭	1 030.9	1 509.4	2 007.9
(2003)	石油	281.4	471.5	752.4
	天然气	19	80.4	155.4
	一次电力	36.6	107.8	184.6
	总量	1 368	2 169.1	3 100
国务院发展研究	煤炭	907	1 425	2 074
中心(2004)	石油	324	538	877
	天然气	36	112	220
	一次电力	29	63	109
	总量	1 297	2 137	3 280

注：能源研究所的情景以 1998 年为基年，国务院发展研究中心的情景以 2000 年为基年。

　　此外，还有一些情景给出了 2030 年或 2050 年的结果。例如，Li 等(2005)建立的基准情景预测，到 2020 年和 2030 年，中国的一次能源消费总需求将分别达到 29.47 亿 t 标煤和 42.49 亿 t 标煤，2030 年的 CO_2 排放量将达到 25.75 亿 t 碳。国家发展和改革委员会能源研究所的 Hu 等(2006)把时间尺度延伸到了 2050 年。研究结果显示，到 2050 年，基准情景下一次能源需求为 64 亿 t 标煤，在政策情景下一次能源需求为 47 亿 t 标煤。政策情景相对于基准情景，减少能源消费 27%，减少了 39% 的二氧化碳排放。蒋金荷等(2003)认为，中国要实现人文发展潜力，人均 GDP 在 2050 年要达到 1 万美元左右。根据基准情景方案的计算结果，2050 年二氧化碳排放量为 31 亿 t，一次能源需求量为 57.7 亿 t 标煤。

　　我国是世界第二大温室气体排放国，1990—2003 年，中国的能源消费增长占世界的 25%，温室气体排放量增长占世界的 34%。2003 年中国的二氧化碳排放量占世界的比例为 14.1%，预计到 2015 年这一比例将达到 20.7%，超过美国(20.1%)成为世界第一排放大国(见表 3.4 和表 3.5)。而国际能源机构(IEA)在《2006 年世界能源展望》报告中称，中国将于 2009 年超过美国成为世界排放二氧化碳最多的国家，这一增速比原来的预期提前了 10 年。据 IEA 测算，到 2030 年，全球二氧化碳排放量将达 400 亿 t，较目前增长 55%；世界初级能源消耗将较目前增长 53%，增量中的 70% 来自发展中国家，主要是中国和印度。虽然中国和印度签署了《京都议定书》，但至今仍未承诺减少温室气体排放。中国和印度经济的持续快速增长以及对能源的巨大消耗将导致全球气候变暖情况进一步加剧(IEA 2006)。中国能源消费和温室气体排放的净增长趋势显示，中国有必要减缓温室气体排放。国际上的流行观点认为，要实现公约

表 3.4　1990—2030 年部分国家和地区二氧化碳排放趋势（EIA 2006）

国家/地区	历史二氧化碳排放/Mt		预测二氧化碳排放/Mt	
	1990 年	2003 年	2015 年	2030 年
美国	4 978	5 796	6 718	8 115
欧盟 15 国	4 089	4 264	4 623	5 123
日本	1 011	1 206	1 228	1 219
中国	2 241	3 541	7 000	10 716
印度	578	1 023	1 592	2 205
世界	21 223	25 028	33 663	43 676

表 3.5　1990—2030 年部分国家和地区能源消费趋势（EIA 2006）

国家/地区	历史能源消费/10 万英国热量单位		预测能源消费/10 万英国热量单位	
	1990 年	2003 年	2015 年	2030 年
美国	84.6	98.1	114.2	133.9
欧盟 15 国	69.9	78.9	87.2	94.5
日本	18.4	22.4	23.3	24.3
中国	27.0	45.5	91.8	139.1
印度	8.0	14.0	22.5	32.5
世界	347.3	420.7	563.4	721.6

的最终目标"把大气中温室气体浓度稳定在防止气候系统受到危险的人为干扰的水平上"，要以中国实施大量减排为先决条件（唐更克等 2002）。

3.2　未来能源需求与温室气体排放的驱动力分析

　　一般来说，能源和排放情景的主要驱动力包括人口、社会和经济发展、技术进步，以及自然资源和环境保护的制约等。能源需求是社会经济发展、经济（产业和产品）结构的变化、技术进步、节能政策和实施效果、能源结构等多方因素共同作用所得到的结果。不同的经济发展道路和政策取向，对能源需求和碳排放有显著的影响。

　　（1）人口增长。中国是世界上人口最多的国家。20 世纪 80 年代以来，中国政府努力贯彻执行计划生育政策，人口增长率已经保持在相当低的水平，但由于庞大的人口基数，中国人口仍在增长。庞大的人口数量一直是中国国情显著的特点之一。尽管中国已经进入了低生育率国家行列，但由于人口增长的惯性，当前和今后的 15 年，中国人口将以每年 800 万～1 000 万的速度增长。按照目前总和生育率 1.8 预测，2010 年和 2020 年中国人口总量将分别达到 13.7 亿和 14.6 亿；人口高峰将出现在 2033 年前后，达到 15 亿。2004 年，中国农村人口为 7.57 亿,流动人口已经超过 1.4 亿。按照人口城镇化率每年增加 1 个百分点测算,到 2020 年还将从农村转移出 3 亿左右的人口。2004 年中国城乡收入差距扩大到 3.53∶1,如果考虑到城市居民的各种补贴和社会福利等隐性收入,城乡实际差距为 5∶1～6∶1(中国社会科学院农村发展研究所等 2006)。城市化和工业化是改变农村居民不利处境的唯一出路。中国的城市化进程正在加速发展,城市化水平已经从 1990 年的 26.41% 上升为 2006 年的 44%,预计到 2020 年将达到 55%～60%。城市化进程的加快伴随着一系列重大的变化,如就业压力、消费方式和大规模基础设施建设等,在未来的几十年中都将给中国带来巨大的挑战。

(2)工业化水平。工业化无疑是一个历史范畴的概念,它是指传统农业社会向现代工业社会转变的过程,是推进现代工业在国民经济中占主要地位的过程。工业化进程主要表现为工业生产量快速增长,新兴部门大量出现,高新技术广泛应用,劳动生产率大幅度提高,城镇化水平和国民消费层次全面提升。经典的工业化理论认为,工业化是一国或一地区随着工业发展,人均收入和经济结构发生连续变化的过程,人均收入的增长和经济结构的转换是工业化推进的主要标志。在工业化的初级阶段,也就是轻工业为主的阶段,农业产品如粮食、棉花等为主要原材料,对能源的消耗不是很大。在工业化发展加速阶段即重工业化阶段,钢铁、汽车、造船、机械工业的发展以及大规模的城市化需要消耗大量的物质材料和能源。而后工业化时期,由于大规模的城市改造和基础建设告一段落,主要发展高新技术产业和服务业,能源消耗就会渐渐平稳甚至回落。

衡量一个国家或地区的工业化水平,一般可以从经济发展水平、产业结构、工业结构、就业结构和空间结构等方面来进行。根据陈佳贵等(2006)的研究结果,在 2004 年,中国经济整体进入工业化中期的前半阶段。如表 3.6 所示,四大经济板块中,东部地区整体进入工业化后期,东北地区处于工业化中期,中部地区和西部地区整体处于工业化前期的后半阶段,四大区域的工业化水平差距巨大,中部崛起和西部大开发的任务十分艰巨。从具体省份看,绝大部分工业化先进省(市、自治区)属于东部,绝大部分工业化落后地区属于中西部。而且,先进地区与落后地区之间的工业化水平差距非常大。到 2004 年,上海、北京两个城市进入后工业化阶段,其经济总量占全国 8.4%,而人口占全国 2.5%,土地面积占全国 0.2%;天津等四省(市)处于工业化后期,其经济总量占全国29.0%,而人口占全国 16.6%,土地面积占全国 4.1%;山东等七省处于工业化中期,其经济总量占全国 29.3%,人口占全国 25.9%,土地面积占全国 14.7%;内蒙古等17个省(市、自治区)处于工业化前期,经济总量占全国34.2%,但人

表 3.6　中国各地区工业化阶段的比较＊(2004)(陈佳贵等 2006)

阶　段		四大经济板块	省(市、自治区)
后工业化阶段		上海、北京	
工业化后期	后半阶段		天津
	前半阶段	东部	广东、浙江、江苏
工业化中期	后半阶段	山东	
	前半阶段	全国、东北	福建、山西、吉林、黑龙江、河北、辽宁
工业化初期	后半阶段	中部、西部	内蒙古、宁夏、湖北、重庆、陕西、青海、新疆、云南、湖南、河南、甘肃、江西、安徽、四川、海南
	前半阶段		广西、贵州
前工业化阶段			西藏

注:本表未包括中国港澳台地区的资料。

口占到全国 54.7％,土地面积占到全国 68.2％;西藏仍处于前工业化阶段。中国在 2002 年人均 GDP 达到了 1 000 美元,而根据全面建设小康社会的目标,到 2020 年中国要实现经济在 2000 年基础上翻两番。这样到那时,人均 GDP 将达到 3 000 美元左右。根据世界工业化国家的经验,人均 GDP 在 1 000～3 000 美元,说明这个国家处于工业化阶段的重工业化时期,能源需求很大。根据全面建设小康社会的目标和专家的分析,中国的工业化进程将在 2020—2030 年基本完成。

(3)城市化水平。我国正处在快速工业化和城市化进程之中,城市化进程与工业化是紧密联系在一起的。城市化进程加快意味着现有城市的扩张和新城镇的建立。城市化的加速发展首先会引起城市基础设施建设的大发展,城市道路、供电、供水、供气、公共交通、市政设施、文化娱乐设施、绿化、环卫等基础设施建设将会对钢铁、水泥等各种重化学工业产品和建筑材料产生巨大需求。这些能源密集型产业的持续增长对未来中国的能源需求和温室气体排放需求具有重要的含义。

预计到 2020 年,中国 56％以上的人口将生活在具有现代经济、文化生活和能源服务的城镇里。城市化进程将推动服务业、交通运输业加速发展,第三产业的发展速度将超过第二产业。相应的建筑物和设施建筑面积将成倍增加。城乡居民的人均住房面积将进一步提高,采暖、空调、热水等基本普及,舒适度有明显的提高。小汽车越来越多地进入家庭;农村居民也将更多地使用商品能源。截至 2003 年底,中国人均城市道路面积、排水管道密度和人均住宅面积分别是 1990 年水平的 3,1.6 和 1.7 倍。与发达国家和中国自身的实际需要相比,中国交通、供水、污水处理和其他许多方面的基础设施都还不够完善。在中国 600 多个城市中,有 230 多个城市的污水处理率等于零[1]。即使在北京,也只有 58% 的污水得到处理,其余都是直接排入江河湖泊。除了大规模的高速公路和铁路建设外,有大约 20 个城市在积极筹建地铁。过去的几年里,每年新建房屋的建筑面积都超过 10 亿 m^2。世界银行与国务院发展研究中心《机不可失:中国能源可持续发展》的研究报告预测,2000—2020 年,中国交通工具的规模将飞速增长,从 1 610 万辆增加到将近 9 400 万辆,相应的交通燃料需求增长将超过 3 倍,占 2020 年主要能源消费的大约 16%~17%(世界银行东亚和太平洋地区基础设施局等 2007)。由于大规模的基础设施建设和居民生活水平上升,原材料生产正在以前所未有的规模飞速发展。2000 年,中国的钢铁产量是 1.285 亿 t,2003 年,已达到 2.20 亿 t,而原来的预测是到 2010 年,才能达到 1.90 亿 t。2006 年前 9 个月,中国的钢铁产量就达到 3.39 亿 t,比去年同期增长了 23%(OECD 2006)。

(4)国际贸易分工。在全球化的世界,中国与世界经济一体化的程度越来越高,并且中国经济高度依赖于国际贸易。2005 年,中国进出口总额为 14 万亿元人民币(占中国 GDP 的 77%)。中国正成为世界主要的制造业基地。由于中国处于国际劳动分工的较低端,大部分的进口是高附加值的产品和服务,而出口则主要是能源密集的制造业生产的产品。同样,进口商品内含能源的强度通常低于出口商品,这导致国际贸易相关的能源需求不对称。在这种进出口结构下,随着大量"中国制造"产品走向世界,在满足了各地消费者需求的同时,中国也间接地出口了大量能源。仅以出口偏多的电解铝为例,生产 1 t 电解铝需消耗电 1.5 万 kW·h,2003 年中国电解铝出口 104 万 t,2004 年为 141 万 t,2005 年虽有所下降,但仍达到 114 万 t,相当于这三年分别向世界出口电量 156 亿、212 亿和 171 亿 kW·h。中国每年大量的能源间接出口,减轻了进口国能源供给的压力,是对世界能源安全的贡献(马凯 2006a)。

(5)技术进步。技术进步对中国能源消费具有双重作用:一方面,技术进步提高了能源效率,改善了中国的能源结构,降低了能源消费强度;另一方面,技术进步在降低能源消费强度的同时,也促进了中国经济规模的快速扩大,导致能源消费总量快速增加。因此,技术进步对能源消费总量的影响,是由技术进步带动经济规模扩大而带来的能源消费增加,与技术进步引起的能源效率提高而带来的能源强度降低共同作用的结果。总体来看,技术进步引起的经济增长的速度和经济增长的基数都比较大,而同期能源强度的降低相对不可能太大,因此,技术进步在降低能源强度的同时,会带动能源总量增加。

---

[1]2006 年 2 月 16 日,建设部副部长仇保兴在国务院新闻办公室举行的发布会上就中国建筑节能与绿色建筑等情况所做的讲话。

表 3.7　主要产品单位能耗指标（国家发展和改革委员会 2004）

指标	年　份			
	2000	2005	2010	2020
火电供电煤耗[g 标煤/(kW·h)]	392	377	360	320
吨钢综合能耗(kg 标煤/t)	906	760	730	700
吨钢可比能耗(kg 标煤/t)	784	700	685	640
10 种有色金属综合能耗(t 标煤/t)	4.809	4.665	4.595	4.45
铝综合能耗(t 标煤/t)	9.923	9.595	9.471	9.22
铜综合能耗(t 标煤/t)	4.707	4.388	4.256	4
炼油单位能量因数能耗(kg 标油/t 因数)	14	13	12	10
乙烯综合能耗(kg 标油/t)	848	700	650	600
大型合成氨综合能耗(kg 标煤/t)	1 372	1 210	1 140	1 000
烧碱综合能耗(kg 标煤/t)	1 553	1 503	1 400	1 300
水泥综合能耗(kg 标煤/t)	181	159	148	129
平板玻璃综合能耗(kg 标煤/重量箱)	30	26	24	20
建筑陶瓷综合能耗(kg 标煤/m²)	10.04	9.9	9.2	7.2
铁路运输综合能耗(t 标煤/Mt 换算千米)	10.41	9.65	9.4	9

　　1978—2005 年间,中国的能源强度降低了 70%,年平均节能率 4.7%。除了结构变化之外,技术进步也发挥了重要作用。2000 年与 1990 年相比,每千瓦时电力的火电供电煤耗由 427 g 标煤下降到 392 g 标煤,吨钢可比能耗由 997 kg 标煤下降到 784 kg 标煤,每吨水泥的综合能耗由 201 kg 标煤下降到 181 kg标煤,每吨大型合成氨(以油气为原料)综合能耗由 1 343 kg 标煤下降到 1 273 kg 标煤。单位产品能耗与国际先进水平的差距分别缩小了 6.1,37.1, 18.7 和 3.1 个百分点。根据国家发展和改革委员会《节能中长期专项规划》 (2004),主要产品单位能耗指标在 2010 年要总体达到或接近 20 世纪 90 年代初期的国际先进水平,其中大中型企业达到 21 世纪初国际先进水平;2020 年达到或接近国际先进水平(见表 3.7)。

　　(6)资源禀赋。在我国能源探明储量中,煤炭占 94%,石油占 5.4%,天然气占 0.6%,这种"富煤贫油少气"的能源资源特点,决定了我国能源生产和消费以煤为主的格局将长期难以改变。尽管在过去 20 年,中国努力促进能源来源的多样化,但以煤为主的能源结构并没有发生显著变化。煤炭在一次能源消费中的比重从 1980 年的 72.2% 下降到 2000 年的 66.1%,再到 2001 年的 65.3%。值得注意的是,2001 年以后,随着经济的快速发展和国际石油、天然气价格持续走高,煤炭在一次能源消费中的比重又有轻微的上升,2004 年达到 67.7%。为了降低对矿物能源的依赖,中国一直努力发展可再生能源。2005 年初,《可再生能源法》颁布并于 2006 年 1 月 1 日生效。作为《可再生能源法》的配套措施,《可再生能源中长期发展规划》(国家发展和改革委员会 2006)已经国务院批准发布。根据这一新的规划，到 2020 年，可再生能源发电的装机容量将达到总装机容量的 30％，水电、风电、太阳能和生物质发电将分别达到 300，30，1.8 和 30 GW。可再生能源供应将为 4 亿～5 亿 t 标煤。到时，一次能源总消费量大约为 35 亿 t 标煤，可再生能源大约占总量的七分之一①。尽管可再生能源的利用规模不断扩大，但它仅仅是稍微降低了煤炭在未来中国能源结构中的比重。在可预见的将来，还将主要依赖于矿物能源，尤其是煤炭。这意味着中国必须应对矿物能源燃烧产生的一系列环境问题，包括大气污染、酸雨和气候变化。

总而言之，中国通过经济增长实现全面建设小康社会目标的决心和努力，是推动未来 15～25 年中国能源需求和排放增长的主要驱动力。虽然技术进步降低了能源强度，但矿物能源禀赋又制约了能源多样化的效果。中国是一个发展中国家，正处于实现工业化和推进现代化的历史时期，客观地讲，随着经济规模进一步扩大，工业化、城镇化进程加快，居民消费结构升级，中国能源需求会持续增加。国际经验也表明，就某一国家的能源消费而言，其消耗数量曲线呈倒"U"型，目前中国能源消费正处于倒"U"型的爬坡阶段（马凯 2006a）。

3.3　中国的能源安全及资源环境挑战

中国工业化进程面临着前所未有的机遇与挑战。进入新世纪以来，中国工业已进入新一轮需求刺激的急速扩张周期，随着城市化进程的加速，基础设施建设如火如荼，电力建设、高速公路建设、港口建设、通讯网络建设等，刷新了先行工业发达国家的增长速度和绝对增长数量。全球化进程的加速、国际贸易大国地位的确立又刺激了重工业化进程。中国的工业化进程不仅对能源供给安全提出挑战，环境污染和资源消耗也成为发展的制约因素。

中国的能源战略受到自然资源和环境的制约。由于中国对进口石油的高度依赖，以及近年来石油价格的不断上升，能源安全，特别是石油安全已成为一个严重的问题。能源安全的基本含义是在任何时候都可以以合理的价格获得足够所需形式的能源。中国经济经过 20 多年的持续发展，对能源的需求不断增加，国内的能源生产已远远不能满足需求。从 1993 年起，中国成为石油净进口国。从 2003 年起，中国超过日本成为世界第二大石油消费国。2005 年，中国石油消费量为 3.5 亿 t，占世界总消费量的 8.5％。目前，世界石油生产量大约是 38 亿 t，其中 22 亿 t 进入国际市场。美国和日本是两个最大的石油进口国，

①关于能源需求的预计，不同研究结果差异很大。这里的数字相对比较保守。

每年分别达到 7 亿 t 和 2.6 亿 t。其他石油进口大国包括韩国、德国和法国,每年进口量大约都在 1 亿 t。2005 年中国进口石油虽然只有 1.36 亿 t,但作为新兴的进口国,中国的石油消费和进口已经开始影响国际资源配置的格局。国际油价的上涨在一定程度上是把中国强劲的需求因素考虑了进去。

国际市场的高油价对世界经济具有重要影响。2003 年以来,国际市场的原油价格不断攀升,期货价格已经超过了每桶 70 美元。根据国际能源机构的研究报告,如果石油价格每桶增加 10 美元,美国、日本、欧盟的经济将分别损失 0.2%、0.4%、0.5%,而发展中国家的损失更大,可能接近 1.5%。2004 年,原油价格上涨对中国的直接成本影响据估计为 136 亿美元,其中 75 亿美元来自原油进口,61 亿美元来自石油和化工产品。这个数字相当于 2003 年 GDP 的 0.9%。如果把间接经济损失包括在内,损失将更大①。

关于中国到 2020 年的能源需求总量,专家们有不同的预测。可以肯定的是,如果能源消耗与经济增长速度同步,到 2020 年,我国一次能源需求总量将达到约 60 亿 t 标煤,要从 2002 年 14.8 亿 t 的基础上翻两番,相当于每年投产五六个大同煤矿,这是根本无法做到的。我国煤炭储量丰富,但从中长期来看,要把储量变成有效供给,以满足经济社会发展的需求,面临"三大不足":一是煤炭精查储量不足。据测算,2010 年前拟开工建设的煤矿项目缺精查储量 500 多亿吨,2011—2020 年缺 1 200 多亿吨。二是生产能力不足。根据全国目前煤炭的生产能力,考虑部分矿井衰老报废等因素,2020 年前还需要新增煤炭生产能力 10 亿 t,接近美国目前的产煤总量,这意味着我国还要新建兆吨级大型煤矿 1 000 个左右。三是运输能力不足。我国煤炭消费主要集中在东部地区,但煤炭资源主要分布在北部和西部,这种资源禀赋与需求地理分布的失衡,决定了北煤南运、西煤东运的格局。按照 10 亿 t 新增煤炭的 70% 需要外运测算,2020 年前需要再建 7 条亿吨级铁路线以及相应的港口。这些工程实现起来难度都是很大的(马凯 2006c)。煤炭后备储量不足导致供给能力远远不能满足国民经济发展对煤炭的迫切需求,保障煤炭稳定供应面临严峻挑战。

大量研究探讨了中国能源利用所引起的空气污染问题。空气污染的范围很广,既包括颗粒物排放,也包括二氧化硫、氮氧化物和二氧化碳排放。据统计,70% 的烟尘排放、90% 的二氧化硫和 67% 的二氧化碳是由煤炭燃烧引起的,而煤炭恰恰是中国的主要能源。64% 的城市人口(相当于 2 亿多人)生活在某些形式的空气污染的环境中。大气污染对人体健康有很大影响。根据阚海东等(2002)对上海的研究,空气污染对健康的损失占上海 2000 年 GDP 的 1.6%。

①新浪网。2005 年 8 月 24 日。

世界银行 1997 年的一项研究认为,空气污染带来的健康损失占 1995 年 GDP 的 5%(Warwick 2005)。健康损失在污染的经济损失中十分重要,但是国内研究与世界银行的研究相去较远,世界银行研究所占比例明显大于国内研究,在国内的研究中,大气污染健康损失所占比例大约为 10%~20%,而世界银行的研究则占到 81.2%,其主要原因是污染引起早死的经济损失计量方法存在差异。国际研究采用生命风险的支付意愿法(WTP),这是目前国际上比较流行的方法,而国内对生命风险的支付意愿法还没有可以应用的研究成果。目前国内研究普遍采用人力资本法,人力资本法是对人早死经济损失的一种低限估计,因而国内研究对污染健康损失的估算是一个低限的估计(过孝民等 2005)。

根据世界银行 2001 年的研究,全世界 20 个空气污染最严重的城市中有 16 个在中国。世界卫生组织指出,2004 年只有 31% 的中国城市符合世界卫生组织的空气质量标准。在中国 11 个最大城市中,空气中的烟尘和细颗粒物每年使 5 万人丧生,40 万人感染上慢性支气管炎。世界银行根据目前的发展趋势预计,2020 年中国燃煤污染导致的疾病需付出经济代价达 3 900 亿美元,占中国 GDP 的 13%(国家环保总局中国环境规划院课题组 2005)。

矿物燃料燃烧产生的最严重的污染物是二氧化硫。国家环境保护总局公布的资料显示,"十五"期间,我国二氧化硫排放总量和工业二氧化硫排放量两项控制指标没有完成。2005 年,中国二氧化硫排放量为 2 549 万 t,比 2000 年增加 27%,成为世界上最大的二氧化硫排放国。随着二氧化硫排放量的增加,中国的酸雨问题日趋严重,已经引起东亚地区的关注。据世界卫生组织判断,中国 30% 的地区受酸雨的影响严重(WHO 2004)。其中华中、华东、华南多个城市酸雨污染加剧。2005 年,全国开展酸雨监测的 696 个市(县)中,出现酸雨的城市 357 个(占 51.3%),其中浙江省象山县、安吉县,福建邵武市,江西瑞金市酸雨频率为 100%。与 2004 年统计的 527 个城市相比,出现酸雨的城市比例增加了 1.8 个百分点;降水 pH 值年平均低于 5.6 的城市比例增加了 0.7 个百分点,其中 pH 值小于 4.5 的城市比例增加了 1.9 个百分点。酸雨频率超过 80% 的城市比例增加了 2.8 个百分点。降水的年平均 pH 值低的城市以及高酸雨频率的城市,所占比例均比上年有所增加,表明 2005 年酸雨污染较上年有所加重。有关研究表明,如果是基于酸雨控制考虑二氧化硫的容量,全国最多能容纳二氧化硫 1 620 万 t 左右;如果是基于空气质量要求的二氧化硫容量,则二氧化硫总量应控制在 1 200 万 t 左右,才能使全国大部分城市的二氧化硫浓度达到国家二级标准(国家环保总局中国环境规划院课题组 2005)。

相对于庞大的人口基数来说,我国的矿产资源本来就十分贫乏。即使不考虑这一因素,就各种矿产的绝对储量来说,与其他一些国家相比,我国的储量也不算很富集。从矿产资源的国际统计数据来看,我国绝大多数种类矿产品的产量份额都大大超过储量份额。例如,我国煤炭产量占世界总产量的 36.5%,但煤炭储量只占世界总储量的 13%;石油产量占世界总产量的 6.2%,但储量只占世界总储量的 2.5%;铁矿石产量占世界总产量的 22.3%,但储量只占13.3%。2003 年以来,经济高速增长已经传递出了一个明显的信号——中国的资源供给已经远远不能满足经济持续高速增长的需要,资源压力迅速增大。2003 年中国石油、铝、铜、镍、钢铁、煤炭和水泥的消费分别占全球消费的 7%,19%,20%,21%,25%,30% 和 50%。中国对钢铁的需求超过了美国和日本需求的总和,而中国对铜、镍、锌、铁矿砂和水泥的需求也都超过美国。在未来 15年中国将处于工业化高速发展的时期,这一阶段是资源消费高峰。据国务院发展研究中心的报告,到 2020 年,中国的石油、铁、锰、铜、铅和锌的进口依存度将分别为 58%,52%,38%,82%,52% 和 69%(卢中原 2005)。因此,未来中国的经济增长将会把世界的初级产品价格推上新的高峰,我国与世界主要资源进口国的利益摩擦将会不断增多。

3.4　中国的选择:低碳经济发展

　　能源安全是人类共同面临的课题和挑战。在 20 世纪 100 年的时间里,占世界人口 15% 的发达国家陆续实现了工业化和现代化,但消耗了全球 60% 的能源和 50% 的矿产资源。进入新世纪的 100 年或更长时间,包括中国、印度、巴西等在内的占世界人口 85% 的发展中国家,将陆续实现工业化和现代化。从人类已经走过的历史过程来看,工业化是社会财富积累快、生活水平提高迅速的历史阶段,同时也是能源资源消耗大的历史阶段。如何解决日益严峻的人口、资源、环境与工业化加快、经济快速增长的矛盾,是人类发展需要回答的问题。选择无非有三种:第一种,继续走大量消耗资源能源的传统工业化道路,这是地球资源和环境难以承受的,是走不通的。第二种,以资源能源和环境的制约为由,限制、放缓甚至企图迫使发展中国家放弃实现工业化和现代化,这是不公正的,也是不可能的。第三种,走出一条低投入、高产出、科技含量高、资源消耗少、环境污染小、人力资源得到充分发挥的低碳发展道路,这是包括中国在内的发展中国家应选择的正确道路,但不可缺少的是发达国家在经济技术方面的支持。

　　中国正处于快速工业化和城市化进程之中。从表 3.8 的统计数字可以看出,1990—2003 年间,中国的 GDP 增长大约占全世界的 10%,而同期能源消费增长却占世界的 27%,温室气体排放量增长占世界的 34%。中国能源消费和

表 3.8 1990—2003 年部分国家和地区能源消费、温室气体排放和 GDP 增长（IEA 2005）

	能源消费/PJ	温室气体排放[1]/Mt	人口增长/100 万	GDP[2]/亿美元
世界	82 963	4 247.6	1 022.3	95 235
中国	22 167	1 463.4	153.2	9 625
欧盟 15 国	8 435	196.1	16.8	18 169
日本	3 005	188.6	4.1	7 683
其他亚洲国家	19 430	1 063.1	414.2	7 915
美国	14 786	886.8	40.9	32 750
非洲	6 848	215.2	225.3	1 955

[1]以 CO_2 当量计。
[2]以 2000 年购买力平价计。

温室气体排放的净增长趋势显示，中国有必要减缓温室气体排放。能源供给和能源安全已经成为限制中国工业化的主要制约因素。减少温室气体排放在一定程度上，也有助于发展目标的实现（Chen 等 2005）。因此，中国需要在未来 20～50 年间，在工业化发展和温室气体减排之间进行平衡。中国的选择只能是继续化压力为动力，寻求低碳经济发展道路。

多年来，中国通过控制人口增长、提高能源效率和优化能源结构，为全球的温室气体减排做出了巨大贡献。积极地退耕还林和植树造林，也从碳汇角度产生了积极效果。中国政府将继续推进这些政策和措施。但是面对中国工业化进程中巨大的能源需求，即便有这些政策，也还是不够的。在未来几年里，中国的人均排放量就将超过世界平均水平，总排放量也将很快超过美国成为世界第一。到 2020 年，中国的能源总需求极有可能会超过欧盟 15 国，但是排放量肯定会比欧盟 15 国还高，因为中国能源的碳密集度更高。面对能源资源短缺、环境恶化的严峻现实，中国在"十一五"规划中明确提出控制温室气体排放的战略要求。温室气体减排，为我国建设节约型社会提供了一个良好的契机。

胡锦涛主席在 2005 年 G8＋5（八国集团和五个发展中国家领导人峰会）上指出，气候变化是环境问题，也是发展问题，归根到底是发展问题。显而易见，我们要用发展的眼光来看待和应对气候变化。温室气体排放缘于发展，还是要通过进一步的发展来解决气候变化问题。这是因为，国民经济运行和生活质量的提高，必须有能源作保障。我们不能以降低经济增长和人民生活水平为代价来减少温室气体排放。而且，提高能源效率、开发可再生能源都需要大量的资金和技术。所有这些只有通过发展才可以实现。另一方面，《京都议定书》生效给我国发展低碳经济带来很多机遇。除了促进资金和低碳技术向发展中国家的转移之外，由发达国家引领的低碳经济实践，对我国的低碳经济发展也有重要的借鉴意义。

首先，为实现《京都议定书》规定的减排目标，发达国家将通过"技术推动"

和"市场拉动"两条重要途径推动能源技术进步和国际能源技术合作。所谓"技术推动"，是指政府和企业增加研究与开发(R&D)的投入，加快技术开发速度，通过为市场提供具有竞争力的技术产品来推动技术创新；而"市场拉动"指的是市场需求会产生极其强大的拉动力量，一方面引导和刺激企业的研发投入，另一方面通过"技术学习"效应(也称"干中学")，加速新兴技术的成熟与扩散。发达国家清洁能源技术的成本进一步降低，以及更广泛的应用和普及，最终会导致其他国家(包括中国在内)的总体技术水平的提高。因此，从技术进步角度看，对中国的影响是积极的。

其次，为降低履约成本，发达国家还将利用《京都议定书》的清洁发展机制(CDM)到中国实施减排项目。《京都议定书》生效向中国企业发出了市场信号，大气温室气体排放空间不再是免费的公共资源，发展中国家的企业参与温室气体减排国际合作也能带来经济利益。由于发达国家国内的减排增量成本比发展中国家高5～20倍，所以发达国家愿意以资金援助与技术转让的方式在没有减排责任的发展中国家实施减排项目(CDM)，由此获得低成本的减排量作为回报，帮助实现减排义务，同时也帮助发展中国家实现可持续发展。作为经济充满活力的发展中大国，中国被认为有很多有利条件实施CDM项目，如技术能力强、国家风险低、比较容易获取项目投资等。对于中国来说，应采取积极的CDM政策，抓住当前的有利时机，通过与发达国家合作，获得减少温室气体排放的技术与资金支持。

最后，无论《京都议定书》未来的形势如何，它都无法忽略中国目前是第二大温室气体排放国这一事实。考虑到这一情况，美国和欧盟都开始争取发展中国家，尤其是中国的支持。2005年9月5日，中国和欧盟发表了《中国和欧盟气候变化联合宣言》，确定在气候变化领域建立中欧伙伴关系。宣言指出，中欧双方将在低碳技术的开发、应用和转让方面加强务实合作，以提高能源效率，并促进低碳经济。2006年1月12日，美国、澳大利亚、日本、中国、印度和韩国等六国在澳大利亚正式启动了《亚太清洁发展与气候新伙伴计划》，其宗旨就是通过合作促进伙伴国发展以及进行高效、更清洁、更有效技术的转让。由此可见，双边和多边合作正逐渐走向务实，与中国建立良好的合作伙伴关系的关键是在技术转让方面取得突破。中国应该抓住机遇，促进对中国的技术转让。

第四章

发展优先：中国经济低碳发展的现实途径

　　根据Kaya公式，一个国家或地区的二氧化碳排放量取决于人口规模、人均GDP、能源强度和能源结构四个要素。走向低碳经济的途径包括控制人口、提高能源效率、优化能源结构、发展可再生能源、调整经济结构、增加碳汇、合理消费等。

气候变化是环境问题，也是发展问题，归根到底是发展问题。中国政府为满足人民群众日益增长的物质和文化需求的目标和努力，是驱动当前和今后中国能源消费和二氧化碳排放增长的主要原因。国际气候政策的基础是"共同但有区别的责任"原则，发展中国家既有发展的权利，也有保护气候的义务。把气候政策与国家发展目标结合起来，在发展中寻求减排，是走向低碳发展道路的现实途径。

4.1 发展目标与气候目标的矛盾与统一

国际气候变化政策是以《联合国气候变化框架公约》（UNFCCC）（1992）为基础的。为了实现公约的最终目标，"将大气中温室气体的浓度稳定在防止气候系统受到危险的人为干扰的水平上"，公约强调各缔约方应当在公平的基础上，并根据它们"共同但有区别的责任"和各自的能力，为人类当代和后代的利益保护气候系统。因此，发达国家应率先对付气候变化及其不利影响。公约同时强调，各缔约方有权并且应当促进可持续的发展。保护气候系统的政策和措施应当适合各缔约方的具体情况，并且应当结合到国家的发展计划中，同时考虑到经济发展对于采取措施应对气候变化的重要性。公约申明，应当以统筹兼顾的方式把应对气候变化的行动与社会和经济发展协调起来，以免后者受到不利影响，同时充分考虑到发展中国家实现持续经济增长和消除贫困的正当优先需要。公约认识到，所有国家特别是发展中国家需要得到实现可持续的社会和经济发展所需的资源；发展中国家为了迈向这一目标，其能源消耗需要增加，尽管有可能在保证经济和社会效益的条件下通过应用新技术来提高能源效率和一般地控制温室气体排放。

从以上公约的相应条款内容可以看出，《联合国气候变化框架公约》既强调了需要避免危险的气候变化，也强调了发展中国家所面对的特别挑战。这就产生了一个潜在的矛盾：一方面，为了实现公约目标防止危险的气候变化，必须对一些主要的排放大国进行限制；另一方面，尽管经济增长和繁荣关乎世界上所有的人，但发展中国家的发展需求尤其紧迫。除了通过经济增长使数十亿人摆脱贫困之外，发展中国家需要为国民提供现代化的能源服务，满足公民对交通便利日益增长的需求，以及获得其他富裕国家正在享受的各种福利。

对于世界上缺乏现代能源服务的人口，各种估计差别很大，但是至少 20 亿人没有可靠的电力应用或清洁的炊事和取暖燃料，而且不同国家差别较大（IEA 2002）。在亚洲发展中国家，印度有 56％的无电人口，缅甸的无电人口高达95％，柬埔寨和尼泊尔的无电人口分别达 82％和 74％，巴基斯坦和印度尼西亚无电人口分别占总人口的 47％和 48％（见表 4.1；见 IEA 2004）。虽然中国的通电率达到 99％，但国内尚有 1 200 多万人没有用上电。中国国家电网公司计划在"十一五"期间投资 236 亿元，到 2010 年，解决约 120 万无电户 450 万人的用电问题①。缺乏现代化的能源服务是造成贫困的一个因素。任何政府为了减少贫困，都把提供电力和其他现代能源服务作为优先考虑的问题。目前，发展中国家的电力生产大约占世界的四分之一多，预计到 2030 年，发展中国家所占的份额将达到 44％，与 OECD 国家的发电量相当。为了提供这一快速增长，发展中国家需要 5 万亿美元的资金投资于电力基础设施（IEA 2003）。

交通的改善既是经济发展的原因也是结果。利用便宜而有效的现代交通工具扩大了经济活动的范围，使劳动力更容易找到工作并减少通勤时间。此外，大量利用交通有利于摆脱贫困，改善生活。虽然目前发展中国家的机动车拥有量和使用量都较低，但增长趋势强劲。考虑到几乎所有机械化交通都以石

表 4.1　亚洲发展中国家的电气化率（IEA 2004）

国家	电气化率/％	无电人口/100 万
东北亚		
中国	99	12.9
韩国	100	—
蒙古	90	0.3
东南亚		
印度尼西亚	52	100.5
缅甸	5	46.4
越南	79	16.3
柬埔寨	18	11.3
菲律宾	89	8.7
泰国	91	5.5
马来西亚	97	0.7
新加坡	100	—
南亚		
孟加拉国	26	101
印度	44	583
尼泊尔	26	18
巴基斯坦	53	68
斯里兰卡	66	7

①国家发展和改革委员会能源局局长赵小平和国家电网公司总经理刘振亚在国家电网公司召开的农村"户户通电"工程表彰和攻坚动员会上的讲话。2006 年 12 月 21 日。

油为动力,因此,改善交通状况将给温室气体排放带来更多的压力。总之,多数发展中国家更想发展那些创造就业机会、促进经济发展和技术进步的产业。这意味着要发展那些能带来高增长、高工资、改善国内生活水平、技术现代化和具有出口潜力的部门。在国际贸易和产业分工的大格局下,发展中国家日益成为"世界加工厂"。制造业的大力发展,不可避免地会增加温室气体的排放。

《京都议定书》根据"共同但有区别的责任"原则,率先为附件1国家(发达国家和经济转型国家)规定了具有法律约束力的减排义务,在第一承诺期(2008—2012年)的减排目标从减少8%(欧盟)到增加10%(芬兰)。在《京都议定书》下发展中国家没有具体的减排或限排义务,但它们可以实施清洁发展机制(CDM)项目。然而,有两个工业化国家(美国和澳大利亚)没有批准《京都议定书》,不承担排放控制义务。美国退出《京都议定书》的原因之一就是发展中国家没有"有意义地参与",甚至拒绝参加有关后京都发达国家减排义务的谈判。事实上,自公约谈判之初,发达国家和发展中国家就存在着紧张关系。较富裕的发达国家指出,由于主要发展中国家(如中国和印度)的绝对排放量在迅速增长,因而需要全球性的气候政策。发展中国家反驳认为,发展中国家的人均排放比发达国家低很多,强调发展的空间。虽然《京都议定书》最终生效,但当前国际气候政策的僵局表明,未来的气候政策必须变换角度。

毋庸置疑,发展中国家在发展过程中将越来越受到碳排放的约束。虽然发展中国家现在的排放还不受约束,但气候变化的威胁意味着不加限制的排放最终将成为它们长期经济发展的制约因素。发展中国家当前最紧迫的需求是发展,似乎气候变化还不是一个迫切需要解决的问题,但发展中国家对它们生存甚至繁荣的基础——自然资源和生态系统——的依赖性更强,实际上受气候变化的负面影响更大,更容易受到威胁。因此,在发展中国家,发展需求和气候变化约束之间的关系经常处于紧张状态。

到目前为止,多数限制发展中国家排放的方案定位在制定各种定量化的温室气体排放目标,通常以"自上而下"的方式决定各国的减排义务。这些方案由于缺乏对发展中国家发展需求的明确考虑,所以发展中国家认为是对他们经济发展的潜在约束。尽管公约强调了国内发展目标和气候保护相结合的理念,但是现有的气候协议并没有在政策层面系统地推进整合气候变化目标和发展目标。

在这样的背景下,有学者提出了可持续发展政策措施(SD-PAMs)方案(Fecher 2002)。可持续发展政策措施是那些旨在为了满足国内发展目标,但同时通过减少温室气体排放也带来显著气候收益的政策措施。从广义上讲,SD-PAMs可以定义为一个国家为追求国内政策目标,如能源安全、电力供给、改善城市交通等而采取的政策措施,但政策措施需要采取低排放路径完成,而且这些政策措施可以完全是国内性质的。SD-PAMs 的主要优点是把气候变化的收益与发展中国家较高优先领域的政策目标结合起来,在实现发展目标的同时减少温室气体的排放。在许多情况下,发展中国家所面对的优先性问题可以不同的方式来满足或实现,从气候角度看有很深远的不同结果。在某些情况下,从地区和国家的观点看,差别也许不大,尽管对全球气候的影响差别很大。从长期看,发展中国家现在开始采取低碳发展路径,以每年 1% 的 GDP 资金用于发展低碳经济,就可以避免将来每年 5%~20% GDP 的经济损失(Stern 2007)。

以巴西的生物燃料项目为例,自从 20 世纪 70 年代以来,巴西采取了很多措施支持利用甘蔗乙醇作为交通燃料。当初这一模式的出现仅作为应对石油危机的一种手段。虽然这一制度最初是以大量补贴为基础的,但这些补贴已经减到很少甚至为零,到现在,甘蔗乙醇已经可以与汽油竞争。虽然甘蔗乙醇在不同时期利用的程度不同,但效果是巨大的,现在甘蔗乙醇已经占巴西交通燃料的三分之一,大约节约了 1 000 亿美元石油进口和相应的债务。如果没有甘蔗乙醇,巴西的外债可能比今天高 50%。在巴西农村,靠甘蔗生产乙醇和蔗糖创造了 100 万个就业机会,这一产业受世界糖价波动的影响很小,并使空气质量有了很大提高,生物燃料生产每年向电网输送电力 13.5 亿 kW·h,而且这个数字随着技术进步还在迅速增加。这些收益是巴西继续并扩大乙醇利用的充足理由,其带来的温室气体减排效果也非常显著:自从 1975 年以来,减排了二氧化碳 574 Mt,大约占同期巴西二氧化碳排放量的 10%。人们从这一事实可以看出,巴西生物燃料项目持续繁荣了 30 多年,与气候变化的考虑几乎完全没有关系,项目的发展依赖于国家的自然环境,还需要国家财政直接提供支持,但它给人们的启示在于,把气候政策与国家发展目标结合起来,在发展中减少温室气体排放是非常重要且富有吸引力的(Bradley 等 2005)。

不过,发展中国家在发展中寻求减排的立意也还需要国际社会的支持。在世界很多地方,一个首要的发展问题就是实现农村电气化。电力供应可以带来巨大的发展收益,更好地促进教育、健康和经济活动。印度政府曾制定了雄心勃勃的目标,为所有家庭提供电力,但远没有实现。印度的经验表明,电气化目标极富挑战性。尽管印度政府不断努力,但仍有 56% 的印度家庭没有电力供给,而且随着人口的增长,问题越来越糟。在缺电地区的农村,电气化计划可以通过矿物燃料技术解决,也可以基于可再生能源技术。有关研究设定了三种实现目标的途径:第一种是扩展电网的覆盖面,发电结构不变;第二种是离网发电,由柴油机发电满足;第三种是离网发电,由可再生能源发电满足。分析认为,考虑到印度电力市场的基本结构问题,柴油发电的前景也许最为看好。然而,大量使用柴油发电可能带来进口依赖和燃料安全问题,根据需求情景,石油进口相当于现在消费水平的 6%~41%。考虑到经济影响和日益增长的石油进口战略性问题,大规模利用柴油发电也许前景并不乐观。可再生能源发电可以带来可观的二氧化碳减排收益,相对于电网每年可减少 14~102 Mt 二氧化碳排放。虽然面临技术、资金等很多障碍,但如果将印度的电气化目标作为国际气候努力的一部分,也许会减少障碍(Bradley 等 2005)。

发展是发展中国家政策制定者优先考虑的内容,所以在发展优先领域上建立气候变化政策对那些利益相关者来说更具吸引力。从发展目标出发,然后描述应对气候变化的路径是许多发展中国家最容易做出承诺的方式。如果这样的方法成功地改变了发展路径,那么气候收益就是实质性的。实际上,IPCC 的情景分析表明,相对于明确的减排措施,一个国家采取的发展路径类型在长期减排方面更为重要。

4.2　气候目标与发展目标的融合:以中国交通为例

交通行业是国民经济的重要基础产业。交通运输行业作为主要的终端用能部门之一,其能源消费主要是各种运输工具或设施通过对能源的消耗,驱动相应的运输工具来完成运输活动,实现人或物有经济目的的位移。伴随着我国工业化和城市化进程的加快,各种运输方式承担的客货运输量大幅增长。2000年我国旅客周转量 12 261 亿人 km,2005 年增至 17 457 亿人 km,年均增速7.3%。与客运相比,货物运输发展势头更为迅猛,2005 年货物运输量达到80 257亿 t km,5 年间平均年增速 12.6%(李连成 2006)。随着我国客货运输量的增长,交通运输业能源消耗的规模逐年上升,成为我国用能增长最快的行业之一。目前我国交通行业的用能以油气为主,几乎全部汽油、60%的柴油和三分之二的煤油被各类交通工具所消耗(李连成 2006)。据发达国家经验,交通运输业用能占全社会能耗的比重一般在四分之一到三分之一,而目前我国的交通能耗仅占 10%,远低于欧美等国家。据预测,2020 年,我国的交通能耗占能源消耗的比例将高达 16.3%~17.1%(汪光焘 2006)。交通能耗的迅速增长带来的能源安全和环境污染问题日益突出,交通节能任务十分艰巨。

道路交通是各种交通方式中机动性最强、覆盖面最广的交通方式。自 20世纪 90 年代以来,随着我国社会经济持续快速增长,公路基础设施条件不断改善,对公路运输的需求持续增长,例如,1990—2000 年间,公路运输承担客运量和客运周转量占全部运输方式总量的比重分别从 83.9%和 46.6%上升到91.1%和 54.3%,公路运输承担货运量和货运周转量占全部运输方式总量的比重分别从 74.6％和 12.8％上升到 76.5％和 13.9％。同时，城市化进程的加快也使城市道路交通需求呈现快速增长态势，直接表现为私人机动交通工具拥有量激增。1994—2004 年，全国民用汽车保有量从 941.5 万辆增加到 2 742 万辆，年均增长 11.3％，其中私人汽车拥有量从 205.42 万辆增加到 1 365 万辆，增长了近 6 倍（吴文化 2005）。作为世界上经济发展最快的国家，中国的机动车拥有量和使用迅速增加，在获得巨大的交通便利和经济效益的同时，也带来了不少令人沮丧的"副产品"，这也是造成社会"不和谐"的因素：一是我国进入道路安全事故高发期，每年超过 10 万生命死于交通事故；二是给我国的能源安全、环境造成沉重压力；三是造成道路拥堵，增加了全社会的出行成本。一个可持续的交通体系应该满足对私人汽车日益增长的需求，而不损害从交通便利中得到的经济和福利。中国政府制定了各种与交通和燃料使用相关的政策和管理规定，目的在于提高城市空气质量，减少交通拥堵，提高交通能源效率。同时，这些政策也为了促进汽车工业发展和国内汽车消费。中国的挑战是如何协调这些优先政策相互之间的竞争关系。

（1）汽车工业的支柱地位。汽车工业是一个产业关联度高、规模效益明显、资金和技术密集的现代产业部门。汽车工业在国民经济中的支柱产业地位随着认识的深入而不断得以强化。"七五"计划首次把汽车工业作为"支柱产业"；"八五"计划提出，汽车制造业在整个国民经济发展中占有重要地位，而不仅仅是满足交通运输业的需要；"九五"计划提出要使汽车制造业尽快成为带动整个国民经济增长和结构升级的支柱产业；"十五"计划鼓励轿车进入家庭，并提出要全面发展汽车关键零部件、农业机械，提高自主创新能力。

随着中国经济的快速增长及人均收入水平的持续提高，中国汽车工业正在进入一个快速发展的历史时期。1999—2004 年，中国机动车生产增加了177％，从每年 180 万辆增加到 570 万辆。从数量上看，五年间中国机动车占全球的份额从 3.3％增加到 8％。2005 年底，中国汽车总产量达到 615 万辆，汽车产量在世界上仅次于美国和日本，跃居世界第三位。据 2005 年最新统计，中国汽车产业内就业人数已达 200 万人，相关产业的从业人员达 2 000 万人，汽车业年产值达 1 万亿元人民币，年税收达千亿元以上。国有、民营和外来资本在中国汽车业内大体各占三分之一，全世界汽车工业的 40％的资本和十分之一的市场在中国。"十五"时期我国汽车工业增加值占 GDP 的比重由 0.97％上升到1.56％，成为拉动国民经济增长的支柱产业（李新民 2005）。预计到"十一五"规划末期，我国汽车工业增加值所占 GDP 的比重将提高到 2.5％。

随着国民经济及社会的发展、城市结构的调整、人们对于出行要求的提高以及公交服务的改善等因素的影响，机动车数量的大幅增长正在改变着城市居民的出行方式,私人汽车迅速发展成为与步行、自行车和公交车并行的出行方式。城市交通出现了多元化发展格局。参照世界其他国家的经验,现有的交通模式面临私人汽车的激烈竞争。随着人民生活水平的提高,购买汽车已成为许多中国老百姓的现实需求,汽车拥有不再局限于政府官员和少数高收入家庭。个人购车比例逐年快速增长,中国汽车市场的消费结构已经发生重大变化。这促使企业转变观念,把市场开拓的重点放在私人购车市场上,并促使政府开始调整政策培育市场。在一些经济相对发达的城市,私人购车已经达到很高的比例。2004年,中国共有私人汽车2 700万辆,多数集中在大城市。小汽车总数大约1 200万,每千人只有9辆,远低于世界平均水平。作为参照,美国是每千人700辆汽车,日本是400辆,欧洲是350～500辆,中等收入国家(如墨西哥、巴西和韩国)是150～200辆。考虑到庞大的人口基数和机动车拥有的绝对数量较少,近年来汽车拥有量的大幅增加仅仅是一个长期发展趋势的开始。汽车拥有量从1990年的551.4万辆增加到2003年的2 412万辆,年均增长12.06%。2004年达2 747万辆,预计2010年为5 700万辆,2020年为13 100万辆(李新民 2005)。

(2)节约交通能源。交通运输行业作为主要的终端用能部门之一,其节能工作的成效对中国建立资源节约型社会、保证全国节能工作的有效实施具有重要意义。由于交通用能以传统的石油及其燃料利用技术为主导,所以加大交通节能力度,将对节约石油资源、缓解石油消费增长压力、减少排放和提高环境质量等产生重大积极影响。但是,中国的交通运输系统长期以来发展滞后,基础设施总量不足,系统结构不合理,服务水平低,管理分散,因此,实施交通节能工作必须在促进交通发展的前提下积极推进,不能因为交通节能工作的开展而制约或影响交通发展这个大前提,这与发达国家基于已经建立起完善的交通系统开展节能具有明显的不同(吴文化 2005)。当然,中国可以利用后发优势,吸取国外在解决交通发展和节能方面的经验教训,实现交通发展与节能并举。

不同运输方式的节能活动或意愿受到内部条件和外部条件的综合影响,内部条件主要包括某种方式的技术特征、运行模式、市场供求关系、经济承受能力、消费偏好等因素,外部因素主要是动力源的价格因素和环境约束因素。但就可控因素而言,不同方式的技术特征和运行模式是其节能模式或技术的决定因素。从国外特别是发达国家在交通运输领域的节能活动和经验来看,特别是城市交通领域,由于发达国家已经建立起比较完善的市场体系,其关注的重点主要在于提高道路机动交通工具的使用效率,缓解交通拥堵,提高能源效率和节能、减排等,政府主要通过财税政策来调节交通消费行为或出行模式,达到实现经济效益和公共效益的目的。

　　随着中国汽车产业的发展，节能和环保问题凸显。中国汽车的持续快速发展，主要取决于资源要素的支撑能力，包括能源、交通和停车设施，以及环境的承受压力；目前中国是世界上最大的汽车市场，也是节能与新能源汽车最受关注的地方之一，坚持发展节能与新能源汽车，构建多元化的交通能源结构，将是解决我国能源与环境问题、实现我国汽车工业可持续发展的必由之路。发展节能环保型汽车和新能源汽车是能源战略的需要，也是我国汽车工业乃至整个社会可持续发展的需要，不仅有利于加强国家能源安全和环境保护，也有利于汽车工业本身的提高，增强中国汽车工业的核心竞争力。发展节能环保汽车是我国汽车产业可持续发展的核心内容，先进柴油车、混合动力汽车和燃料电池汽车都应该在其中扮演重要的角色。情景分析表明，高速情景下 2020 年当年发展节能环保汽车能够节省 3 991 万 t 原油，节油量相当于当年我国石油总需求的 8.9%，汽车用油的 14.3%，进口石油的 16.0%，效果非常显著。另外，在高速情景下发展节能环保汽车还可以减少二氧化碳排放 6 450 万 t，相当于将当年汽车排放的二氧化碳削减 10%（王金照 2006）。

　　(3)减少环境污染。近几年机动车燃油排放正迅速成为中国大城市空气污染的一个主要来源，尤其是硫化物和氮氧化物。小汽车拥有量的迅猛增加，使北京、上海等大城市机动车排放的一氧化碳、碳氢化和物、氮氧化物、硫化物、细颗粒物等大气污染迅速上升，对空气污染的分担率已超过 50%，这种趋势仍在上升（杨富强 2005）。例如在我国上海市，1995 年市中心城区内机动车的碳氢化合物、一氧化碳和氮氧化物的排污负荷分别占该区域内相应排放总量的76%，93% 和 44%；如不采取措施，预计到 2010 年，机动车排污负荷将进一步上升到 94%，98% 和 75%（雷惊雷等 2001）。即便使用清洁燃料并控制排放，中国城市移动源污染也将继续增加，因为个人汽车行驶的总里程将不断增加。

　　2004 年全国机动车污染物呈增加趋势，碳氢化合物、一氧化碳和氮氧化物排放量已分别达到 8.361，36.398 和 5.492 Mt（李新民 2005）。由于交通堵塞，机动车燃油消耗比正常使用时高出 12%，北京市一些主要道路在交通高峰时平均车速仅为 11 km，乌鲁木齐也仅为 16～20 km，车速越慢，耗油越高，污染越严重。城市中臭氧的浓度和超标频率也呈增加趋势，从而引发了更多的城市环境问题。当前我国汽油品质标准同世界燃油规格还有很大差距，特别是铅、苯、烯烃和硫的含量对大气质量仍有危害，如表 4.2 所示，中国汽油、柴油的含硫量比国外高几十倍以上。目前大多数城市空气质量不达标，引发严重的呼吸道疾病，如哮喘、肺功能降低等。这些公共健康影响不仅导致个人福利的损失，对社会也造成实质性经济损失。

　　目前，我国乘用车的平均每 100 km 油耗比欧洲高 25%，比日本高 20%，比

表4.2　各国燃料含硫量比较

燃料种类	含硫量/(×10⁻⁶)			
	中国	美国	欧洲	日本
汽油	800	15	10	<50
柴油	2 000	15	10	<50

美国高 10%;载货汽车每 100 t 货物的千米油耗比国际先进水平高 1 倍以上。我国大约有 25%的车况差、油耗高的各类应报废的汽车仍在使用。如上海 6.3万辆小型面包车中,车龄超过 6 年的占 70%以上,南京民用汽车中 80%以上应报废而未报废且还在使用。中国车辆的尾气排放水平和控制比发达国家落后10 年左右,单车排放的污染物是发达国家的 5~10 倍。环境容量将极大地制约机动车保有量的增长。要使环境能够容纳更多的机动车,就必须降低单车污染排放负荷,也就是达到更加严格的排放法规的要求。2005 年 4 月 27 日,国家环境保护总局公布了五项机动车污染物排放新标准。轻型汽车Ⅲ号排放标准自2007 年 7 月 1 日起实施,Ⅳ号排放标准自 2010 年 7 月 1 日起实施。其中北京于 2005 年 12 月 30 日开始实施汽车废气排放国Ⅲ标准,2008 年,北京市将率先实施更严格的国Ⅳ标准。若按计划实施这两项标准,从 2008 年到 2012 年,仅道路车辆就将减少氧化氮排放量 180 万 t,碳氢化合物 220 万 t,一氧化碳 1 600万 t,将给社会带来重大的环境效益。

目前,我国的 CO_2 排放量已位居世界第二。在可以预见的未来,我国温室气体排放量还将显著增长。虽然在《京都议定书》第一承诺期,我国不需要承担减排义务,但在今后的温室气体减排谈判中,我国必然要遭遇极大的压力。同时,随着国内汽车保有量的快速增长,汽车和汽车工业部门也将成为我国温室气体的重要来源。我国要履行《京都议定书》所规定的义务,就应该把降低汽车CO_2 排放量作为首要目标。

(4)优先发展城市公共交通。优先发展城市公共交通是降低能源消耗、减轻环境污染、减少占地、方便居民出行的重要途径。城市公共交通作为城市的重要基础设施,与人民群众的生产生活密切相关,是城市经济社会全面、协调发展的重要基础。城市的交通部门是目前能源消费增长最快的一个部门。城市拥堵已经成为中国城市可持续发展的瓶颈,特别是近年来小汽车交通的迅速增加,造成城市交通拥挤程度日益加重,城市交通效率急剧下降。交通拥堵不但造成巨大的经济损失,还浪费能源和严重污染城市空气环境。据估计,由交通拥堵导致的工人生产率降低使上海的 GDP 降低了 10%。在一些城市中,道路上的平均行驶速度低于 20 km/h。城市交通资源是有限的。城市交通的总体目标应是以人为本,以最小成本和便捷的方式实现人和物的移动;与此同时,使交通运输所产生的对社会环境和公众健康的不利影响最小。在资源占有的公平性的分配上和运输效率上，应优先发展公共交通，尤其是扶持和发展快速公交系统，为所有的城市居民，包括低收入家庭，提供一种便捷、舒适、高效、快速的低成本交通方式。据统计，每 100 km 的人均能耗，公共汽车是小汽车的8.4%，电车是小汽车的 3.4%～4%，地铁为小汽车的 5%。如果采用私人小汽车出行的人有 1% 转乘公共交通，仅此一项全国每年节省燃油就将达到 0.8 亿L(汪光焘 2006)。推进城市交通节能，在加快研究开发推广低能耗汽车的同时，最重要的就是优先发展城市公共交通。

应对城市化发展和城市交通机动化快速增长的挑战，不同类型的城市根据自身的发展特点，以建立绿色城市交通系统为目标，构建可持续的城市交通系统模式。超大城市和特大城市加快城市轨道交通建设，形成立体城市交通系统，大力发展城市公共交通系统，在主要干道开辟公共汽车快速专用通道，在客运枢纽站点建设完备的换乘与停车系统，提高公共交通效率，抑制私人机动交通工具对城市交通资源的过度使用；在大城市建立以道路交通为主、轨道交通为辅、私人机动交通(如小汽车、摩托车等)为补充、合理发展自行车交通的城市交通模式；中小城市主要以道路公共交通和私人交通为主要方向，特别鼓励发展自行车交通。在经济相对发达的经济区发展城际快速轨道交通网。通过优化城市交通系统结构和完善城市间交通模式，提高城市交通系统的效率并达到系统节能目的(吴文化 2005)。

尽管发达国家在道路交通节能和减排方面采取的政策有所差异，但有一点是明确的，即几乎所有这些国家都将公共交通列为城市交通的首选模式，并不遗余力地完善公交系统，只有这样才能为被各种政策"挤出"的私人机动化交通需求提供出路。如果没有完善的公交系统来支撑，各种政策作用的效果就很难达到决策者的设想。另一个需要注意的因素是，由于交通本身的问题以及相关联的节能、环保等外部性问题比较复杂，各国的国情也不相同，解决这些问题不可能依靠单一手段，需要多种手段相配套或组合。同时，一个良好的法制环境是保证政策落实和取得成效的关键。这些是中国在可持续交通发展问题上尤其值得借鉴的经验。中国政府明确鼓励建设快速公交道和其他公共交通模式。北京计划增加 100 km 公交专用线，到 2008 年总长度360 km。昆明、上海、西安、成都、重庆、天津、杭州和沈阳都正在制定公交专用线计划。

4.3　中国经济低碳发展的可能途径分析

中国作为一个负责任的发展中大国，为应对气候变化采取了一系列有利于减缓温室气体排放的政策措施。中国政府加快调整经济结构和转变经济增长方式,积极抑制高耗能产业,推动建立能源资源节约型国民经济体系;大力改善能源结构,积极发展优质能源,促进新能源和可再生能源的开发利用,推广清洁能源;提高能源利用率,广泛采取节能技术;推动发展循环经济,努力建设资源节约型、环境友好型社会。中国先后制定了《节能中长期专项规划》、《可再生能源法》等法律法规和政策。通过以上措施,中国在减少温室气体排放方面取得了初步成效。一是调整产业结构,推进技术进步,提高能源利用效率和节能水平。1981—2004 年,节约能源 10.5 亿 t 标煤,相当于少排 7 亿 t 碳。二是调整能源结构,发展新能源和可再生能源。2004 年,中国新能源与可再生能源的开发利用替代了 1.4 亿 t 标煤,相当于减排 0.93 亿 t 碳。三是植树造林,增强森林储碳能力。森林覆盖率从 20 世纪 80 年代初期的 12% 增加到 2004 年的 18.21%。四是有效控制人口增长,2004 年中国人口自然增长率为 5.87‰,比 1980 年降低了 6 个千分点。五是制定了《大气污染防治法》、《森林法》、《节约能源法》、《可再生能源法》等一系列法律法规,为保护环境提供了有力的法律保障。六是大力普及环境保护知识,增强全民的环保意识。通过长期不懈的努力,中国在节约能源、保护环境方面取得了明显成效(华建敏 2006)。

按《京都议定书》规定,中国作为发展中国家没有承诺温室气体减排或限排的义务。中国当前的优先目标是经济社会发展。中国需要与经济社会发展相适应的温室气体排放空间和环境保护政策。中国未来温室气体排放的驱动力是工业化、城市化、人口增长、国际贸易分工、技术进步和资源禀赋,这些驱动力涉及社会进步与经济发展目标,有着自身的演化趋势,很难为了减少温室气体排放的目的而加以选择和调控。能源与经济结构、能源效率、碳汇等因子,虽然与经济社会发展方向没有直接关联或影响不大,但却对碳排放或吸收有重大影响,对于这些因子,当前社会可以加以调控,在满足经济社会发展的前提下,减少温室气体排放(潘家华 2004b)。因此,未来中国要在不影响经济社会发展目标的前提下实现低碳发展,其可能途径包括:

(1)调整能源结构

在煤、石油、天然气这三种矿物能源中,煤的含碳量最高,油次之,单位热值天然气的碳含量只有单位热值煤炭碳含量的 60%。其他形式的能源如核能、风能、太阳能、水能、地热能等属于无碳能源。从保证能源安全和保护环境的角度看,发展低碳和无碳能源,促进能源供应的多样化,是减少煤炭消费、降低对进口石油依赖程度的必然选择。有关研究表明,如果将中国的煤炭消费降低 1 个百分点,代之以水电或核电,则中国温室气体的排放总量将减少 1.14%。就是用含碳量也较低的矿物能源天然气或石油替代煤炭,每减少 1 个百分点的煤炭

表 4.3　能源替代与温室气体排放(潘家华 2004b)

	碳含量/(kg/GJ)	当前能源结构/%	煤减少(−1%)油增加(+1%)	煤减少(−1%)气增加(+1%)	煤减少(−1%)电增加(+1%)
煤炭	25.5	67	66	66	66
石油	19.26	24	25	24	24
天然气	15.3	4	4	5	4
水电	0	4	4	4	5
核电	0	1	1	1	1
单位标煤碳排放量变化/%		100	99.72	99.54	98.86

消费,碳排放量也将分别减少 0.46% 和 0.28%(见表 4.3)。

尽管能源结构的调整可以大量减少温室气体的排放,但这种减排的潜力并不是无限的,受到资源禀赋与市场的约束。第一,如果能源总量仍然大幅度增长,而能源结构调整不能满足能源供给需求,则矿物能源的消费总量仍可能增加,这种情况主要见于快速工业化进程中的发展中国家。第二,在给定的技术经济条件下,结构调整受到功能与成本的约束。交通运输业(除铁路外)的主要能源形式是液态的石油或天然气制品。虽然石油和天然气可以替代煤炭发电,但煤却很难代替石油制品作飞机和汽车的液体燃料。在当前的技术水平下,太阳能、风能和生物质能的商业化受到成本约束,难以与常规的矿物能源竞争。第三,能源替代也受到资源禀赋的约束。中国的矿物能源储量以煤为主,油气资源相对欠缺,这决定了我国矿物能源生产和消费以煤为主的格局。

我国的能源结构长期存在着过度依赖煤炭的问题,一直没有得到根本性的解决。能源结构的优化对能源需求总量影响很大,能源消费结构中煤炭的比重每下降 1%,相应的能源需求总量可降低 2 000 万 t 标煤。能源结构调整和优化的方向为:逐步降低煤炭消费比例,加速发展天然气,依靠国内外资源满足国内市场对石油的基本需求,积极发展水电、核电和可再生能源。在未来 20 年里,初步形成多元结构格局,提高优质能源的比例。逐步降低煤炭在一次能源消费中的比例,到 2020 年煤炭消费比例力争控制在 60% 左右(国家能源战略课题组 2003)。

(2)提高能源效率

提高能源效率,等同于同样的产出却减少了能源消费,从而降低了温室气体排放。技术进步是提高能源效率的主要途径。有关研究表明,1980—2000年,中国的能源强度从 1980 年的 14.34 下降到 2000 年 4.87,平均每年下降0.52。我国能源强度下降的主要动力来自各产业能源利用效率的提高,其中工业能源强度下降是总体能源强度下降的主要原因(韩智勇等 2004)。但相对于发达国家来看,我国能源强度的下降仍有很大的空间。目前,中国的综合能源效率约 33％,比发达国家低约 10 个百分点。电力、钢铁、有色金属、石化、建材、化工、轻工、纺织等八个行业主要产品的单位能耗平均比国际先进水平高 40％。钢、水泥、纸及纸板的单位产品综合能耗比国际先进水平分别高 21％,45％,120％。机动车油耗水平比欧洲高 25％,比日本高 20％。我国单位建筑面积采暖能耗相当于气候条件相近的发达国家的 2～3 倍。我国矿产资源总回收率为 30％,比世界先进水平低 20 个百分点。比如锅炉。我国在用的中小锅炉约 50 万台,实际运行效率只有 65％左右,比国际先进水平低 15～20 个百分点。这些中小锅炉中 90％都是燃煤锅炉,年消耗煤炭约 4 亿 t,通过技术改造和完善管理等措施,仅燃煤锅炉一项的煤炭节约潜力就有 7 000 万 t。又比如节能灯。我国是全球第一大节能灯生产国,2005 年节能灯产量达到 17.6 亿只,占世界总产量的 90％左右,但我国生产的节能灯在国内使用的比例并不高,大部分都出口了,出口量占到生产总量的 70％以上。如果把现有的普通白炽灯全部更换成节能灯,全国一年可节电 600 多亿千瓦时,相当于中部地区一个省的全年用电量。再比如电动机,我国中小型三相异步电动机量大、面广,而达到国家节能评价标准的只占市场销售量的 1％,如果采取有效措施,加大推广高效节能中小型三相异步电动机的力度,将市场份额提高到 12％,每年就可节电 100 亿千瓦时左右。这些数据充分表明,中国提高能源效率潜力巨大(张晓强 2005)。

　　中国一贯以节能作为能源领域的优先工作。今后仍必须坚持节能优先的战略,这已成为政府和企业界的共识。因为只有节能才可以同时有利于能源供应安全、环境保护和提高竞争力等多重目标。对于多数发展中国家,采用当前世界上已广为采用的成熟技术可显著提高能源效率。但是发展中国家的工业产品能耗,不可能一步达到同期世界先进水平。问题不在技术本身,而在于能源效率较低的技术所沉淀的大量资本投入。火电、钢铁、化肥等高能耗行业的资本密集度非常高。一旦投入,资本的折旧多在 20 年以上。采用新技术,意味着将原有技术连带的资本投入全部抛弃。这对于企业来说,几乎是不现实的。因此,旧技术的淘汰或能源效率的提高,需要一个过程,并非在一天或一年内就能达到理想的效率水平。

　　不过,从另一个角度看,发展中国家正处在快速工业化和城市化进程中,大规模基础设施建设的投入决定着未来低碳发展的前途。为了避免技术的锁定效应,现在就应该采用能源效率水平高的技术。从部门结构看,工业用能的比例虽在下降,但仍是最大的能源消费部门,而交通和建筑物用能则是能源消费增长最快的部门,因此,这三大部门无疑是节能工作的重点。研究表明,中国如能实现“十一五”规划中单位 GDP 能耗下降 20％的目标,则相对于基准情景,到 2010 年的能源消费总量将减少 21％～30％(庄贵阳 2006)。但是需要注意的是,生产规模的扩张在一定程度上会抵消能源效率提高所节省的能源。

（3）调整产业结构

同等规模或总量的经济,处于同样的技术水平,如果产业结构不同,则碳排放量可能相去甚远。传统的农牧业生产几乎不使用商品能源,就是现代农牧业生产,也改变不了农作物和动物生长过程及其对光、热、土地等自然因素的依赖。商品能源的使用只是辅助性的,或是对劳动力的替代,因而较为有限。第三产业提供的产品主要是服务,虽然在服务过程中为了提高效率需要一些办公和运行设备,需要消耗商品能源,但其单位产值消耗的能源也非常有限。真正需要大量消耗能源的是工业制造业、建筑业和交通运输业。

走低碳发展道路,不仅仅是微观层次的问题,而首先是宏观层面的事情,即是国民经济的结构问题。目前,从我国三次产业结构看,经济增长过于依赖第二产业,低能耗的第三产业发展滞后、比重偏低。2005 年,我国第三产业增加值占 GDP 的比重刚过 40%。OECD 国家这一比重平均水平超过 70%,其中,美国为 75.3%。与我国发展水平相近的巴西和印度分别为 75.1% 和 51.2%。按照有关部门的测算,如果我国第三产业增加值的比重提高 1 个百分点,第二产业中工业增加值比重相应降低 1 个百分点,那么万元 GDP 能耗就可降低约 1 个百分点。从工业内部结构看,高能耗行业比重大,特别是高耗能的一般加工工业生产能力过剩,高技术含量、高附加值、低能耗的行业比重低。2005 年,高技术产业增加值占工业增加值的比重只有 10.3%。按照目前的工业结构,如果高技术产业增加值比重提高 1 个百分点,而冶金、建材、化工等高能耗行业比重相应下降 1 个百分点,那么万元 GDP 耗能可再降低 1.3 个百分点。因此,发展低碳经济,首先要调整结构,大力发展低能耗的第三产业和高技术产业（马凯 2006b）。

然而,调整产业或经济结构,受到诸多因素的制约。产业结构是与一定的经济和社会发展阶段相适应的。在传统的农业社会,工业不可能占有较大的比例。处于工业化进程中的发展中国家,工业在国民经济中的比例会在相当长的时期内占据主导地位。必然要在充分工业化之后,才可能由服务业来主导国民经济。因此,能耗高的工业所占的比例不仅不会大幅度降低,而且还可能升高。处于"后工业社会"的发达国家可以采取"外购"的形式,把高能耗的制造业转移到发展中国家。而发展中国家由于不具备资金、技术、管理方面的优势,还难以像发达国家那样,靠发展高端服务业来实现低碳发展（Stern 等 2004）。

（4）遏制奢侈浪费

目前,在经济全球化的背景下,发展中国家不但在基础设施建设,而且在消费品生产和消费方式上都在效仿工业化国家现有的经济发展和消费模式。改革开放以来,生产力的发展使人们的物质消费欲望得到释放,在企业各种促销手段的刺激下,社会生活中出现了奢侈消费的倾向,并成为某些人追求的时尚。虽然,从社会再生产角度看,作为其重要环节之一的消费具有承前启后的效应,生产决定消费,但消费又为生产创造需求,为生产提供市场。在任何国家的经济发展中,消费的"瓶颈"制约作用不可低估,抑制消费需求,必然会影响经济的发展。但是,社会消费模式的不合理,不仅会导致享乐主义蔓延滋生、奢侈之风弥漫社会,更重要的是不合理的消费模式制约着社会可持续发展(吴丽兵等1999)。奢侈消费是一种社会文化现象,主要是一种心理上的诉求。中国文化传统有一种攀比和等级观念,少数人的斗富和奢华,多以多数人的基本需求为代价,不仅是一种消费上的非理性行为,而且是一种严重的社会不公平。我国能源资源总量较为匮乏,结构不合理,基本需求尚未得到有效满足,更需要合理的消费模式,因此,从满足所有人的基本生活需要出发,必须遏制奢侈消费。

浪费表现在许多方面,首先是规划上的失误,二是低劣的产品和建筑质量,三是消费行为上的疏忽。英国建筑的平均寿命高达 132 年,而中国的建筑平均寿命只有 30 年,多数建筑质次、寿短、能耗高。据北京市 2008 环境建设指挥部及办公室提供的信息,截至 2006 年 3 月 20 日,北京市违章建筑面积共达 450 万 m^2,计划于 2006 年底前全部拆除完毕(翟炟等 2006)。减少浪费,仅靠意识是不够的,一方面是做好规划,另一方面是采用经济手段。消费者的理性是建立在预算约束基础上的。如果价格上有所反映,消费者的行为必然会有相应的调整。

(5)发挥碳汇潜力

通过土地利用调整和林业措施将大气温室气体贮存于生物碳库,也是一种积极有效的减缓气候变化途径。陆地植被通过光合作用每年从大气中吸收 1 200 亿 t 碳,其中植物呼吸返回大气约 600 亿 t 碳,土壤有机质分解返回大气约 500 亿 t 碳,干扰返回大气约 90 亿 t 碳,陆地植被年净碳吸收量约 10 亿 t 碳。2000 年 IPCC 在《土地利用、土地利用变化和林业》专题报告中指出,从 2000 年到 2050 年,全球最大碳汇潜力为每年 15.3 亿~24.7 亿 t 碳,其中造林的碳汇潜力为 28%,再造林的潜力为 14%,农用林约占 7% 。据 Fang 等(2001)对中国森林资源的调查估计,最近 20 年来,中国的森林植被净吸收二氧化碳的功能明显增强,共吸收 4.5 亿 t 二氧化碳,占中国工业二氧化碳年均排放量的 3%~4%,表明中国森林为改善生态环境做出了巨大的贡献。

然而,长期的人类活动、巨大的人口生存压力和一些不科学的生产方式,已经导致中国陆地生态系统的碳贮存量目前处于一种低水平状态,如目前森林植被的现有碳贮存量只有潜在贮存量的 44.3%,土壤的现有贮存量只有潜在贮存量的 90%,因此,中国陆地生态系统的碳库贮存潜力很大。根据区域和中国尺度的碳收支研究,估计我国全部陆地生态系统每年固碳量可能在 0.7 亿~1.8 亿 t 之间,其中源自自然要素变化(如大气 CO_2 浓度升高和气候变化等)的为 0.3 亿~0.7 亿 t,人工造林 0.2 亿~0.9 亿 t,农业土壤固碳 0.18 亿~0.22 亿 t。我国目前符合《京都议定书》规定的碳吸收大约是每年 0.2 亿 t,仅相当于同期中国工业 CO_2 总排放量的 5% 左右(魏一鸣等 2006)。

发达国家的土地利用已基本定型,碳汇的潜力较为有限。对于中国和印度这样人口众多、历史上毁林和植被破坏比较严重的发展中国家,通过改进土地利用方式和增加造林来增加生物碳汇,具有相当可观的潜力。研究表明,中国增加 1% 的森林覆盖率,便可以从大气中吸收固定 0.6 亿~7.1 亿 t 碳。中国可以改进森林管理,提高单位面积生物产量,扩大造林面积。由于受到自然条件的影响,这些措施的成本可能会很高。我国人地矛盾突出,用于造林的土地面积有限,环境条件较差,通过人工造林增加碳吸收的效益较低,成本较高,在 CDM 项目竞争中缺少优势。中国土地的约三分之一为沙漠,约三分之一为高原,因此,未来大幅度提高森林覆盖率的困难非常大。所以,在看到森林碳汇潜力的同时,也要看到其极限(潘家华 2004b)。

(6)国际经济技术合作

气候变化问题的全球性、长期性决定了国际社会需要长期合作和努力。气候变化是环境问题也是发展问题,解决气候变化问题的实质是实现可持续发展,其关键是实现技术创新、转让、推广,开展灵活务实的国际合作。先进能源技术最终要为解决全球能源和环境问题发挥作用,技术的传播和扩散非常重要。但仅仅依靠技术的自然扩散带来的溢出效益,或者商业性的技术贸易是远远不够的。发展中国家能否利用后发优势在工业化进程中实现低碳经济发展,在很大程度上取决于资金和技术能力。限于自身经济实力,发展中国家科技整体水平相对落后,技术研发能力和消化吸纳能力十分有限,因此很大程度上依赖于进口国外技术。虽然各种技术(从高端到低端)在市场上应有尽有,但发展中国家缺乏足够的资金购买能力。被寄予厚望的全球碳市场带给中国的资金收益也不过每年 20 亿欧元,与《斯特恩报告》提出的每年 GDP 的 1% 投资规模有相当大的差距。虽然《联合国气候变化框架公约》规定,发达国家有义务向发展中国家提供资金援助和技术转让,然而长期以来,可持续发展目标下真正积极意义上的技术转让进展十分缓慢。因此未来的国际气候制度非常有必要寻求通过制度化的手段,解决好知识产权保护和技术转让的关系问题。在《联合国气候变化框架公约》之外的很多双边或多边协议都以技术作为合作基石。中国应该积极利用自身作为温室气体排放大国的地位,促进发达国家向中国的技术转让。

第五章

"十一五"能源强度目标：向低碳经济转型的重要行动

研究表明，即便实现"十一五"规划能源强度下降20％的目标，中国的能源消费和二氧化碳排放量也将比"十一五"初期有很大增长。也就是说，中国只能做到相对的低碳经济发展。

我国"十一五"规划中明确提出,到 2010 年,单位 GDP 能耗(能源强度)要比 2005 年水平降低 20%。确保能源安全和控制大气污染是我国提出降低单位 GDP 能源强度目标的主要推动力,当然控制温室气体排放也是一个非常重要的考虑。提高能源效率是实现低碳发展的一条重要途径。研究表明,即便我国实现了能源强度下降 20%的目标,我国也只能做到相对的低碳发展。2006 年我国能源强度目标没能实现,说明实现低碳发展更需要长期努力。

5.1 我国能源强度的变化趋势(1980—2005)

能源强度是能源消费量和 GDP 的比值,衡量的是一个经济体的能源利用效率。能源强度下降在本质上是节能技术进步、管理水平提高以及体制创新的结果。相对于经济总量和能源消费量而言,能源强度在很大程度上是一个外生变量。也就是说,不是经济总量和能源消费量决定了能源强度,而是经济总量和能源强度决定了能源消费量。尽管如此,短期的能源供给下降或者需求上升引起的能源价格上升,也会造成能源消费者减少能源消费或者进行能源替代,进而促使能源强度的下降。

能源消费强度受产业结构和各产业能源利用效率的影响,它由产业结构比重和各产业的能源利用效率这两个指标决定。具体来说,能源强度取决于三大因素:该产业产值的大小(用 GDP 衡量)及其在总产值中所占比重、该产业能源强度与综合能源强度的比较。各个产业的能源消费强度差异较大,若能源强度低于平均水平的产业比重提高,或能源强度高于平均水平的产业比重降低,则就能带动能源强度的下降。产业产值所占比重提高,并不意味着综合能源强度上升,如果该部门的能源强度较低,则会拉动总能源强度下降;相反,产业产值比重降低,也并不意味着能源强度下降。三次产业的能源强度取决于该产业能源利用技术的高低及该产业产品的能耗(林艳君等 2006)。

在过去的 20 多年时间里,我国的能源强度一直呈下降趋势,尽管其间有过些许波动。从 1980 年到 2001 年,中国的能源强度从 13.34 t 标煤/万元下降到 4.21 t 标煤/万元,以平均每年 5.4%的速率在 21 年间共下降了 68.4%(见图 5.1)。然而我国能源强度下降的趋势在 1988 年后有所减缓,这是由于经济增长速度,尤其是工业增加值增长速度下降引起的。1996 年后的加速下降则主要是由于关停小煤矿引起的能源消费量下降所引起的,尽管当时的经济增长速度同时略有降低,但能源消费量的下降主导了能源强度的变化。1999 年之后能源消费量下降的趋势逐渐消失,因此,能源强度的下降速度也随之减缓。研究表明,1998—2000年间,我国能源强度下降的主要动力来自各产业能源利用效

图 5.1　中国能源强度变化趋势(1980—2005)(根据历年《中国统计年鉴》资料作成)

表 5.1　世界主要国家能源消费弹性系数(1981—2002)(施发启 2005)

国　家	能源消费 增长率/%	基于可比价格的 GDP 增长率/%	能源消费 弹性系数
澳大利亚	1.83	3.30	0.55
巴西	2.99	2.05	1.45
加拿大	0.92	2.82	0.33
法国	0.73	2.12	0.34
印度	4.66	5.57	0.84
日本	1.98	2.53	0.78
英国	0.72	2.46	0.29
美国	0.76	3.03	0.25
中国	4.17	9.53	0.44

率的提高,其中工业能源强度下降是总体能源强度下降的主要原因(韩智勇等 2004)。

1980—2000 年,中国取得了令人瞩目的经济成就,年均 GDP 增长速度达到 9.7%,而同期我国的能源消费年增长率只有 4.6%。工业化国家的发展实践表明,在工业化初期,能源消费的增长速度要超过经济增长速度。1981—2002 年,工业化国家的平均能源消费弹性系数都小于 1,甚至小于 0.5,发展中国家只有中国能够取得能源弹性系数 0.44 的佳绩,印度和巴西的能源消费弹性系数分别达到了 0.84 和 1.45(施发启 2005)(见表 5.1)。

然而,进入 21 世纪以后,随着新一轮投资驱动型经济的开始,中国的能源需求强劲增长。从 2002 年起,中国能源消费的增长速度超过了 GDP 增长速度。从随后的四年里,中国的 GDP 增长率(以 2000 年不变价计算)分别为 9.1%,10.0%,10.1% 和 9.9%,但每年的能源消费增长率分别达到 9.9%,15.3%,15.2% 和 12.7%,能源消费弹性连续四年超过了 1。这一趋势扭转了中国能源消费弹性小于 1 的历史趋势。从 2001 年到 2005 年,中国的能源强度从 4.21 t 标煤/万元增加到 4.77 t 标煤/万元。

中国最近几年能源消费弹性的变化至少部分来自于高速经济增长对能源密集型原材料的需求。根据何建坤等(2006)的研究,近年来中国能源弹性的增加主要是由于产业结构变化引起的。工业特别是重工业化的加速发展、城市化进程中基础设施建设规模加大,以及城市居民以住房和汽车消费为标志的消费升级、短时间内产业结构的急剧变化,是导致 GDP 能源消费强度上升的主要原因。能源转换和利用的技术效率近年来总体上仍是改进的趋势。从表 5.2 来看,主要耗能产品的能源单耗仍呈下降趋势(王庆一 2005)。因此,近几年 GDP 能源强度的提高主要是结构性变化的因素,而不是能源技术效率下降,这是重工业化阶段产业结构急剧变化所引起的能源强度的阶段性变迁所致。

表 5.2 主要产品的能源单耗(1990—2004)(王庆一 2005)

	1990	2004	下降率/%
火电供电煤耗[g/(kW·h)]	427	376	11.9
钢可比能耗(kg 碳当量/t)	997	702	29.6
水泥综合能耗(kg 碳当量/t)	201	157	21.9
乙烯综合能耗(kg 碳当量/t)	1 580	1 004	36.5
合成氨综合能源(大型)(kg 碳当量/t)	1 343	1 184	11.8

2000 年我国的能源效率是 33%,比 1990 年水平提高 5 个百分点。2005 年我国的能源效率约为 34%,仅比 2000 年提高 1 个百分点。我国能源效率提高的速度趋缓,也可以部分解释从 1980 年到 2005 年我国能源强度的变化趋势。目前我国的能源效率比世界先进水平低 10 个百分点,说明我国的节能还成效尚没有充分发挥,节能还具有很大的潜力。1980—2000 年长达 21 年间我国的节能政策之所以会成功,主要是当时的政府结构、产业结构和经济体制非常适于推行指令性的节能措施,而地方政府机关还采取导向性措施以支持节能。在 20 世纪 80 年代,中国是计划经济体制,工业产出主要来自国有部门。由于能源供给异常短缺,中央政府把能源节约放在了"优先地位",可以通过行政机关和国有企业在中央和地方推行节约优先的战略,如在能源部门内部通过进行利益分配以支持节能。同时,节能政策得到了大量的资助,而且在很多经济部门得到了严格的贯彻实施。20 世纪 90 年代中国经历了巨大的变革。随着中国经济由计划转向市场,原有的指令性节能措施的效力被大大削弱。首先,许多工业生产与消费都不再受计划的约束;其次,国有企业在经济中的作用逐渐降低;第三,中央政府在地方政府与企业中的权威也已下降。虽然 1997 年通过的《节约能源法》及其相应的监管措施充满着各种良好的目的,但实际上几乎没有带来

什么有意义的行动。原因有三点：首先，没有一个专门的机构来协调能源政策的制定与落实；其次，能源（如煤、油、气和电）生产单位在中央和地方依然享有重要的政治与经济权力。此外，一些关键的能源密集型产业（如钢铁、化工）依然由国家掌控，而且不受硬预算约束，所以，较高的能源价格对这些企业的能源使用在战略层面影响不大。另一方面，尽管中国设立了具体的节能目标而且节能也会带来巨大收益，但政府还是继续对能源生产（而非节能）给予了更多的关注并提供更多的资金（斯皮德 2005）。

毫无疑问，"十一五"期间，为实现能源强度下降 20％的目标，我国将大力推行节能战略，并将首先加大对经济结构调整的力度。然而，只有不断发展国内能源市场，使能源使用者面临提高能源效率的强大经济激励，才能保持节能政策的有效性。只有改革能源资源价格，才能促进经济结构向低能耗的产业发展。

5.2 实现 20% 能源强度下降目标的能源含义

"十五"期间，中国经济的平均增长速度为 9.48％。2005 年 GDP 达到了 18 万亿元。与此同时，在快速工业化和城市化的背景下，我国重化工业比重加大，能源消费持续高速增长。2005 年，中国消费了 22.25 亿 t 标煤。"十五"期间能源消费弹性系数平均为 1.04（见表 5.3）。

通过对"十五"期间经济增长和能源消费状况（表 5.3）与"十五"初期估计的能源消费情景（表 5.4）进行对比，我们清楚地发现，"十五"期间我国能源的实际消费量已经显著地超过了"十五"初期的估计。周大地等（2003）进行的"趋势照常（BAU）"（按照目前的发展趋势，不作政策、措施的强化努力）情景分析结果预测，2010 年我国能源需求总量将达到 21.7 亿 t 标煤。实际上，2005 年中国的能源消费量是 22.25 亿 t 标煤，已经超过了情景分析中 2010 年的需求数字。由此我们可以推断，"十五"初期对"十一五"期间的能源消费所做的情景分析结果偏低，也就是说，2010 年的能源消费量肯定将超过 21.7 亿 t 标煤。

表 5.3 "十五"期间经济增长和能源消费状况［据《中国统计年鉴》计算（修正后数字）］

年 份	2001	2002	2003	2004	2005	平均
GDP/万亿元（2000 年价格）	10.75	11.72	12.90	14.20	15.60	
能源消费/亿 t 标煤	14.32	15.18	17.50	20.32	22.25	
能源强度/（t 标煤/万元 GDP）	1.33	1.30	1.36	1.43	1.43	
GDP 增长率/%	8.3	9.1	10.0	10.1	9.9	9.48
能源消费增长率/%	3.4	6.0	15.3	16.1	9.5	9.9
能源消费弹性系数	0.41	0.66	1.53	1.59	0.96	1.04

表 5.4 能源消费情景(BAU)研究预估结果(周大地等 2003)

	预估能源消费/Mt 标煤		
	基年(1990)	2010 年	2020 年
煤炭	1 030.9	1 509.4	2 007.9
石油	281.4	471.5	752.4
天然气	19	80.4	155.4
一次电力	36.6	107.8	184.6
能源消费	1 368	2 169.1	3 100

世界各国工业能源消费一般只占能源消费总量的三分之一左右,而在我国的总能源消费中,工业能耗占近 70%。而且在工业能耗中,高能耗产业的比重很高。2004 年,钢铁、化工、建材、炼油和炼焦、发电和供热等五个行业的能源消费占工业部门全部能源消费的 63%,占全国能源消费总量的 43.9%。高耗能行业过度扩张推动工业能耗增长。2001 年到 2004 年,全国能源消费年均增长率为 10.1%,工业部门能源消费年均增长率为 12.8%;全国电力消费年均增长率为 13%,工业部门电力消费年均增长率为 18%。工业部门的能源消费由 2000 年占全国能源消费的 66.58%上升到 2004 年的 68.41%;工业部门的电力消费由 2000 年占全国电力消费的 64.7%上升到 2004 年的 77%。其中冶金、化工、建材、石化等四个高耗能行业的能源消费增长量占工业部门能源消费总增长量的 52.2%,电力消费增长量占工业部门全部电力消费增长量的 48.3%。"十五"期间高能耗产品对 GDP 的弹性系数也都大幅度提高,主要高能耗产品增长对 GDP 增长的弹性从"六五"到"九五"期间的平均 0.89,提高到"十五"期间的 1.38,其中钢铁生产的 GDP 弹性系数高达 2.36,电力消费弹性在 2003 年达到 1.77。这说明"十五"期间经济增长对高能耗产品的依赖程度较以前明显加强,这也是能源消费明显超过预期的主要原因(周大地 2006)。

我们考虑两个情景来判断"十一五"期间实现 20%能源强度下降目标下的能源需求。如果从 2000 到 2010 年的人口增长率设定为 0.7%,为了实现人均 GDP 翻一番的目标,那么每年的 GDP 增长率必须达到 7.93%。由于"十五"期间 GDP 的平均增长率为 9.48%,所以在"十一五"期间 GDP 的平均增长率只需达到 6.38%即可实现人均 GDP 翻一番的目标(情景 1)。从目前发展态势看,"十一五"期间中国经济仍可能保持年均 9%的增长速度,这也是我们讨论实现能源强度目标的另一个方案(情景 2)。如果 GDP 增长速度和能源强度保持不变,维持"十五"期间的水平,则就成了我们分析"十一五"末期能源需求的参考方案(参照情景)。

根据"十一五"期间各情景下的 GDP 年均增长率,可以计算出"十一五"末期即 2010 年的 GDP(按 2005 年价格计算)。"十一五"期间单位 GDP 的能耗(能源强度)下降 20% 的目标已经确定,这样在情景 1 和情景 2 下的能源强度均为 0.98 t 标煤/万元。根据能源强度的定义,便可以计算出 2010 年情景 1 和情景 2 的能源需求。2005 年和 2010 年的能源消费量为已知数,从而可以计算出"十一五"期间能源消费的年均增长率,进而计算出"十一五"期间的能源消费弹性系数。参照情景下,由于 GDP 年均增长率和能源消费年均增长率均为给定值,这样以 2005 年为基年,可以计算出 2010 年的 GDP 和能源需求,进而计算出参照情景下的能源强度和能源消费弹性系数。

表 5.5 给出了三种情景下 2010 年我国的能源需求。在情景 1 下,如果年度 GDP 增长率为 6.38%,那么到 2010 年 GDP 将达到 24.84 万亿元(2005 年价格)。如果能源强度是 0.98 t 标煤/万元,也就是说实现了能源强度下降 20% 的目标,那么能源需求将达到 25.35 亿 t 标煤。在情景 2 的情况下,能源消费需求将达到 28.62 亿 t 标煤。相对于参照情景 35.64 亿 t 标煤的能源需求,在"十一五"期间实现 20% 能源强度下降目标,意味着节约了 7.02 亿~10.29 亿 t 标煤的能源消费需求。如果保持 2005 年能源消费结构不变,则相当于少排放了 3.39 亿~4.97 亿 t 碳当量的温室气体。然而,相对于 2005 年的实际能源消费量,到 2010 年中国仍然需要额外供给 3.1 亿~6.37 亿 t 标煤。由此可见,即便中国在"十一五"期间实现了能源强度下降 20% 的目标,中国仍将面临严峻的可持续能源供给的挑战。

表 5.5 "十一五"期间经济发展与能源消费(2005 年价格)

	2005 年	2010 年		
		情景 1	情景 2	参照情景
GDP 年增长率/%	9.9	6.38	9.0	9.48
GDP/万亿元	18.23	24.84	28.05	28.67
能源消费/亿 t 标煤	22.25	25.35	28.62	35.64
能源强度/(t 标煤/万元 GDP)	1.22	0.98	0.98	1.24
能源消费年增长率/%	9.5	2.64	5.16	9.9
能源消费弹性	0.96	0.41	0.57	1.04

注:参照情景以"十五"期间 GDP 增长率为 9.48%,能源消费增长率为 9.9% 计算。

从表 5.5 我们可以看出,实现相同的能源强度下降率目标,GDP 的增长速度越快,其所允许的能源消费弹性系数也越大,实现目标也会相对容易。由于"十五"期间的能源消费弹性系数是 1.04,那么在"十一五"期间要实现能源消费弹性为 0.5 左右,具有非常大的挑战性。自 1980 年以来,我国单位 GDP 能耗一直呈大幅度下降趋势(见表 5.6)。自 1980 年到 1990 年,年均下降率为 4%,从 1990 年到 2000 年,年均下降率为 6.3%,自 2000 年到 2005 年,年均增长

0.4%。"十五"期间是我国能源高速增长的时期,也是重工业高速增长的时期,但单位 GDP 能耗并未显著增加,表明我国在技术上已高度关注节能。"十一五"期间突然来一个"大拐弯",再次要求年节能 4.36%,成为各界争议的话题。实际上,许多学者对中国能否实现"十一五"能源强度下降 20%目标的质疑,也大多基于此。

表 5.5 利用情景分析方法计算了实现"十一五"能源强度下降 20%目标下2010 年我国的能源消费量。根据 2005 年和 2010 年我国的能源消费结构,利用IPCC 给出的各种矿物能源碳含量的数据[1],便可以计算出 2005 年和 2010 年我国的温室气体排放量(见表 5.7)。

表 5.6 单位 GDP 能耗(见《经济日报》2006 年 8 月 3 日)

年份	万元 GDP 能耗/t 标煤	年份	万元 GDP 能耗/t 标煤
1980	4.02	1997	1.75
1985	3.05	1998	1.56
1990	2.68	1999	1.46
1991	2.58	2000	1.40
1992	2.38	2001	1.33
1993	2.22	2002	1.30
1994	2.08	2003	1.36
1995	2.00	2004	1.43
1996	1.93	2005	1.43

表 5.7 "十一五"期间我国二氧化碳排放量估计

	2005 年(基年)	2010 年		
		情景 1	情景 2	参照情景
能源消费量/亿 t 标煤	22.25	25.35	28.62	35.64
二氧化碳排放量/亿 t	10.75	12.24	13.82	17.21
温室气体增长率/%		2.63	5.15	9.86
GDP 增长率/%		6.38	9.0	9.48
碳排放弹性		0.41	0.57	1.04

注:这里假设能源消费结构不变。

表 5.7 的结果显示,根据第一章 Tapio(2005)的脱钩指标的判断标准(图 1.2),在参照情景下,2010 年我国的碳排放弹性为 1.04,介于 0.8 和 1.2 之间,属于扩张连接;在情景 1 下,碳排放弹性为 0.41,情景 2 下的碳排放弹性为0.57,都小于 0.8,GDP 增长和二氧化碳排放属于弱脱钩关系。换句话说,即便

[1]煤炭的碳排放系数为 26.8 t 碳/万亿 J,石油为 20.0 t 碳/万亿 J,天然气为 15.3 t 碳/万亿 J。参见:IPCC,Revised 1996 IPCC Guidelines for National Greenhouse Gas Inventory, Vol 2,1997.

我国在"十一五"期间实现了能源强度下降20％的目标,我国也只能做到相对的低碳发展。

5.3 如何实现"十一五"能源强度目标?

前文提到,我国提出"十一五"期间能源强度目标的主要驱动力在于保证能源安全、控制大气污染和应对气候变化。2006年6月,国家统计局公布了各省(市、自治区)2005年的能源强度水平,并以此为依据确定了"十一五"末期要实现的能耗水平(见表5.8)。2006年7月26日,国家发展和改革委员会受国务院委托与30个省(市、自治区)人民政府、新疆生产建设兵团和14家中央企业签订了节能目标责任书,启动了自上而下的行政管理手段。我国"十一五"规划中单位产值能耗削减目标(20％)提出后,各方反应十分强烈。客观地说,这一雄心勃勃的目标并不容易实现。2006年上半年,全国单位GDP能耗上升0.8％,其中煤炭行业上升5.5％,石油石化行业上升8.7％,有色金属行业上升0.14％,电力行业上升0.8％,钢铁行业下降1.2％(国家统计局等2006)。根据国家统计局的资料,全国除北京以外,其他地区都没有完成2006年单位GOP能耗降低率的目标任务。

能源强度指标说明一个国家经济活动中对能源的利用程度,反映经济结构和能源利用效率的变化。根据政府"十一五"规划要求,到2010年底,单位GDP能耗需要降低20％。而2006年上半年,中国单位GDP能耗同比上升了0.8％,不降反升。专家认为,这说明了经济结构和经济增长的现状与相应的能源需求增长,不应当是意外。"十一五"规划要求单位GDP能耗要降低20％不是简单的每年平均,而是2010年底的能耗状况。鉴于此,与节能有关的种种措施,如国家发改委与地方政府和中央企业签订节能目标责任书;要求各地严格控制新建高能耗项目,防止高能耗行业重新盲目扩张;从立法、体制、机制、财税、金融、价格等多方面采取措施,推进节能降耗等等,都需要时间来贯彻实施。2006年全国单位GDP能耗不升反降,2007年上半年,全国单位GDP能耗同比降低2.78％,除石油石化和有色金属外,煤炭、钢铁、建材、化工、纺织和电力行业单位GDP能耗都实现了下降,这是一个非常好的形势。

然而,能耗的上升确实令人担忧。在20世纪最后20年,中国GDP翻两番,而能源生产(消费)只翻了一番,有人称此为"奇迹"。也就是说,自改革开放以来,中国的单位GDP能耗的确是以平均每年4％的速率下降,但是,后期能耗下降的速度明显减慢。人们往往将这一时期单位GDP能耗的下降归功于节能措施的实施和经济结构的改变。但有学者认为,20年来,中国的经济结构一直

表 5.8 "十一五"期间各地区单位生产总值能源消耗降低指标计划和 2006 年完成情况

地区	2005 年基数 /(t 标煤/万元)	2010 年目标 /(t 标煤/万元)	下降幅度 /%	2006 年指标值 /(t 标煤/万元)	变化率 /%
全国	1.22	0.98	20	1.206	−1.33
北京	0.80	0.64	20	0.760	−5.25
天津	1.11	0.89	20	1.069	−3.98
河北	1.96	1.57	20	1.895	−3.09
山西	2.95	2.21	25	2.888	−1.97
内蒙古	2.48	1.86	25	2.413	−2.50
辽宁	1.83	1.46	20	1.775	−3.20
吉林	1.65	1.16	30	1.591	−3.32
黑龙江	1.46	1.17	20	1.412	−3.04
上海	0.88	0.70	20	0.873	−3.71
江苏	0.92	0.74	20	0.891	−3.50
浙江	0.90	0.72	20	0.864	−3.52
安徽	1.21	0.97	20	1.171	−3.44
福建	0.94	0.79	16	0.907	−3.20
江西	1.06	0.85	20	1.023	−3.18
山东	1.28	1.00	22	1.231	−3.46
河南	1.38	1.10	20	1.340	−2.98
湖北	1.51	1.21	20	1.462	−3.21
湖南	1.40	1.12	20	1.352	−3.39
广东	0.79	0.66	16	0.771	−2.93
广西	1.22	1.04	15	1.191	−2.50
海南	0.92	0.81	12	0.905	−1.17
重庆	1.42	1.14	20	1.371	−3.41
四川	1.53	1.22	20	1.498	−2.10
贵州	3.25	2.60	20	3.188	−1.85
云南	1.73	1.44	17	1.708	−1.52
西藏	1.45	1.28	12	—	
陕西	1.48	1.18	20	1.426	−3.39
甘肃	2.26	1.81	20	2.199	−2.61
青海	3.07	2.55	17	3.121	1.51
宁夏	4.14	3.31	20	4.099	−1.01
新疆	2.11	1.69	20	2.092	−1.06

注:各地区单位生产总值能耗按 2005 年不变价格计算。

是重工业化(即相对于轻工业,重工业的比重较大),变化不大。中国的单位 GDP 能耗下降虽然与实施节能措施和其他经济发展因素有些关系,但主要依赖于现代工业采用的新技术设备。以电力为例,中国的大量电力投资是近十几年完成的,采用的技术设备都是国际水平,能源消耗随着新技术设备的采用而大幅下降。因此,这不是一个"奇迹",而是传统工业过渡到现代工业的必然。"十一五"规划所要求的到 2010 年底单位 GDP 能耗降低 20%,是基于历史的经验和到 2020 年中国 GDP 翻两番、能源消费只翻一番的要求。然而,与过去的情况不同的是,经过 20 多年的改革开放,中国从传统工业到现代工业的过渡已基本完成,且由于投资推动型增长模式和城市化带来的大规模基础设施建设刺激了耗能工业的发展,进一步降低单位 GDP 能耗会变得更加困难,任务十分艰巨。因此,降低能耗需要持之以恒地付出加倍的努力(林伯强 2006)。

(1)通过资源价格改革,推动经济结构调整

能源消耗水平,是一个国家经济结构、增长方式、科技水平、管理能力、消费模式以及国民素质的综合反映。因此,节约能源也必须采取综合措施,多管齐下,多方努力。国家发改委主任马凯同志提出确保节能要从"以下六个方面入手":①调整结构;②技术进步;③加强管理;④深化改革;⑤强化法治;⑥全民参与(马凯 2006b)。但如果仔细分析一下,在这六项措施之中,除了第一项有可能在"五年"内"及时"见效,其他五项措施,在"五年"内只能"缓慢"见效。因此,解决节能问题,首先要大力调整和优化经济结构。"

2001 年以来我国能源强度下降趋势之所以出现反弹,主要原因在于产业结构的变化。我国目前产业结构的基本特征是第二产业比重过大,工业中重工业比重过大,而这样一种"重型化"结构决定了我国经济增长的高能耗特征。因此,加快产业结构调整,使之逐步"轻型化",是我国经济增长走出高能耗困境的根本出路。理论和实践证明,产业结构是影响能源消费的基本因素和长期因素。产业结构是由一个国家的社会经济发展阶段决定的。在发展中国家,快速的工业化将使工业部门在国民经济中长期占据较高比重。优化和升级产业结构虽然是一个长期的过程,但政府可以采取措施加速这一过程。产业结构调整的有效方法是控制投资结构。投资结构不合理,必然加剧产业结构的不合理,能源消耗随之增高。因此,必须认真落实中央关于加强和改善宏观调控的一系列政策措施,从严控制新开工高耗能项目。在继续管好土地和信贷两个闸门的同时,抓紧研究制定固定资产投资项目节能评估和审查的具体办法,把能耗标准作为项目审批、核准的强制性门槛,遏制高能耗行业过快增长。

由于第二产业的单位 GDP 能耗高于第三产业,而重工业的单位 GDP 能耗又远大于轻工业,所以,国内各方面对我国实现 20% 目标的节能潜力进行初步分析后,一个重要的结论是,结构性变化是最重要的努力方向。这种结构性变化包括产业结构、行业结构、行业内部结构,以至产品结构的多层次变化。结构性变化可能要占需要的节能量的 60% 到 70% 以上,而直接的技术节能潜力将只占降耗目标的 30% 左右。何建坤等(2006)认为,大幅度调整产业结构,是降低 GDP 能源强度最有效的途径。其措施是:①优先发展第三产业,将 2005 年的仅占全部产业 33% 的第三产业调整到 2010 年的 39%;②降低工业在 GDP

中的比重,将 2005 年的第二产业占 54%,调整到 2010 年的 43%;③降低重工业在工业中的比重,亦即由 2005 年的 68%,调整到 2010 年 62%。上述措施对实现降低 20% 目标的贡献率可达 32.1%。

然而,在五年之内,要至少确保第二产业在 GDP 中的比重下降 12 个百分点,而"第三产业"或"其他低耗能行业"猛升 12 个百分点,短期内作如此大幅度的调整,很自然会引起人们的质疑,中国是否将放弃在 15～20 年内实现工业化的目标? 中国是否只实行两三亿人的工业化,或仅实行中国东部、南部的工业化? 社会生产力的发展,其中包括产业结构的发展,有着不以人的主观意志为转移的客观规律,社会的需求或居民的需求也有着不以人的主观意志为转移的客观规律,不是任何宏观"调控"所能调控得了的。多年来,我国有多位经济学家以发达国家中第三产业高达 70%～80% 为理由,呼吁大力发展第三产业,但是,以中国当前所处的发展阶段,不论在生产性服务还是消费性服务,尤其是在消费性服务方面,并没有强烈的需求! 没有市场,又怎能建立起强大的第三产业! 中国当前仍处于工业化的中间过渡阶段。九亿农民仅有 1.5 亿进城成为产业工人,仍有 7.5 亿农民有待走向城市化(或虽留在农村,却也能分享到现代化成果)。九亿农民要求有价廉而质量较好的住房,快速而便捷的交通运输,充分而优质的国民教育,方便而有效的医疗保健⋯⋯凡此种种,只有当中国有了强大的轻工业、重工业基础时,才能为 13 亿～15 亿人满足这些需求提供物质的保证。所以,中国的工业化阶段不可逾越,在工业化进程中的重工业化阶段,也不可逾越(何祚庥 2006)。

节能是中国的一项长期战略。中国促进能源效率提高通常是采取自上而下的方法,政府先设定目标然后再寻求具体对策。利用行政手段强制推行"节能 20%"的"硬性指标"的后果,或者是经济上的供给和需求的严重脱节,或者是收到一大堆"虚夸"的报表。但是,如果我们真想建立一个人口、资源和环境和谐发展的的社会,就必须改革能源价格体系。

我国能源资源匮乏,资源、供给、需求三者的矛盾十分突出。而当前能源价格的水平和价格机制、体制方面仍存在较多问题,主要表现在以下三个方面:首先是能源价格偏低。改革开放以来,我国的能源价格水平已有较大提高,然而"十五"期间国际能源价格整体大幅度提升,使我国的能源价格又重新明显低于国际能源价格水平。能源资源稀缺、国内市场供需紧张的市场价格条件没有得到充分体现,环境外部性更没有得到充分反映。能源价格偏低不仅使能源严重浪费,而且高能耗行业和高能耗设备的改进替代缺乏经济利益的压力,企业生产经营缺乏降低能耗的切肤之感,全民节能意识薄弱,社会普遍缺乏"危机感",鼓励了奢侈性和浪费型的消费。其次是能源比价不合理,不利于能源结构优化。按国际通用的方法,根据热值来计算各类能源的价格比,煤炭、石油、天然气的比价关系大致为 1:1.5:1.35,而我国实际大致为 1:4:3。再从煤与油、电价格的变动相比,煤价调整幅度偏低,如果 1992 年煤、油、电价格指数为 100 的话,那么 2003 年煤、油、电的价格指数分别为 266.47:556.39:303.41。总之,与其他能源价格相比,煤价偏低(中国价格协会联合课题组 2005)。最后是能源价格形成机制、调控机制改革相对滞后,不利于发挥价格的杠杆作用。各种能源价格形成机制市场化程度不一,相应地价格调控机制也有差别。

合理的价格体系是最有效的经济杠杆。因此,必须对资源和能源价格体系进行重大调整,才能引导我国现在的能源和资源高消耗型增长方式实现转变。根据世界银行对 2 500 家公司的实证研究结果,55%能源消费量的降低来自于价格因素(控制与调整),17%来自研究与开发。因此,价格合理化和预算硬约束构成了中国价格改革成功的基础(中国价格协会联合课题组 2005)。提高能源价格是一个见效快,但影响也大的措施。价格对单位 GDP 能耗有两方面的影响:一是产出效应,在一个开放的市场中,能源价格上升会使高能耗产品更贵,需求减少。二是替代效应,如果能源相对于其他生产要素变得更贵,生产者会寻求替代产品或选择能效更高的技术,从而促使能源强度下降。提高能源价格是短期抑制高能耗产业、促进节能、降低能源强度的最有效的手段,但是,能源是关系国计民生的重要基础产业和公用事业,既是生活资料也是生产资料,能源价格十分敏感,不但影响经济发展也影响社会和谐。如此大幅度推行能源价格体系的改革,必然会带来金融领域内的通货膨胀。为避免中国实行通货膨胀政策所带来的消极后果,必须用积极的金融和财政政策来抑制这一"有计划"的通货膨胀政策所带来的消极后果。必须经过周密的策划、研究,有准备、有计划、有步骤、有控制地进行。如果我国经济环境不进行这一番改革,就很难真正步入良性循环。

(2)依靠技术进步,提高能源利用效率

技术进步历来是节能降耗的重要推动力。技术创新是提高能源技术效率和经济效益的核心手段,要把先进能源技术的研发和产业化推广作为优先领域纳入国家中长期发展规划和科技规划之中。对能源生产、输送、加工、转换到最终利用的全过程实行节能管理。有专家认为,"十一五"期间,科技进步应对降低 20%能源强度的目标做出 30%以上的贡献(陈清泰 2005)。如果从 2005 年到 2010 年,努力设法使"我国能源转换和利用效率,由 2005 年的 34%,提高到 36.5%,或年均增长 1.43%",那么,提高能源效率、节能 20%的目标的贡献率将是 32.8%(何建坤等 2006)。

从实际情况看,从 1990 年到 2000 年,我国能源转换和利用效率,曾由 28%

提高到33%,11年间提高了5个百分点;但自2000年到2005年,我国能源转换和利用效率,却仅由33%增长到34%,只提高了1个百分点。现在突然要求由"十一五"期间能源利用效率再提高2.5个百分点,很难想象15年前的历史是否能重演?当前我国实施的能源战略是"煤为基础,多元发展"。多年来,虽然大力呼吁降低"煤"在能源结构中的比重,但是,自2001年以来,煤的比重由2001年的65.3%上升到2004年的67.7%。1980—2000年,我国对煤的利用效率有大幅度的提高,由22%上升到33%。但是煤的自身特性决定了其高效利用的难度远比液体、气体燃料大得多。石油的利用效率一般要比煤高23%,天然气要比煤高30%。60万kW的燃煤发电机组效率约40%,先进的超临界燃煤发电机组也只有42%;以天然气为燃料的燃气轮机联合循环效率可高达50%。燃煤供热锅炉效率只有50%~60%,天然气供热锅炉效率可达90%。在煤的利用效率受"现有技术水平"限制和资源禀赋限制的条件下,提高能源利用效率面临巨大的挑战(何祚庥 2006)。

从目前的情况看,我国的能源研发投入严重不足。2000年,我国能源研发资金投入为697亿元人发币(仅为日本的1.8%),占全国研发总经费的6.43%,占GDP的0.0068%,而日本分别占15.73%和0.088%。在能源研发投入中,企业占53.6%,节能研发投入占企业能源研发总投入的比例仅为2%。此外,技术创新机制也存在明显缺陷,从而造成技术创新对节能或能效提高的贡献偏低(冯飞等 2004)。因此,建议加大政府在能源领域的研发投入,显著提高能源研发投入所占的比例;根据终端能源需求选择国家关键技术,动员产学研各方力量组织攻关。

好技术需要政府强有力地进行推广,并制定相应的鼓励性政策措施,为节能技术的应用提供良好的政策环境。工业、建筑业和交通是我国主要的能耗领域。我国正处在工业化阶段,经济快速发展,新增工业生产能力、新增建筑面积、新增车辆保有量的规模都急剧增加,这对采用新的节能技术、新的节能标准和节能规范提供了难得的机遇。为此,国家出台了《节能设备(产品)目录》,同时明确要求政府采购应当优先采购节能产品。专家研究,我国已经启动的十大重点工程[①],"十一五"可实现节能2.4亿t标煤,将对实现20%的降耗目标起到关键作用。

我国工业部门的能源消费量占全国能源消费量的三分之二。因此,国家把抓好1 000家能耗高的大企业作为实现20%能源强度下降目标的重点工作。

[①]"十大重点工程"包括燃煤工业锅炉(窑炉)改造工程、区域热电联产工程、余热余压利用工程、节约和替代石油工程、电机系统节能工程、能量系统优化工程、建筑节能工程、绿色照明工程、政府机构节能工程,以及节能监测和技术服务体系建设工程。

由国家发展和改革委员会等机构在重点能耗行业组织开展的"千家企业节能行动"已经正式启动,从全国钢铁、有色、煤炭、电力、石油石化、化工、建材、纺织、造纸等九个重点能耗行业中选择了1008家企业组织开展节能行动。2004年这1 008家大工业企业占整个工业行业能耗的47%,占全国的33%。千家企业节能行动的总的目标是经过五年的努力,这些企业的能源利用水平达到国内先进水平,部分企业达到国际先进水平,主要产品的单位能耗至少提高5个百分点,总节能1亿t标煤。在抓好大企业的同时,我国还采取命令与行政措施,淘汰落后技术设备,关停并转"十五小"[①]和"新五小"[②]企业,目的就是为了提高整个工业的能源利用效率。加快企业节能改造,淘汰落后的耗能设备、技术和工艺,提高企业节能技术水平,是实现"十一五"节能降耗目标的重要途径。

2005年8月,建设部组织了一次全国建筑节能实施情况调查,重点是2000年以来《建筑节能设计标准》颁布后民用建筑节能设计标准的实施情况。调查结果显示,2000—2004年,全国各气候区按节能标准设计的项目占58.53%,按节能标准建造的项目为23.25%,达到节能设计标准要求的建筑比例较低[③]。公共建筑的能耗是民用建筑的10倍以上。在"十一五"期间,所有新建建筑要严格实施50%的公共建筑节能设计标准,一些大城市(如北京和天津)要率先实施65%的节能标准。目前,全国有3亿m²新竣工公共建筑面积,如果节能50%,那么一年1 m²就节约30 kg标煤,则全国新增公共建筑就节约900万t标煤。如果现有的45亿m²公共建筑都按照50%的节能标准改造的话,那么总节能潜力是1.35亿t标煤。

不过,我国能效低于应有的水平是一个客观事实。未来提高能源效率、降低能耗强度,既需要提高技术效率,也需要提高资源的配置效率。提高用能技术效率,既取决于所采用的生产设备,也取决于同样设备条件下的管理水平;前者需要考虑到降低能源强度的经济性,后者与公司治理和产业经验有关。同样的产品如果通过改变生产技术和生产工艺降低能源强度,往往意味着增加设备投资和其他运营费用。企业会在资本价格和能源价格之间进行权衡。因此,要使企业自觉降低能源强度,能源相对于资本的价格必须足够高。

(3)加大节能投资规模,推动节能产业发展

1980—2000年间,中国GDP年均增长速度高达9.7%,而相应的能源消费量年均仅增长4.6%,能源消费弹性系数仅为0.47,实现了中国经济增长所需

---

①"十五小"包括小造纸、小制革、小染料、小土焦、小土硫磺、小电镀、小漂染、小农药、小选金、小炼油、小炼铅、小石棉、小放射、小炼汞、小炼砷。

②"新五小"包括小火电、小玻璃、小造纸、小炼油、小炼钢。

③建设部《关于进一步加强建筑节能标准实施监管工作的通知》(文件),2005年第68号。

能源一半靠开发、一半靠节约的目标。这在很大程度上得益于中国政府在 20
世纪 80 年代至 90 年代中期制定和实施的一系列节能经济激励政策。1981—
1995 年间,国家用于节能基建和节能技改项目投资共 343.2 亿元,引导地方政
府和企业投资 560.3 亿元,总投资 903.5 亿元,形成 11 820 万 t 标煤的节能能
力。节能投资的绝对量从 1981 年以来不断上升。1981 年是 10 亿元人民币,到
1995 年是 140 亿元人民币(2002 年价格),而 1998 年后,由于原国家计委取消
了原国家经贸委实施的节能基建和节能技改两个专项资金,改由地方和企业自
筹,一度节能投资有所降低。但从 1996 年开始又出现反弹,到 2003 年达到 235
亿元。从相对量来看,在能源投资大幅度增长时,能效投资占能源总投资的比
例却大幅度下降。1983 年的节能投资最高约占能源总投资的 13%,2003 年已
跌至 4%左右(Lin 2006)。为了应对电力短缺,中国投资数十亿美元建设新电
站。2004 年,中国几乎平均每周修建一座 1 GW 的电厂,相当于美国加利福尼
亚州或西班牙全国一年的发电装机容量。

推动节能必须有巨大的资金投入,包括财政投入和商业性投入。尽管长期
以来我国把能源供给和节能放在同等重要的位置,但不可否认,近些年来,相对
于供给投资而言,节能投资不断减少。显然,节能投资在中国实现 20%能源强
度下降过程中将发挥重要作用。美国需求侧管理(demand side management)
的经验证明,节能成本比边际供给成本小得多(Kushler 2004)。能源效率投资
不仅可以使中国以较低的成本推迟未来的供给投资,而且可以带来巨大的经济
和环境收益。因此,中国应该加大能源效率投资。

为了实现"十一五"减少能源强度 20%的目标,需要从两方面考虑所需要
的投资。一方面是供给投资,保障经济增长;另一方面是节能投资,减少能源
消费。从 1980 年到 2000 年,我国共节约了 11.45 亿 t 标煤,相当于节约了
3 270 亿元能源供给投资。与此同时,同一时期我国的节能投资约为 1 520 亿
元。根据这些数据,我们可以大致估算出"十一五"期间我国的节能投资规模
和供给投资规模。中国即便实现 20%能源强度下降目标,仍需消费能源大
约 25.35 亿~28.62 亿 t 标煤。这意味着相对于 2005 年,在 2010 年需要多
供给 3.1 亿~6.37 亿 t 标煤。相对于参照情景,将节约 10.29 亿~7.02 亿 t
标煤。因此,初步估计整个"十一五"期间,能源投资需要 5 627 亿~6 877 亿
元人民币[1]。

我国政府每年都对节能工作进行投入,但仍远远不能满足节能工作的客
观需求,因此,必须加大公共财政对节能的支持力度。2003 和 2004 年,我国

---

[1]按照陈清泰(2005)引用的数字,按 2000 年不变价计,能源和节能投资在 2005—2020 年要达到
18 万亿元,与本书估算的"十一五"期间需要 5 627 亿~6 877 亿元能源投资的数字基本吻合。

公共节能支出大约都在 10 亿元左右,只相当于全国节能投资的约 5% 或者 2002 年全国电力收入的 0.15%。与此对照的是,美国公共节能投资占电力收入的比例为 0.8%(Lin 2006)。因此,应当加大政府对节能的投资力度。支持高效节能技术和产品的推广、重点行业重大节能技术改造、重大节能技术示范工程以及节能管理的能力建设等,发挥政府资金"四两拨千斤"的作用,推动和引导社会各方面加强对节能的资金投入。如果"十一五"期间我国的公共节能投资提高到每年 30 亿元,通过乘数效应,就可以带动全社会实现节能投资规模。就公共财政加大力度支持节能而言,一是要加大各级政府对节能的预算拨款,保证节能预算资金的稳定增长;二是要积极运用财政贴息的方式,加大节能利用信贷资金的力度;三是政府要利用税收优惠或补偿政策,鼓励企业加大节能投资。

具体说来,税收政策也要调整,要加大节能设备和产品技术研发费用的税前抵扣力度,研发费用按实际发生额的 150% 抵扣当年应缴纳所得税。对企业购置节能产品设备,可按其产品设备购置投资额的 30% 从企业应缴纳所得税中抵免。对生产节能产品设备的企业减半征收企业所得税。对企业用于生产节能产品的关键设备,适当缩短折扣年限或采取加速折旧的方法折旧。对企业进口国内不能生产或技术达不到要求的国外先进节能设备和产品,享受免征关税和进口环节税的政策。在金融支持方面,国家开发银行应适当调整对能源行业的贷款结构,向节能等可持续能源项目倾斜,加大对节能项目的贷款支持力度;建立节能投资担保机制,充分发挥财政贴息作用,引导商业银行扩大节能项目贷款;充分利用企业建设债券发行和企业股票上市的批准权,优先核准节能建设项目发行股票或企业债券。此外,还需要建立节能信息发布制度,及时发布政策动态、节能投资导向、先进的节能技术和工艺、产品等,引导各类投资主体将资金投向节能领域(白春荣 2006)。

在国外,能源服务公司是以合同能源管理模式为客户服务,这种服务形式可以克服我国目前在节能工作上面临的许多障碍,诸如企业节能投资意识不强、节能投资资金不足、节能项目"头痛医头"系统效率不高以及节能投资服务跟不上等,可以推动全社会各种技术可行、经济合理的节能项目能普遍实施。2004 年 11 月,国家发改委出台的《节能中长期专项规划》提出,在我国大力推行"合同能源管理"等以市场为基础的节能新机制,并以此作为建设资源节约型社会的重要保障措施。"十一五"期间使单位 GDP 能耗比"十五"期末降低 20% 左右,合同能源管理应当是有力的武器。"世界银行/全球环境基金中国节能促进项目"在推动中国节能产业的发展中已经发挥了节能产业孵化器的作用。从 2004 年开始的项目二期主要工作是建立节能服务公司(EMCo)技术支持和技术服务体制,以及实施 EMCo 贷款担保计划,在全国范围内进一步推广"合同能源管理"的经营模式和培育 EMCo 市场,最终在中国建立起可持续发展的 EMCo 产业①。

①《中国全球环境基金通讯》,2006 年第 3 期。

第六章

能源补贴政策及其改革：为减排提供经济激励

　　能源补贴是政府为了实现国家能源政策目标而经常采取的一种政策手段，其存在的唯一理由是外部收益内部化。然而，现实中扭曲的能源价格和补贴政策已经成为控制温室气体排放的最大障碍，在推进减缓气候变化的行动中，需要发挥补贴政策的正面影响，减少负面效应。

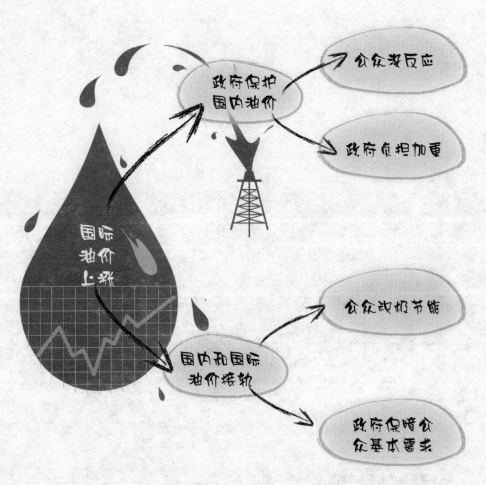

　　发展中国家现实的能源需求和温室气体排放增长态势,是其主张发展权利和排放空间的主要依据。近年关于能源和经济增长关系的研究,无论从历史发展、经验研究还是理论层面,都证明了能源和经济增长之间的紧密关系。能源补贴是政府为了实现国家能源政策目标而经常采取的一种政策手段,其存在的唯一理由是外部收益内部化。然而,现实中扭曲的能源价格和补贴政策已经成为控制温室气体排放的最大障碍,在推进减缓气候变化的行动中,需要发挥补贴政策的正面影响,减少负面效应。

6.1　政府为何对能源部门进行干预?

6.1.1　能源在经济增长中的作用

　　虽然主流的经济增长理论很少或根本没有关注能源和其他自然资源在促进经济增长方面的作用,但能源历来都是政府干预最多的部门。能源是国民经济生产最基本的物质基础之一,它在经济增长中的作用,可以从世界经济发展事实来说明。在世界经济的发展史上,大国经济的崛起无不伴随着能源产业及相关科技的重大变革。如英国工业革命的成功,便是因为发明了蒸汽机、开拓了煤炭产业,使人类摆脱了对自然动力的约束,进入了现代社会。美国经济的崛起,是因为发明了电力,开拓出电力、汽车、石油、飞机等现代产业,使人类在生产和生活中感受到了全新的现代意识。20 世纪 70 年代日本经济崛起的过程中,遇到了两次石油危机,日本通过研发节能与节约资源的新技术,提高了自身的产业竞争力,一举确立了其在世界市场上的优势地位。显然,这三个国家在经济崛起过程中都有一个共性,就是它们都曾在当时掀起和主导了不同方式的能源产业和能源技术革命。

　　表 6.1—6.3 是在 1700—1995 年间的各个时期,不同国家之间 GDP 增长率、人口增长率和固定资产增长率的比较,Cluver 等(2005)据此来衡量能源在经济增长中的作用。统计数据表明,在 1750 年前的欧洲,在那些土地相对恒定的国家,GDP 增长率大约为每年 0.5%,与人口增长率非常相似。从 1760 年到 1820 年,随着英国开始利用煤炭做工业革命初期的动力,GDP 增长到 1.5%,人口增长到 1%(其他欧洲国家的人口增长率仍保持 0.5%)。然后,从 1820 年到 1913 年,随着工业化国家开始使用以燃煤驱动的蒸汽机,GDP 增长率达到 2.5%,人口增长率达到 0.5%~1.0%(美国除外),[有记录可查的]资本增长为 1.2%~2.6%。这清楚地说明了矿物能源利用的效果。在 1950—1973 年这段时期,当世界转向极其便宜的石油时,GDP 增长率翻了一番到 5%(日本接近

10%）。然后，当石油价格在 1973—1979 年间显著上升之后，世界转向了石油之外的煤炭和核能，GDP 增长率降回到每年 2%～2.5%。统计数据显示，除了土地、资本、劳动力和技术进步之外，能源的成本和可获得性也是促进经济增长的主要因素。

几乎所有的经济增长理论都认为，经济增长只是资本、技术、储蓄率、就业、制度等因素的函数，能源资源能够相互替代或被"其他生产要素"所替代。换句话说，能源资源只是经济增长的影响因素而非决定性因素。20 世纪 70 年代和 90

表 6.1　不同国家在同一时期的 GDP 增长率（Cluver 等 2005）

国家	时期						
	1700—1760	1760—1820	1820—1850	1850—1913	1913—1950	1950—1973	1973—1995
奥地利				2.05	0.25	5.40	2.4
比利时			2.74	2.18	1.02	4.11	2.0
丹麦			1.98	2.38	2.35	3.99	1.9
法国	0.36	0.74	1.69	1.46	1.02	5.12	2.2
意大利				1.37*	1.44	5.49	2.7
德国			2.00	2.57	1.30	6.00	2.10
日本				2.45**	1.81	9.68	3.8
瑞典				2.74*	2.80	3.77	1.4
英国	0.58	1.53	2.40	2.02	1.30	2.97	1.8
美国			4.59	4.13	2.80	3.72	2.4
平均			2.57	2.34	1.61	5.03	2.98

注：* 1860—1913；** 1870—1913。

表 6.2　不同国家在同一时期的人口增长率（Clurer 等 2005）

国家	时期						
	1700—1760	1760—1820	1820—1850	1850—1913	1913—1950	1950—1973	1973—1995
奥地利	0.46	0.23	0.35	0.85	0.07	0.35	>0.3
比利时	0.39	0.55	0.37	0.90	0.35	0.53	0.1
丹麦	0.25	0.48	0.44	1.09	1.07	0.71	0.2
法国	0.30	0.32	0.23	0.19	0.14	0.95	0.5
意大利	0.39	0.19	0.39	0.65	0.74	0.67	0.2
德国	0.31	0.51	0.51	1.16	—	0.95	
日本	—		—	0.95	1.28	1.09	0.7
瑞典	0.69	0.48	0.48	0.76	0.60	0.65	0.4
英国	0.30	1.05	0.48	0.81	0.28	0.46	0.2
美国	3.14	3.04	1.48	2.30	1.23	1.39	1.0
平均①	0.39	0.48	0.41	0.82	0.57	0.71	

①不包括美国。

表 6.3　不同国家在同一时期的固定资本增长率（净）（Cluver 等 2005）

国　家	时　期						
	1700—1760	1760—1820	1820—1850	1850—1913	1913—1950	1950—1973	1973—1989
法国				—	1.05	4.93	4.37
德国			2.63	1.09	6.53	3.92
意大利			1.48	1.78	4.97	3.70
日本			—	2.85	9.48	5.12
英国			1.21	0.46	4.23	3.11
美国			5.21	1.78	4.18	2.74
平均			2.11	1.50	5.72	3.83

年代暴发的能源危机已经向全人类敲响了警钟，能源匮乏成为世界性问题。此后，经济学家开始关注能源与经济的关系及能源在经济增长中的作用。从经济学的角度分析能源与经济增长的关系，一方面是经济增长对能源的依赖性，即能源促进了经济增长；另一方面因为经济增长促成了能源的大规模开发与利用，因而能源的发展要以经济增长为前提。显然能源既是经济增长的动力因素，同时也是一种障碍。如何实现能源的可持续利用及经济的可持续发展成为现代经济学研究的热点之一。

关于能源利用和经济增长关系的文献越来越多，这至少是缘于两方面的因素。首先，由二氧化碳排放引起的气候变化问题越来越受到关注，发展中国家认为，能源利用是经济增长的前提条件，因而需要较大的温室气体排放空间。如果能源消费导致发展，那么发展中国家的主张就应该得到支持。其次，计量经济学方法的发展，尤其是协整分析，已经为经济学家提供了调查时间序列关系的新工具[①]。Guttormsen（2004）对 1978—2004 年间关于能源利用与经济增长关系研究的 33 篇文献进行了调研和分析，特别关注这些文献得出的结论和采用的方法。由于所采用的方法、研究（国家）对象、研究的时间段（时期）和所使用的数据不同，结果也是不同的。关于能源利用是经济增长的结果还是前提条件，文献却没有给出明显的趋势。但大多数的最近研究显示，能源利用和经济增长之间具有双向因果关系。另一方面，从调研情况看，能源利用和经济增长之间存在紧密关系这一点是相当清楚的。

---

①检验能源利用和经济增长关系的论文大部分遵循两步时间序列过程。第一步是通过调查数据序列是否协整来检验时间序列是否存在长期关系。第二步以第一步的结果为基础，如果第一步显示了长期关系，那么通过因果关系检测可以检验能源利用是经济增长的驱动因素还是结果。如果第一步没有显示长期关系，那么调查终止，说明两个时间序列是独立产生的。

6.1.2　影响能源与经济增长关系的因素

　　能源在经济增长中的作用是毋庸置疑的，世界经济发展史给出了充分的证据，经济学文献也给予了支持。政府为了实现不同的政策目标，就必须了解能源利用和经济增长的关系，并对影响因素进行有效干预。新古典经济学一般形式的生产函数如方程(6.1)所示：

$$(Q_1, \cdots, Q_m) = f(A, X_1, \cdots, X_n, E_1, \cdots, E_p), \tag{6.1}$$

这里 Q_1 是各种产出(如制造商品和服务)；X_i 是各种投入(如资本、劳动等)；E_i 是不同的能源投入(如煤、石油等)；A 是技术状态，由全要素生产率指数表示。Stern(2004)利用新古典经济学的生产函数检验了那些能够影响能源利用和经济活动随时间减弱或加强联系的因素：能源和其他投入之间的替代、技术水平(A)的变化、能源投入结构的变化和产出结构的变化。

　　(1)能源和资本：替代和互补

　　计量经济学关于资本和能源是替代还是互补关系的研究有不同的结论。基于时间序列和截面数据分析结果的差异，Apostolakis(1990)总结认为，资本和能源从长期看更像是替代品，在短期更像是互补品。然而，根据协整的定义，时间序列回归分析的是长期结果。Frondel 等(2002)重新检验了 Apostolakis(1990)的研究，并加入了德国的数据，发现当能源成本份额很小时，才出现互补的证据。当把原材料包括在内，资本和能源成本份额很小时，显示的是互补性。与截面数据分析相比，时间序列分析更多地把原材料使用的数据包括在内。显然，在可能的情况下，原材料的成本也应该包括在内。排除这一变量的计量经济学分析结果很可能是有偏差的。

　　很少有研究检验资本和能源在宏观经济层面的替代可能性。Kaufmann 等(1991)证明了解释制造资本和自然资本在物质上相互依存的重要性。他们利用标准的生产函数计算了替代美国森林产品部门的燃料的资本，以及生产这些制造成本间接利用的能源。他们发现，1958—1984 年，资本的间接能源成本抵消了很大部分的直接燃料节约。在一些年份，间接能源成本甚至大于直接燃料节约。Kaufmann 等(1991)的分析结果说明，规模对判断能源和资本之间关系是非常重要的，也就是说，在宏观层面和微观层面的替代可能性是不同的。在部门规模对替代的评价可能高估了在较大规模(如整个经济规模)上的能源节约。总之，资本和能源充其量是弱的替代品，很可能是互补品。互补的程度在很大程度上因不同的产业和考虑的规模水平而不同。然而，相对于资本而言，能源成本份额很小时，只需要小比例的增加资本就可以大比例减少能源利用。

（2）创新和能源效率

由于投入要素的相对价格变化，投入比率不同的不同生产技术之间会发生替代。与相关能源价格变化并不相关的能源与 GDP 比率的变化被称做自发能源效率指数（AEEI）。这可能是由于影响能源和产出关系的某一个决定因素发生了变化，而不仅仅是技术发生变化。实际上，当存在内生的技术变化时，价格变化包括技术变化。现实中，至少技术变化部分是内生的。结果，能源价格的增加会增加节能技术的开发。在能源价格下降时期，技术开发趋向能源密集使用。

Khazzoom-Brookes 基本原理或反弹效果（rebound effect）认为，能源节约创新可能最终引起更多的能源使用，因为节约的钱被用在其他的商品和服务上，这些商品和服务的生产也需要能源（Brookes 1990）。生产者和消费者需要能源服务，能源服务自身生产也需要能源。创新减少生产一个单位的能源服务所需要的能源数量，降低了能源服务的有效价格。这导致对能源服务需求的增加，因此能源需求也增加了。能源的低价格也导致收入效应，增加经济中所有商品的需求，因而增加了生产它们所需的能源（Lovins 1988）。在资本存量方面的调整导致进一步增加对能源的长期需求（Howarth 1997）。这种资本存量调整被定义为宏观经济反馈。Howarth（1997）很有说服力地指出，反弹效果小于最初创新导致的能源利用减少，所以能源效率提高后，会减少总能源需求。

实际上，当存在内生技术变化时，价格变化会导致技术变化。结果，能源价格的上涨加速了节能技术的开发，而能源价格下降时，会导致能源利用技术变化。这可能对全要素生产力的增长率有影响。Jorgenson（1984）发现，技术变化是有偏差的，倾向于能源使用。较低的能源价格加速全要素生产力的增长，反之亦然。最近的研究可能与此结论相互矛盾。Toman 等（2003）认为，允许能源资源利用的创新，例如，通过将电力内含在资本设备中而允许车间的生产线更有效率，会产生更大的生产力。这是增加能源利用回报的主要方式，所以能源利用对经济发展有突出的效果。

（3）能源质量和能源投入结构转换

能源质量是每热量当量的燃料和电力的相对经济效用。衡量能源质量的一个方法是燃料的边际产品，即通过利用额外的一单位燃料生产的一种商品或服务数量上的边际增加。一些燃料可以用于大量的活动或更有价值的活动。例如，煤不能直接用于运行计算机而电力可以。一种燃料的边际产品部分取决于每种燃料的特殊性：物理上的稀缺性、能做有用的工作的能力、能源密度、清洁性、容易贮存性、安全性、使用的灵活性、转换成本等。而且边际产品不单单由这些特殊性决定，而且取决于它用于什么样的活动，与多少和什么样的资本、劳动和材料共同使用，在每项应用中使用多少能源，等等。因此，能源质量并不是随时间固定不变的。然而，一般认为，电力是最高质量的能源，接下来是天然气、石油、煤、木材和生物燃料。这由每单位能源的特有价格决定。根据经济学理论，一种燃料的支付价格与它的边际产品成比例。

Schurr 等(1960)首先认识到能源质量的重要性。注意到能源利用结构随时间的显著变化，Schurr 等(1960)认为，向高质量燃料的转换减少了生产 1 美元价值 GDP 的能源需求数量。如果忽略了这个，表面的全要素生产力(Total Factor Productivity，TFP)增长将大于实际情况的增长。很多研究者的研究表明，美国能源强度的下降在于经济结构变化，以及从低质量燃料转向高质量的燃料。Kaufmann (2004)评价了美国能源强度、家庭能源支出、能源结构变量和能源价格变量的一个向量自回归模型(VAR)。发现从煤炭利用转向更优质的能源尤其是石油的使用降低了能源强度。这说明减少煤炭的使用是 1929—1999 年间能源强度下降的原因。

Stern (2004)研究指出，20 世纪下半叶美国 GDP 和能源利用(按热量单位计算)的关系似乎有脱钩的迹象，但是考虑到不同燃料的平均价格，GDP 和经过质量调整的能源利用之间脱钩的证据并不明显。如果这种脱钩主要是缘于向高质量燃料转换的话，那么，那种替代似乎是有局限的。特别是，低成本石油供给的耗竭可能意味着经济必须转向低质量的燃料(如煤炭)。

(4)产出结构的转换

一般情况下，在经济发展过程中产出结构在不断变化。在发展的初级阶段从农业向重工业转换，而在发展的后期，从资源密集型和重工业向服务业和轻工业部门转换。不同的行业有不同的能源强度。通常认为，在经济发展的早期阶段单位产出的能源利用增加，而在经济发展的后期单位产出的能源利用减少。

然而，服务行业还需要大量的能源和资源投入。出售的产品可能是无形的，但是办公楼、商场、仓库、出租公寓等进行的活动是有形的，它们的运转以及建造和维护必须使用能源。其他服务行业如交通是资源和能源密集产业。此外，消费者要花费大量的能源和资源通勤、购物等。因此，把能源和增长完全脱钩作为向服务部门转换的结果似乎是不可能的。当考虑到内含在制造产品和服务上的间接能源利用，美国的服务和家庭部门与其他经济部门相比也是能源密集的。很少有证据证明，过去几十年产出结构的变化显著地降低了能源强度。相反，能源利用结构的变化是主要的原因。此外，在全球规模上，发展中国家复制发达国家已经发生的结构转换也在一定程度上受到限制，发达国家在一定程度上是通过在海外建立制造业生产基地而不是简单地向服务业扩展。

6.2　能源补贴政策及其效果

补贴是政府实施政策干预的一种常见形式,即政府通过补贴政策使消费者面对的商品价格低于市场水平,或使生产者价格高于市场水平。也就是说,政府以直接或间接的方式支援消费者或生产者,让消费者或生产者降低成本,增加所得,从而实现不同的政策目的。

按照划分标准的不同,补贴的分类也多种多样。根据形式的不同,补贴可以分为货币形式和政策形式;根据内容可以分为价格控制(补贴)、税收优惠、利率优惠补贴、企业亏损补贴等;根据其透明程度的差异,也可分为明补和暗补。例如,政府机构以低于生产成本的价格把杀虫剂卖给农民或以低于市场的利率向农民提供贷款,这两种情况下,政府都需要花费一定资金来减少农民购买杀虫剂的成本,我们把这种政策称为明补(explicit subsidies)。此外,降低农民购买杀虫剂的成本也可采用间接的方式,例如,允许以优惠汇率进口杀虫剂。虽然这种政策不直接花费政府资金,但它与明补具有相同的效果,人为地减少了农民购买杀虫剂的成本,我们把这种补贴称为暗补(implicit subsidies)。

补贴盛行于世界各国与各级政府,全世界各国每年总补贴额高于 1 万亿美元,占全球 GDP 的 4%(见表 6.4)。其中三分之二发生在 OECD 国家,主要集中于农业、矿业、道路交通和制造业,最显著的就是 OECD 国家对农业部门的补贴,占总补贴额的 30% 以上;非 OECD 国家集中于能源、水资源、渔业和农业(OECD 2003)。补贴政策的目的非常广泛,包括维持特定群体的就业与收入,促进区域与农村经济发展,保护并发展特定产业,鼓励开展研究与教育培训,保护环境,回收资源,节约能源,发展新能源,帮助特定群体与厂商适应其所面临的经济、社会和环境条件。但事实上,补贴常常被扭曲,其结果经常与高尚的初衷相悖。从经济方面看,补贴导致效率低下、资源浪费,如无人参观的博物馆、无船海港、无机机场等;从财政方面看,补贴是纳税人与政府财政的无谓负担;从社会方面看,补贴常常是不公平的,往往产生既得利益者;从环境方面看,补贴有时候还会危害环境。

能源消费具有二重性。能源资源作为国民经济生产最基本的物质基础,既是国民经济生产中不可或缺的生产要素,又是人们日常生活中必不可少的消费对象。以电为例,电力既是国民经济生产中重要的动力来源,又是人们日常生活中照明、取暖、制冷的重要能源。能源作为生产要素进入生产领域,为社会经济带来产出;作为消费对象直接进入消费领域,给消费者带来效用。考虑到能源对整个经济的重要性,传统上能源部门是政府严重干预的一个部门。政府干

•表6.4 全世界补贴估计(1994—1998)(OECD 2003)

	OECD 国家 /(×10亿美元)	非 OECD 国家 /(×10亿美元)	全世界 /(×10亿美元)	OECD 国家占 全世界的比例/%
自然资源部门				
农业	335	65	400	84
水资源	15	45	60	25
森林	5	30	35	4
渔业	10	10	20	50
矿业	25	5	30	83
能源与工业部门				
能源	80	160	240	33
道路交通	200	25	225	89
制造业	55	—	55	100
总计	725	340	1 065	68
占 GDP 百分比/%	3.4	6.3	4.0	

预能源部门有各种原因和各种形式,其目的是为了实现各种能源政策目标,进而影响能源在大范围的商品生产和服务中的供给和利用。目前,各国的能源政策仍普遍以最少的社会耗费进行有效的资源配置、为社会提供足够的能源和确保能源供应的安全为其基本要点。能源经济学一致认为,只有在能源企业公平竞争的环境下才能产生能源供应成本最小的最佳经济效益和社会效益;能源价格直接影响国家的财政收入、物价水平和经济环境,是极为敏感的经济政策问题;石油、天然气等优质能源资源由于地理上的分布不均和政治、经济缘故造成的多次国际供应不稳定危机,使能源供应保障安全问题和石油储备问题成为当前石油进口国的能源政策研究热点以及国际关系研究的重点;在不可再生矿产资源日益耗减的现实状况下,为保证人类的可持续发展需求,对可再生能源资源的开发和商业化经济利用已提到不少国家能源发展战略的议事日程之中;经济发展与人类生活水平提高对能源需求的增长加重了环境污染和全球气候变化,这一矛盾难以协调解决(中国社会科学院数量经济与技术经济研究所课题组 2006)。因此,一个国家的能源政策目标至少要考虑以下因素[①]:

(1)安全。能源安全被视为能源政策的第一目标。安全有两层含义:一是供应保障安全;二是开发、运输、使用技术安全,即保障能源短期和长期供应不中断及保证安全性。由于能源在经济活动中的基础地位,对国家经济和人民生活的直接影响,考虑到国际市场石油等能源价格上涨的压力、国际政治局势变

[①]从各国情况看,安全、效率、环境、公平、发展、服务和政治是主要的考虑因素。

动以及恐怖活动对能源运输的威胁等因素,一般认为,保障充足的能源供应是实现经济安全的首要目标。多数国家为保障能源供应,采用的基本途径是多元化供应渠道、减少消费或增加国内生产、减少能源进口等。能源依存度大的发达国家保障其供应安全的主要措施之一是以大量的设备和高额资金投入,进行石油等能源资源储备。

(2)效率。即能源供应成本最小和高效利用,包括生产、利用等各个环节的效率最高与资源配置效率最优。降低生产成本、提高经济效率不仅是企业追求的目标,而且政府也要采用政策手段实施公共物品管理,对缺乏竞争的市场进行必要的干预,以减少企业生产造成的社会环境等外部负效应。要提高全社会的资源配置效率和经济效益,有赖于建立起能源市场自由化和多样化的竞争机制,通过技术进步、管理体制改革等措施来落实。

(3)环境。即减少能源开发、利用过程中对生态环境和人体健康的影响。实际上,环境问题,如对土地资源、水资源等的破坏和粉尘、二氧化硫、二氧化碳的大量排放,贯穿于开发、运输、消费等一系列的能源链中。能源结构的优化与传统能源利用技术的改进等直接关系到能源对未来人类生存环境的影响以及不可再生的能源资源开发利用问题。政策需特别关注市场机制不能发挥作用,但却是国家经济发展战略需要的领域,如可再生能源技术等新兴的、需要扶植的行业和环境产业。

(4)公平。即提供各种类型的能源企业之间公平竞争的环境。无论是国有企业还是民营企业,无论是大型企业还是小型企业,无论是新兴的可再生能源企业还是传统能源企业,政府要为它们在市场中的活动提供公平的竞争规制,实现能源供应成本最低。公平目标的另一个意义就是需要政府实现对所有公民的基本能源服务。无论是城市还是乡村,无论是经济发达地区还是贫困落后地区,每个公民都应享有保障生活所需的基本能源供应,并减少资源分配不合理的现象。

实际上,能源是许多经济活动和人类活动的重要投入,无论是在工业化国家还是在发展中国家,对能源生产和利用进行补贴都是政策干预的一种共同形式,只不过程度和方式不同而已。常见的补贴形式有三种:一是投资补贴,即对投资者进行补贴。优点是可以调动投资者的积极性,增加生产能力,扩大产业规模;缺点是与企业生产经营状况无关,不能起到刺激更新技术、降低成本的作用。二是产出补贴,即对产品产量进行补贴。这种补贴的优点是有利于增加产量降低成本,提高企业的经济效益。三是对消费者进行补贴。理论上通过刺激消费达到扩大需求的效果,带动生产能力的扩大。但实践证明,这一目标的实现具有很大的不确定性。

政府可以对能源生产和消费征税或进行补贴,通过这些行动,鼓励利用某些特定的能源,限制某些能源的使用。政府的干预政策影响能源的供给和需求,并影响能源的价格,进而最终对经济增长和发展产生重要影响。消费者补贴是指消费者价格低于自由市场价格;生产者补贴是指生产者价格高于没有补贴的情形,两种情形可能同时存在。通常,发展中国家补贴消费者,工业化国家补贴生产者。无论何种形式的能源补贴,其结果都是价格没能反映供给或消费的真实成本。低消费者价格导致过度使用、无效率的使用和能源浪费;较高的生产者价格鼓励过度生产、高成本经营以至缺乏竞争力。能源补贴的结果,导致生产模式越来越趋向于资本和能源密集型(非劳动密集型),加重政府财政负担,引发较高税赋,政府借贷取代私人投资并带来较高的外债水平。这些结果对经济产出和增长会产生负面影响。在发达国家,与能源消费相关的主要问题涉及空气污染、全球气候变暖和交通堵塞,因此,倾向于向石油燃料高征税,鼓励利用核能、天然气、电力等优质能源。在发展中国家,与能源消费相关的主要问题涉及到环境保护、能源供给和能源安全。鼓励电网和天然气管线等能源基础设施建设,保证能源的廉价供给。

由于温室气体排放主要是能源活动的二氧化碳排放产生的,因此,能源补贴政策及其改革也具有直接或间接的减排效果。研究表明,从长期看,纠正价格扭曲可以提高能源的生产和使用效率,促进经济增长。由于能源在整个经济活动中的重要作用,所以减少或排除补贴可能带来一系列反应,产生一个非常大的一般均衡效果,从而难以预测补贴政策改革的影响。一般说来,在燃料可以替代的地方,降低燃料价格并不影响能源使用的数量;但由于各种燃料的污染物排放系数不同,所以,能源利用结构的变化可以影响环境破坏水平。只有在个人和企业对能源价格做出反应时,减少补贴才会影响到能源利用和生产方式(World Bank 1997)。

由于能源的特殊性,所有国家都毫无例外地采用一些措施支持能源企业。如果能源企业无法完全收回成本,无法吸引足量投资,能源供应就不可能持续。中国是世界上第二大能源消费国,对主要能源的生产和消费一直存在直接或间接的补贴。例如,国家几十年来一直在进行农村电气化的基础设施建设,电力的城乡同价就是一个典型的补贴与交叉补贴。只不过由于消费补贴缺乏透明度,无法使消费者理解他们为什么受补贴,以及受到多少补贴,却能明显看到能源价格的持续上涨。根据国际能源机构的估计,2005年我国对各类能源的直接或间接补贴额度超过2 000亿元,2005年对天然气和煤炭的消费补贴分别是终端价格的45%和17%(IEA 2006)。目前,中国的能源生产补贴有多种形式,主要目标是要保证一定水平的税收,降低能源生产成本,或保证某种能源技术的发展。然而，长期通过能源价格补贴来保持能源价格低于生产成本去满足消费，会给经济效率、环境质量和政府财政带来沉重的负担。不合理补贴的负面影响，可以严重到抹杀通过改善最贫困人口的能源状况带来的社会福利。

随着中国经济的发展，自 1993 年起中国成为石油净进口国。国际石油市场任何的价格波动，都会对中国经济产生影响。尽管国内油价与国际油价有联动政策，但涨幅比国际市场要小。中国政府通过控制三大石油企业的价格制定权，压低油价，所以相当于补贴了整个石油工业体系和消费者。尽管石油价格不断上涨，但中国的燃油价格依然远低于国际水平。目前这种保守主义的能源补贴政策在短期内是颇为有效的，它通过人为隔离使本国市场免受外来冲击，亚洲大多数国家（日本、韩国、新加坡除外）继续着这种由来已久的能源补贴政策。但当高油价形成惯性，长时期的油价风暴席卷而来的时候，这种补贴政策就有些作茧自缚了。过度进行价格补贴有三个负面效果：一是过低的利润率限制了能源行业的发展；二是成品油价格低廉造成能源使用上的低效率，社会经济对能源的需求不能得到真实的反映；三是政府对油价的补贴加重了公共财政负担。另外，中国的燃油价格补贴对国际油价的影响不可忽视。因为国内低廉的燃油价格刺激需求，抬高了国际石油价格，进而又增加了对国外的燃油补贴。如果放弃补贴政策，国内市场可能出现较大动荡，而且，若国内油价大幅上涨，可能会引发一定程度的通货膨胀，生产企业也会受到冲击，中国经济有可能陷入"硬着陆"的尴尬。如果将补贴政策进行到底，那么不仅需求扭曲难以扭转，而且补贴成本也会日益高涨，中国经济增长很可能因此而背上沉重的财政负担（程实 2005）。随着经济发展日益依赖石油进口，中国将陷入恶性循环，侵蚀自身利益。

中国是世界上第一大煤炭生产国和消费国。能源结构以煤炭为主，2004 年煤炭消费约 18.7 亿 t 标煤。从 1987 年开始，国家便放宽煤炭价格管理，实行煤炭价格双轨制。1993 年开始取消国有煤矿的煤炭指令性定价，到 1994 年 7 月，除发电用煤以外，煤炭生产、运输和销售全面进入了市场。从 2002 年开始，发电用煤的价格也完全由市场决定。煤炭是中国的主要能源资源，也是控制温室气体排放的难点。煤炭价格放开，使价格对需求做出真实反映，有助于煤炭生产和使用效率的提高。然而，伴随煤炭需求的持续增长，煤矿安全隐患和事故也日益突出，暴露出长期以来就存在的"官煤勾结"等问题。"官煤勾结"其实是对煤炭生产者的一种变相补贴，破坏了公平竞争环境，影响煤炭资源的合理使用，需要制度措施加以完善①。

处于经济转型中的发展中国家，资源短缺问题比发达国家更严重。在市场

---

①2005 年 8 月，中纪委等四部门发出了国家机关工作人员和国有企业负责人在 9 月 22 号前撤出在煤矿的投资的限期撤资令。目的是为了清除"官煤勾结"，维护煤炭安全生产环境。

机制不完善的经济转型国家,政府不仅要满足当前的能源需求,而且还肩负完善市场机制的作用,政府需要考虑如何在能源生产中引入竞争机制,如何在能源消费中引入节约机制,如何利用市场机制促进国家的能源结构优化,如何应对能源供应安全等现实问题。

6.3 能源补贴政策改革:为减排提供经济激励

针对补贴存在两种截然相反的观点。赞成能源和环境保护补贴的主要观点认为,补贴可以协助产业适应新的环境保护管制法令,扶助新兴产业,提高国际市场竞争力。从短期看,补贴可以减少污染排放量,鼓励能源节约;从长期看,促进厂商增加对污染防治的投资,减少污染,节约能源,促进经济增长,对未来税收与就业机会有相当大的帮助。而反对能源和环境保护补贴的主要观点认为,促进减少污染物排放补贴的缺点是使原来应退出市场的污染性产业厂商仍有利润而继续存活,吸引新的厂商进入此污染性产业;投资成本补贴的缺点是阻碍厂商自由选择减少环境损害方式。提供补贴本身是无环保效果的,长期效果使得产业结构朝向污染密集度与能源密集度高的产业,虽然个别的污染源排放的污染物较少,但由于产业规模扩大,总排放量更大,环境品质更加恶化(萧代基等 2005)。

评价补贴政策的效果是一个非常复杂的问题,需要综合考虑不同的发展阶段、短期与长期效果,以及产业差异等。由于缺乏完善的经济激励政策和相应的实证研究,因此,很难全面、客观地评价中国与减缓气候变化相关的补贴政策的效果。从实际情况来看,中国通过提高能效和发展可再生能源等政策措施,为减缓全球气候变化做出了巨大贡献。积极退耕还林还草和植树造林,从增加碳汇角度也产生了积极效果。总而言之,补贴作为政府宏观调控的一种政策手段,发挥其在减缓气候变化政策中的积极作用,减少负面效应已日益成为政府决策者的共识。

(1)外部效益内部化。补贴存在的唯一理由是外部效益内部化。风能、生物质能、潮汐能、太阳能等可再生能源的开发和使用,可以减少矿物能源的开采和消费,既实现了不可再生资源的节约,又保护了环境,这些正的"外部性",应该促使其发展。但在现阶段,以企业的会计成本为标准,开发利用可再生能源比之常规能源显然不具经济性。在对常规能源与可再生能源"性价比"真实性的评价上,市场机制失灵了。因此,如果要缓解不可再生能源资源快速耗尽的状况,减少不可再生能源利用的环境问题,就必须对可再生能源生产商进行补贴。与大部分不可再生能源相比,可再生能源技术虽然营运费用较低,但资本成本费用相对较高,这使得可再生能源技术产业在风险结构、融资和市场竞争性方面处于劣势,在能源管理尚不健全的市场环境下尤为如此。必须由"看得见的手"使可再生能源的"外部收益"内部化。

从 20 世纪 50 年代起,中国就对可再生能源开发实施补贴等激励政策,从事业费、研究与开发、教育与培训以及市场开拓等方面给予支持。可以说,以往的激励政策起到了一定的积极作用,但也逐渐显露出不足(Li 2004)。最大的缺陷是市场开拓方面的政策力度不够,这使得这一具有很好社会和环境效益的产业,因在不公平的市场条件中与常规能源竞争而导致生产规模长期无法扩大,价格下降缓慢,市场份额过小,而过高的融资成本又进一步抬高了可再生能源产品的价格。例如,在进口风电设备方面,国家规定 300 kW 以下机组的关税可以减半,但目前国内主流机组均达到 600 kW 级以上,因而这项政策对企业而言意义甚微;在贷款方面,目前,风电企业的银行贷款期最长为 7~8 年,这与风电设备 20 年的寿命不相适应。风电平均上网价格为每千瓦时 0.55~0.6 元,而火电只需要 0.3 元,高成本导致风电上网难,扩大规模更难,由此进入恶性循环。

幸运的是,情况正在得到改观。2005 年 3 月全国人大通过《可再生能源法》,并已于 2006 年 1 月 1 日起施行。作为配套法规之一的《可再生能源发电价格和费用分摊管理试行办法》规定,生物质发电项目上网电价实行政府定价,电价标准由各省(市、自治区)2005 年脱硫燃煤机组标杆上网电价加每千瓦时 0.25 元补贴电价组成。生物质发电项目补贴电价,在项目运行满 15 年后取消。可再生能源"外部收益"内部化的方法,可考虑以下两种:一是政府定额补贴,即根据可再生资源与常规能源的成本差额,按单位予以定额补贴,但其价格由市场决定;二是政府按可再生资源的实际成本核定价格,并强制经销企业全额收购。前者可用于已建立竞争性市场的行业,后者可用于仍垄断经营的行业。但无论采取哪种方式,要实行可再生能源的补贴,也应该有一套定期废止的严格规定。

(2)能源价格合理化。能源价格在能源生产和提高能源消费的平衡中起着重要作用,它影响着能源生产者和消费者的决策行为。能源价格背离市场价格,无论对于市场经济国家还是经济转型国家都有负面影响,既不利于产业结构调整,也阻碍着节能和能源效率领域的投资。总体上看,我国目前的这种能耗较高的经济结构,是当今国际分工条件下自然选择的结果。外来投资、对外贸易之所以成为现阶段我国经济增长的主要动力之一,与我国低端劳动力资源的充沛和价格低廉有直接关系。国际贸易分工和国内的出口导向政策使中国成为世界"加工厂",从而不可避免地提高了我国的"单位 GDP 能耗"。重工业在近几年的高速增长使很多人意识到,能源价格过低是能源过度消耗的主要原因。低价格导致能源利用低效率。低价格鼓励了企业对高耗能或低效率的设备和技术进行投资,不利于产业结构调整。研究认为,我国的能源需求对价格的短期弹性为-0.015,长期价格弹性为-0.122。这表明价格机制在对能源需求发生作用。但是,由于能源价格弹性(绝对值)偏低,同时整个经济系统的弹性不是很高,价格机制对能源需求的传导作用仍然比较薄弱,能源价格体系尚未理顺,市场主体自觉节能的机制尚未形成,因此能源价格上涨对抑制能源需求的作用有限(魏一鸣等 2007)。因此,我国现阶段的能源价格政策,一方面必须把促进节能作为核心目标,并支持可再生能源发展,以实现能源消费的可持续;另一方面也必须兼顾国家经济竞争力的可持续。两者兼顾的基本途径无疑是能源消费合理化。而这归根结底要靠能源价格合理化。

能源价格合理化的基本标志就是价格反映成本,可从技术性标准和经济性标准两个方面来衡量。技术性标准可分长期和短期两个方面。长期标准应是消费的可持续性。如可获得资源足以维持期望的能源消费水平,则可认定消费具有可持续性。在当今条件下,对我国能源消费的规模、方式等做出是否具有可持续性的判断,不能局限于本国的可获得资源,还应包括全球经济一体化的作用。当然,在重视后者的同时,也要考虑国际经济、政治环境基本走向的制约。至于短期标准,应是能源系统的安全性、可靠性。短期内的能源消费数量及消费方式合理与否,应以整个能源系统的安全、可靠为判断的基本依据。经济性标准就是资源配置的优化。在可用资源量有限的情况下,判断的标准应是社会总收益最大,具体说来,是使用现有资源产出的总附加值最大(刘树杰等 2006)。

在能源行业,"外部性"主要表现为对资源和环境的影响。能源行业的"外部性"也有负、正之分。负的"外部性"指对资源和环境的破坏,由此导致了行业的"外部成本";正的"外部性"有利于资源和环境的保护,由此导致了行业的"外部收益"。合理的能源价格,应使"外部成本""外部收益"均能内部化,进而有利于对"外部性"的调控,实现经济社会的可持续发展。由于我国人均能耗很低,经济增长快,能源需求仍将快速增长。资源的有限性和能源需求的高预期将使能源价格不断上涨,能源价格可以有短期波动但无法改变长期的上涨趋势。"十一五"规划明确提出,到 2010 年单位 GDP 能耗在 2005 年的基础上降低20%。有关研究表明,提高能源价格是改善能源效率最有效的政策工具(杭雷鸣等 2006)。

(3)建立透明合理的定价机制。如果具备有效的能源市场,而且能源价格包含了外部因素,竞争性定价机制将是资源优化配置的最有效途径。由市场机制确立的竞争机制能使能源企业通过提高效率供应能源,鼓励创新。但目前中国的能源市场远离理想状态,外部因素如环境、政府的社会职能、不可再生资源的耗损、可再生资源的利用、各种经济实体的准入问题、长期能源成本的确定以及收益的必要性等,都需要政府通过税收和补贴的手段加以干预。既然现阶段的能源价格无法避免补贴和交叉补贴,那么,就应该设定一个合理透明的定价机制。有时,能源补贴引起的负面作用不是因为这些补贴本身不合理,而是补贴方式设计不合理,导致补贴流入非目标消费群体手中,或者补贴金额大大超过计划数目。这样的补贴会影响经济发展,也不利于提高能源效率(林伯强2007)。

补贴的主要目标之一是确保居民特别是贫困人口必需的能源供应。对于低收入家庭,其能源消费量已经很小,过快地提高能源价格,不仅起不到节能的目的,还可能促其寻找有害于环境的替代能源。如果低收入人口无法承受基本的能源服务,就会对健康、教育、环境,甚至经济发展产生负面效应,因此,向特定人群提供能源的固定费用,一般应该由政府通过特殊拨款补贴来解决。这以外的费用,如需要补贴,应该在最低范围内设定,并应仅限于少数目标群体,以防止滥用和浪费。特别应防止能源使用费用与实际消费无关,这很容易产生有违初衷的后果。由于不合理的攫取补贴现象总会存在,因此只有通过提高补贴透明度来尽力减少,补贴要在其数量、来源、受益人方面做到透明公开,并定期接受审查。补贴是基于可承受能力,因此,每种补贴都应当是过渡性的,可以对补贴进行定期公开讨论评估。

能源定价应该在包含环境和其他外部因素的全成本原则下进行。这样的定价机制将会有利于能源的有效合理使用,从而影响到中长期的能源需求,提高能源效益,保证经济高速增长。边际成本和机会成本定价是制定合理的价格水平和价格结构的基本原则。在经济转型中,能源市场改革会引起能源价格上涨,政府必须运用基于税收和分配政策的社会经济和财政措施去抵消价格上涨对不同消费群的不利影响。因此,应该为各类能源服务制定出一套合理的成本付费体系,减少非技术性损失(林伯强 2007)。

合理透明的定价机制的主要问题是使能源消费者认识到:不论数量多少,或是谁消费,都要按照能源供应成本定期支付自己的能源账单,为解决外部因素或者达到社会稳定或长期增长目标的政府补贴是福利,不是权益。政府的能源补贴必须让真正需要的人获益,而且要确保补贴发放畅通、有效,并为能源服务部门所接受。目前中国正逐渐形成价格听证制度,但听证会的结果往往是能源价格的上升。问题的关键就是能源价格形成机制不透明。以石油为例,虽然国内石油价格上涨,但远未达到国际油价水平。很显然,政府的低油价补贴了国内消费者,但消费者并不满意。中国三大石油企业高额利润的来源,在于对国内石油资源的垄断,石油开采资源税很低。消费者并不清楚在油价形成环节中,哪些环节是由财政补贴的,补贴多少。国内油价可以与国际油价接轨,但同时要加大对石油资源开采税的征收,政府以此用来补贴应该受到补贴的消费者,由"暗补"转为"明补",由对全社会的补贴转为有针对性的补贴。这样的能源价格机制可以使能源价格与国际接轨。

(4)建立和完善石油市场。在全球化的今天,中国若要保障自身能源供应的长期稳定,关键需要将中国巨大的能源需求转变为市场强势。需求并非等于市场,如果仅仅拥有需求却不具备支付能力,没有买卖双方可以议价的交易平台,没有对称的信息传递,没有相应的权利和义务,就不可能形成一个真实的市场。对于中国这样一个巨大的石油需求,如果不能建起一个与全球供需相衔接、机制相融合的市场,不仅不能保障中国自身的能源安全,也会搅乱全球的供需关系。

价格并轨是石油市场化建设的一个关键组成部分,只有将中国市场的石油价格与全球价格体系衔接起来,中国市场才会融入全球供需体制。但是,价格的并轨并非仅仅是国内油价直接与国际油价的简单"挂钩"。根据"边际效用"法则,边际需求影响边际价格,边际需求量越大,波动范围越大,对边际价格的影响作用就会越大。在全球石油供需体制中,现货交易就是影响边际价格的边际需求。中国的巨大石油需求本应该更多地纳入全球长线供需体制,以回避油价的波动,同时也可减少对世界油价的影响,但是,由于肩负中国市场采购的企业无力驾驭国际期货交易,不承担平抑价格的储油义务,政策又阻隔了国内需求直接与国际供应商进行长线石油交易的权利,这就导致中国的绝大部分需求都变成了直接影响国际油价波动的"现货交易",使国际炒家获得了巨大的投机空间,为国际油价居高不下推波助澜,也给"中国能源威胁论"创造了市场。如果我们将中国日益增长的巨大需求,简简单单地与国际市场挂钩,不仅无助于平抑稳定国际油价,而且可能招致更多的国际金融投机者进入石油市场炒作油价,不仅影响全世界的经济发展,也会对中国企业和国家利益造成极为严重的伤害。

因此,解决这个问题的关键是建立和完善市场。政府不仅要立足解决眼前的问题,更需要从机制上解决长远的问题,以及一揽子解决与之连带的相关问题,争取盘活全局。在建立和完善有效监管制度的前提下,减少政府对石油市场的干预,放宽市场准入,探索地方企业参与国内油气勘探开发的途径。加快研究建立能够反映国内石油供需关系、消费结构和季节特征的原油和成品油期货市场问题,形成国内成品油基准价格体系,为政府宏观调控提供科学依据和有效手段,科学引导生产和消费,合理配置石油资源。而且,健全和完善石油市场体系也是为增强国际石油定价权创造条件(韩文科等 2006)。

第七章

英国经验：通过激励机制促进低碳发展

"他山之石，可以攻玉"。英国是全球气候变化行动的领导者，也是低碳经济的践行者。英国气候变化政策中的各种经济工具对中国具有重要的借鉴意义。英国气候变化政策中的各种经济工具对中国节能减排和应对气候变化具有重要的借鉴意义。

英国是世界上控制气候变化最积极的倡导者和实践者,也是先行者。《京都议定书》为欧盟规定的目标是到 2012 年温室气体排放量在 1990 年的基础上减排 8%,而根据欧盟内部的"减排量分担协议",英国的目标是在 2012 年在 1990 年水平上减排 12.5%。英国国内的目标更加雄心勃勃,力求在 2010 年将 CO_2 减排 20%,到 2050 年削减 60%,实现低碳经济。通过激励机制促进低碳经济发展是英国气候政策的一大特色。英国的低碳经济实践对中国能源环境政策的制定和向低碳经济转型,有十分重要的借鉴意义。

7.1 英国气候变化政策中的经济工具

英国气候变化政策最早源自要符合"欧盟整合性污染防治与控制指令"(the Integrated Pollution Prevention and Control Directive,IPPC)[①]的规范而做出的各种努力,也是英国第二次国家信息通报中提及的主要温室气体减排措施。2000 年 11 月,英国颁布了国家《气候变化规划》(Climate Change Programme,CCP)(DETR 2000),引入了以经济工具为主的政策措施,如气候变化税(Climate Change Levy,CCL)、气候变化协议(Climate Change Agreement,CCA)、英国排放贸易机制(UK-Emission Trading Scheme,UK-ETS)、碳基金(Carbon Trust,CT)、可再生能源强制条例、能源效率承诺和交通部门十年规划等,目的是促进相关产业提高能源利用效率、降低温室气体排放量。

(1)气候变化税(CCL)。气候变化税是英国气候变化总体战略的核心部分,于 2001 年 4 月 1 日开始,仅针对工业、商业和公共部门提供能源产品的供应商征收。名曰"气候变化税",实际上是一种"能源使用税"。不同的能源品种其税率也不同,采用的税率按电当量计算,不设起征点。如天然气为 0.15 便士/(kW·h)、煤炭为 1.17 便士/kg[相当于 0.15 便士/(kW·h)]、液化石油气为 0.96 便士/kg[相当于 0.07 便士/(kW·h)]、电力为 0.43 便士/(kW·h)。气候变化税的征收对象,不包括民用与交通运输部门使用的燃料,或用以产生其他能源的燃料(如发电燃料)与非能源用途的燃料,也不对非商业性质的慈善机构和规模极小的企业征收。由于油类已经征收货物税(excise taxs),也不在征收之列。此外,下列能源项目也免缴气候变化税:①来自可再生能源的电力;②热电联产(CHP)使用的燃料;③作为进料(feedstock)的燃料;④用于电解过程(electrolysis processes)的电力。

----

①欧盟整合性污染防治与控制指令(IPPC)是根据欧盟第 96/61 法令于 1996 年设立的一项法律制度,其中心思想是通过预防来控制各产业对环境的影响,或减少对空气、水和土壤的排放。IPPC 指令涵盖为保护环境而必须设法控制其活动的那些设施,这些设施必须申请运营许可。

英国政府征收气候变化税的目的并非是为了扩大税源,筹措财政资金,而是一种税制改革,征收目的主要是提高能源效率和促进节能投资。遵循通行的环境税收"中性原则",英国政府除针对特定技术或部门制定优惠政策之外,将气候变化税的收入主要通过三个途径返还给企业:一是将所有被征收气候变化税的企业为雇员交纳的国民保险金(National Insurance Contributions,NIC)调低 0.3 个百分点;二是通过"强化投资补贴"项目鼓励企业投资节能和环保的技术或设备。企业如果进行经政府认可的能源投资计划,其第一年投资资本可以全部在公司应税利润中扣除。政府认可的能源效率投资项目包括马达、高品质的热电联产、锅炉、照明系统、可变速驱动器、冷冻系统、管线绝缘及隔热屏等;三是成立碳基金,为产业与公共部门的能源效率咨询提供免费的咨询服务、现场勘察与设计建议等,并为中小企业在促进能源效率方面提供贷款。

气候变化税将使企业的燃料费用普遍增加 10%~15%[1]。为了鼓励企业提高能源效率和减少排放,保护特定部门企业的竞争力,也规定了一些税收豁免或减免措施。除前面提到的热电联产和可再生能源发电项目可享受豁免之外,与政府签定自愿气候变化协议的能源密集型企业,如果完成规定的能效或减排目标,则可以最多减免 80%的气候变化税。

气候变化税一年大约筹措 11 亿~12 亿英镑。其中大部分以减免社会保险税的方式返还给企业,部分作为节能投资的补贴或拨给碳基金,收支大体相抵。政府测算至 2010 年每年可减少 250 多万吨的碳排放(相当于 360 万吨煤炭燃烧的排放量)[1]。英国的这一税种,具有极为鲜明的特征:①采用价格杠杆,提高能源效率,促进能源结构调整(各种能源品种的税率不一样,热电联产、可再生能源可豁免);②原则上为财政中性税,并没有在总体上增加企业税赋;③对于能耗大户,不搞一刀切,明确目标,适当减免,维护企业的竞争力;④针对工商企业和包括政府在内的公共部门(不针对居民家庭),不仅效果好,而且政治风险低(对选民的直接冲击小);⑤形成社会舆论,提高公众意识。总之,通过气候变化税节能降耗,一箭多雕,不仅积极有效,而且负面影响小。

(2)气候变化协议(CCA)。英国政府考虑到气候变化税的征收可能给能源密集型(energy intensive)产业造成重大负担,因此又推动气候变化协议制度,以减少这些产业的气候变化税负担。能源密集型产业如果和政府签定气候变化协议,并达成规定的能源效率(温室气体减排)目标,政府可以减少征收其应支付气候变化税的 80%。此外,英国政府亦允许加入气候变化协议的企业参与英国排放贸易机制(UK-ETS),以买卖各企业允许排放配额(Emission

---

①French Brothers Insulation. Climate Change Levy—How We Can Help You.(2007-02-10.)见 http://www.insulate.co.uk.ccl.htm.

Allowances，EA)的方式，来实现气候变化协议的要求。

英国政府定义的能源密集型工业为铝业、水泥、陶瓷、化学品、食品与饮料、铸造、玻璃、有色金属、纸业，以及炼钢业等十大耗能产业，以及其他30多个能耗较小的行业，由主管环境事务的环境-食品-乡村事务部(DEFRA)负责与各产业协会进行磋商，以议定设有能源效率(温室气体减排)目标的气候变化协议。气候变化协议的主要内容是为每个部门确定2002—2010年的能效目标或温室气体减排目标，每两年为一个目标期。2001年3月，通过谈判，政府(DEFRA)与钢铁、铝、水泥等44个工业部门的贸易协会达成所谓"伞型协议"(umbrella agreements)，并有1万多家公司参与这些协议。完成协议规定的能效或温室气体减排目标的企业可以享受减免80%的气候变化税。如果企业不能实现协议承诺的温室气体减排或提高能效的目标，企业将补交全部气候变化税。但企业可以通过与其他企业的排放贸易，达到预定目标。除钢铁和航空部门已经承诺了绝对排放上限外，其他42个部门同意达到能效目标，即每吨产品的排放量。

在气候变化协议的第一段目标期间(2001年4月1日至2003年3月31日)，公司只要在DEFRA与各产业协会签署的气候变化协议上列名，就可以享受气候变化税80%的折扣优惠。因此想享受80% CCL折扣的公司，只要直接与这些产业协会联系加入即可。如果要获得第二目标期(2003—2005年)的优惠，各产业协会需要向DEFRA提交各参与公司在此期间的减排成果报告，由DEFRA审核是否实现目标，只有实现目标的公司(设施)才能继续享有下一个两年期间的气候变化税优惠。经过DEFRA的审核工作，第一目标期有88%的减排目标单元通过认证，相对基年，每年减排了350万t二氧化碳(考虑到钢铁部门目标调整后的数字)，第二目标期有95%的减排目标单元通过认证，相当于减排510万t二氧化碳(考虑到钢铁部门目标调整后的数字)(Future Energy Solution 2005)。

(3)英国排放贸易机制。排放贸易是《京都议定书》引入的三个灵活机制之一，是利用市场促进减排的重要手段。排放贸易机制的基本原理是先设定一个群体的温室气体排放总量与群体内每一个体的个别允许排放量，同时允许这些个体进行允许排放量的交易，以寻求在最具经济效益的方式下实现群体排放总量控制目标。在排放贸易机制的运作下，会使得减排成本较低的个体得以产生大量允许排放配额，并销售给减排成本较高的个体，因而得以在最具减排成本效益的情况下实现减排目标。最早的排放贸易制度是美国为解决酸雨问题于1982年建立的SO_2排放贸易制度，但英国是最早实施温室气体排放贸易机制的国家，计划运行五年。

　　参与英国温室气体排放贸易机制有四种方式：①直接参与。参加者自愿承诺一绝对的排放上限，也就是在既定期间（2002—2006 年）内较 1998—2000 年排放水准达成的绝对减排目标。很明显，承担这一绝对的排放上限有一定的风险，考虑到风险的存在，政府五年内拿出 2.15 亿英镑作为奖励资金（每年 4 300 万英磅），用于鼓励公司加入排放贸易制度。在 2002 年 3 月 24 日的拍卖会上，32 家直接参与者分享了这些奖励资金，条件是到 2006 年 12 月年均削减 1 100 万 t 碳排放。②协议参与。已经加入政府和产业协会签署的气候变化协议并设定了排放目标的企业，可以参与排放贸易来买卖排放配额（EA）。协议参与者可以选择设定绝对减排目标，或者是以能源使用或单位排放量为目标的相对排放目标（relative targets），而设立相对目标者将仅能在基线与额度（baseline and credit）基础下进行交易①。除钢铁和航空部门已经承诺了绝对排放上限外，其他 42 个部门同意达到能效目标。钢铁和航空部门可以与直接参加者进行自由贸易。③项目参与。这一机制的目的是鼓励那些不属于上述两种情况的企业进行减排。如果某个企业（包括电力、交通以及终端用户等）投资某个项目，能够比"正常情况"时实现额外的碳减排，经核实后，管理机构向这些企业发放减排信用，信用可以在排放贸易市场上出售。④没有减排目标（项目）的企业或个人，也可以在英国排放量登记处开设账户来进行排放配额的交易。

　　设定相对目标的气候变化协议参与者不需进行实际的减排，这可能会威胁到整体环境效益及排放交易制度具体的减排目的，因此，英国排放贸易机制设置了一个闸门（gateway），若气候变化协议参与者从绝对目标参与者买进的排放配额比卖出的少，表示整体机制仍具减排成效，则闸门维持开放；但是若气候变化协议参与者自绝对目标参与者买进的排放配额与卖出的相等时，则将闸门关闭；虽然，至目前为止，这项闸门机制尚未关闭，但 ĐEFRA 检讨认为不易控制，以后可能会进一步改进。

　　为了保证减排的真实性，所有承诺减排目标的参与者必须按相关条例严格检测和报告企业每年的排放状况，并经过有职业资格的第三方独立认证机构的核实。为了方便交易，英国还开发了一套排放贸易的电子注册系统和实时交易平台。所有参与者至少注册一个账户，用来记录其基本情况及其配额、配额转移、配额供需等信息。管理机构（DEFRA）开设排放量交易登记处（Emissions Trading Registry），只有通过验证的排放量与信用额度方能获得登记。DEFRA 根据系统记录的履约状况，向完成减排目标的企业发放相应的奖金和新一年的全部排放配额。未完成减排目标的企业不仅得不到奖金，还要扣减一定数量的

---

　　①基线的设定有两种选择，一是以 2000 年该企业的排放量为排放基线，二是以 1998—2000 年三年的平均排放量为基线。

排放配额或被处以罚款。

英国温室气体排放贸易机制(UKETS)于 2002 年启动,是英国政府控制气候变化战略的一部分,在世界范围内是第一个实施温室气体排放贸易计划的国家。作为一个开发系统,该机制还允许参与者将《京都议定书》目标下取得的国际排放额度用于履约。2005 年 1 月 1 日,欧盟温室气体排放贸易机制(EU-ETS)正式启动,为了保障两种排放贸易机制的协调和顺利过渡,英国政府提出申请并经欧盟委员会批准,允许部分已经参与 UKETS 的企业暂时退出,到第二阶段再加入。为了与欧盟气候政策相协调,英国排放贸易于 2006 年 12 月 31 日结束。

英国排放贸易机制取得的环境效益是明显的。仅在实施的第一年,直接参与者就比基线减排 460 万 t 二氧化碳当量,到 2006 年 3 月,累计减排温室气体 700 万 t 二氧化碳当量(DEFRA 2006c)。此外,英国通过国内排放贸易的实践,不仅培养了人才,还积累了经验,为更好地参与国际排放贸易体系创造了良好的条件。英国的碳排放贸易计划,显然是一种"胡萝卜"政策,其可资借鉴处主要表现在:①经济激励,自愿参与,企业风险小;②政策关联,相互促进,实现节能减排;③"干中学",积累市场经验,保证竞争优势。

(4)碳基金。碳基金是一个由政府投资、按企业模式运作的独立公司,成立于 2001 年。目标是通过帮助商业和公共部门减少二氧化碳的排放和从中寻求低碳技术的商业机会,帮助英国走向低碳经济社会。碳基金认为,英国政府《能源白皮书》设定的减排目标在技术上是可行的,但需要不断采取行动来排除那些影响向低碳经济过渡的技术、经济和管理方面上的障碍。碳基金的工作重点集中在减少碳排放上,中短期目标是提高能源效率和加强碳管理,中长期目标是投资低碳技术。

碳基金主要在三个重点领域开展活动:①能马上产生减排效果的活动,通过实地调查、专业咨询、金融产品等形式多样的服务,帮助和促进企业和公共部门利用现有技术制定并实施投资效益高的减排措施,提高能源效率,如针对用能大户的"碳管理项目"等;②低碳技术开发,通过赠款、贷款、建立创新基地或"孵化器"等不同方式和渠道,鼓励新的节能技术和低碳技术(也包括产品、过程和服务)的研发和创新,开拓和培育低碳技术市场,促进长期减排;③通过信息传播和咨询活动,帮助企业和公共部门提高应对气候变化的能力,向社会公众、企业、投资人和政府提供与促进低碳经济发展相关的大量有价值的资讯。碳基金的使用主要有三个目标:一是促进研究与开发,二是加速技术商业化,三是投资孵化器。在低碳技术的选择上,注重技术评估的科学性,以降低市场风险。主要筛选标准是碳的减排潜力和技术成熟度,并注重成本效率。对于碳减排潜力大且成熟的技术,则优先考虑投资;对于碳减排潜力大但应用不成熟的技术或碳减排潜力小但应用成熟的技术,结合实际情况分别对待。

从资金渠道看,碳基金的绝大部分资金来自政府部门的直接拨款,包括主管英国气候变化与可持续发展的环境-食品-农村事务部(DEFRA),以及苏格兰、威尔士和北爱尔兰政府。从资金来源看最主要是气候变化税。从 2004/2005 年度起,又增加了两个新的来源,即垃圾填埋税和来自英国贸易与工业部(DTI)的少量资金。从资金性质看,绝大部分资金是来自纳税人的国家公共财政资金。碳基金接受并负责运作这部分资金,用于促进减排和有利于英国低碳经济发展的各项活动,实际上与政府形成了一种管理和使用这部分公共资金的委托代理关系。

碳基金的管理运作模式非常独特,一方面由政府出资创立,每年从政府获得资金,代替政府进行公共资金的管理和运作;但另一方面,作为具有独立法人资格地位的公司,碳基金采用商业模式进行管理和运作,力图通过严格的管理和制度保障公共资金得到最有效的使用。碳基金这种介于政府和企业之间的独特地位,有利于调动和协调政府、企业、行业协会、咨询公司、投资公司、科研机构和媒体等各方面的力量,同时碳基金提供的各种服务受到企业用户的普遍欢迎,促使企业高层管理者的经营观念发生明显变化。此外,碳基金还通过自身商业运作的经验和成功实践,树立起良好的品牌和示范效应,带动了对低碳技术的投资,并刺激了咨询业的蓬勃发展。

在独立的经营模式下,碳基金公司开展了卓有成效的工作。2003 年首期选择了 50 个大企业进行试点,对这些用能大户、节能潜力大的企业提供免费碳管理服务。碳管理服务主要从三个方面抓住企业关注的问题:①成本问题;②气候政策法规;③企业声誉和企业形象。碳基金认为,如果只关注成本问题,只会引起企业中层管理者的注意,但如果关注法规和社会责任,则会引起企业高层管理者的注意。所以要使企业接受碳基金的碳管理服务,必须从后两个方面加强对企业的说服力。碳基金的免费碳管理服务,能够为企业辨识节能和减排潜力,辨识投资机会,从而为企业带来较多的利益,所以企业一般都乐于接受碳基金的服务。在企业选择上,碳基金主要关注年能源成本在 300 万~400 万英镑以上的大企业,因为大企业的排放量高、能源消耗高。碳基金对小企业也进行过实验,但一般而言,效果不佳。碳基金也曾经把一些小企业以打捆(pool)方式做碳管理项目,但由于小企业间不愿意公开自己的信息,项目不太成功。

碳基金自 2001 年成立以来,各项活动非常活跃,在政府稳定资金来源的支持下,服务领域和服务项目不断增加。短短几年,年度资金使用规模已经从刚成立时的 2 325 万英镑,增长到 2004/2005 年度的 6 176 万英镑,2005/2006 年度达到 7 500 万英镑左右,年均增长率约为 26%,显示出强劲的发展势头。从总体上看,碳基金政策基本上是成功的。通过碳基金的服务,促进了碳管理,树立了有社会责任感的企业形象。碳基金最初开展工作时,是主动联系大公司(共有 50 家大企业),出资帮助它们做能源调查,为每个企业列出 10 个优先节能和提高能效的领域。企业没有负担,只是出人力配合。通过这种免费服务的方式,企业容易接受,没有抵触情绪。虽然碳基金属于以公共财政建立的公司,但由于经营良好,而得到企业的广泛认可。英国政府也认同这种由政府出资、企业经管的方式。政府每年拨给碳基金的经费都在增加就说明了这一点。今后企业要想得到碳基金的管理服务,必须先自己做能源评估,然后才能找碳基金申请资金及投融资支持。鉴于碳基金的资金有限,市场需求越来越大,碳基金的碳管理服务已不再是完全免费的,要求企业提供 50% 的配套资金,且碳基金提供的资金有封顶,即不超过 2 万英镑。

可以看出,碳基金的这种能源服务方式有几点可取之处:①碳基金公司的董事会成员有广泛的代表性。碳基金董事会由 17 人组成,分别来自政府部门、企业界、工会、学术界、非政府组织等。董事会规定,只有企业界的董事占多数时才能召开董事会,以保证企业的利益不被忽视。②碳基金公司获得拨款前必须提交工作计划及优先领域,然后与 DEFRA 谈判,以达成框架协议,保证政府的导向得到体现。③碳基金公司需要每年做执行报告,每 5 年做一次全面评估。评估以碳减排的成本效率为标准,由第三方独立机构进行,以确保资金的使用效率。④服务导向,使企业在接受服务中受益,自愿节能降耗、低碳发展。⑤在低碳技术的选择上,非常注重技术评估的科学性,使用科学的技术筛选方法,以降低市场风险。⑥政府不干预碳基金公司的经营管理业务。碳基金的经费开支、投资、碳基金人员的工资奖金等由董事会决定,政府不干预(潘家华等2006)。

7.2　英国低碳经济政策的效果

企业是全球可持续发展战略的重要实践者。减缓全球气候变暖,企业有义不容辞的责任。企业在创造利润、对股东承担法律责任的同时,还要承担对员工、消费者、社区和环境的责任。这就是"企业的社会责任"。社会责任能大幅度提升企业的竞争力。气候变化政策的目标在于引导企业自觉地履行社会责任。

(1)企业是英国气候政策的作用对象

英国气候变化政策中的经济工具,不仅各具特色,而且不同政策工具是一

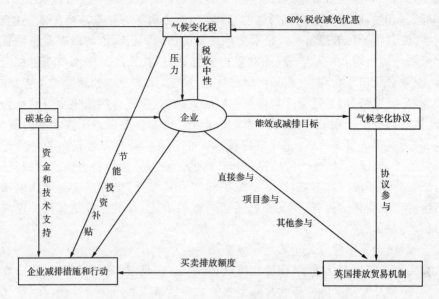

图 7.1　英国不同气候变化政策工具的协同关系

个相互联系的有机整体(如图 7.1 所示)。

从政府角度看,政府引入的所有政策根据都直接作用于企业,但作用方式有所不同。一方面政府引入气候变化税向企业施加压力,但另一方面也体谅企业的不同特点和能源密集型企业的实际困难,制定了特定技术或特定部门的税收豁免或减免政策,为企业留有出路。在政策引导和利益驱动下,企业,尤其是能源密集型企业,出于外部压力和自身需求的综合考虑,产生提高能源效率和减排的内在动力。但是企业的减排动力可能受到经营状况的影响,很不稳定,引入气候变化协议的目的在于通过政府与企业间的谈判,将双方权利和义务契约化,使企业减排动力得到进一步强化。为了降低履约成本,企业可以各种方式参与排放贸易机制,也可以争取节能投资补贴,总之是根据自身情况灵活选择履约的方式。企业必然会对节能和减排技术、产品、服务及排放贸易市场等形成强烈需求,此时,政府通过多种渠道为企业提供机会和各种制度保障必然受到企业的欢迎。碳基金为企业提供碳管理服务,辨识减排潜力,给予融资支持,企业也愿意接受碳基金的免费服务。而政府之所以有稳定的资金为企业提供各方面的支持和帮助,正是来源于企业交纳的气候变化税。

从企业角度看,各种政策工具给企业一个强烈的信号,气候变化不仅是国际社会和主权国家面临的政治问题、经济问题和环境问题,也是企业面临的一个重要的经营战略问题,必须把气候变化作为生意的一部分来做。气候变化问题对企业的影响是多方面的,既有压力和风险,也蕴涵着巨大的商机(陈迎

2006)。首先,面对不断上涨的能源价格,企业必须努力降低不断上涨的能源、交通、废弃物处理和原材料价格对生产成本的影响;其次,面对政府实施的日益严格的环境法规和减排政策,如欧盟排放贸易机制、气候变化税和新建筑标准等,企业必须遵守,否则会面临严厉的处罚;第三,随着企业的利益相关者(如股东、雇员和消费者)和社会公众环境意识的提高,企业还必须承担相应的社会责任,树立和维护企业形象;最后,气候变化政策也为企业带来了许多新的商机,例如,通过排放贸易市场,完成减排目标的企业可以通过出售剩余的排放配额获得收入,通过认证,生产节能设备和产品的企业可以使用特殊标志,有利于占有更大的市场份额。总之,企业要维护和增强其综合竞争力,就必须认识和积极应对气候变化的挑战,开发和利用新的市场机遇,赢得企业发展和实现减排目标的双赢。

(2)纽卡斯尔啤酒公司的气候战略[①]

无论是气候变化税、气候变化协议、碳基金,还是参与英国和欧盟的排放贸易机制,都是促进企业减排和提高能效的主要经济工具。企业是全球温室气体可持续发展的重要实践者,英国的一些著名企业已把控制温室气体排放作为企业的社会责任,纳入发展战略之中,显示出英国气候政策的效果。

总部位于苏格兰的纽卡斯尔啤酒公司(Scottish & Newcastle pcl,S&N)是全球最大的六家啤酒企业之一,分享欧洲十大啤酒品牌中的三个品牌。年啤酒生产能力超过 87 亿品脱,年营业额 49 亿英镑,是英国金融时报指数(FTSE100)入选企业。公司在亚洲和欧洲 15 个国家设有分支机构,产品远销全球 60 多个国家和地区。

纽卡斯尔啤酒公司并不是高能源强度企业,但它仍把气候变化作为战略性问题看待,因为气候变化会给公司带来以下潜在影响:①气候变化可能改变农业生长模式,进而会改变公司的原材料供给;②气候变化会改变消费者行为,如当气温高于 33 ℃时,消费者就更倾向于以水来代替啤酒;③气候变化还会影响供水,而啤酒生产需要大量的水,平均制造 1 L 的啤酒需要 5 L 水,工艺水平较高的纽卡斯尔啤酒公司也需要 4.5 L 水;④气候变化可能引起能源价格上涨,事实上石油和天然气价格已经上涨了很多,能源价格上涨导致生产成本上升;⑤国际气候制度不断演变,英国气候变化政策更为严格,企业必须准备应对新的气候政策风险;⑥气候变化也会给生产工艺带来一些影响。

纽卡斯尔啤酒公司是参与 2003 年碳管理试点项目的 50 个企业之一。它们积极从事碳管理(Carbon Management)项目的现实原因是:①尽管单位产品

---

①资料来自于公司的网站(http://www.scottish-newcastle.com/snplc/rsp/environment/energy-us)和作者的实地调研。

能效很高,但由于产量在增长,因此对能源的需求进而对碳的需求不断增加,碳已经对公司生产构成现实约束条件;②企业一直在研究英国的气候政策,对英国的政策非常了解,如欧盟的《京都议定书》承诺目标是减排8%,欧盟内部"减排量分担协议"给英国的目标是减排12.5%,英国在《能源白皮书》中制定的目标是减排20%,于2001年开始征收气候税,欧盟的排放贸易机制已经启动,有相应的硬约束及处罚规定等;③碳基金提供的是免费服务,而且程序非常简单,不需要企业配套投资。

纽卡斯尔啤酒公司认为,参加碳管理也给公司带来如下好处:①树立了良好商业声誉和企业形象,有利于吸引投资商和股民;②碳管理实施的能源评估能够降低成本,提高利润;③减少能源成本风险损失;④对未来法律和更高的减排目标尽早采取应对措施;⑤减缓气候变化的直接影响;⑥培养和完善能源管理队伍。

碳基金的管理服务,为纽卡斯尔啤酒公司评估出大约5.7万t CO_2的减排潜力,相当于年排放量的16%。企业高层和财务主管已经意识到,应对气候变化是企业的战略问题,应该将其纳入到企业的管理和决策中。不过企业也承认,碳管理对企业并非最主要的考虑因素,还有其他因素(如能源价格等)是影响企业行为的动力源。目前,碳价格还不至于影响投资等决策,也不会因为碳减排把生产转移到国外,因为运输成本、生产成本、消费者等是影响企业选择生产点的重要因素。

纽卡斯尔啤酒公司是跨国公司,不同地区的气候条件不同,对企业的生产工艺、成本、能源要求等造成不同的影响,所以公司专门成立能源小组,分析不同地区的气候变化对企业的影响。纽卡斯尔啤酒公司与碳基金密切合作,采取了很多积极的措施,取得了可喜的效果。自2005年以来,公司虽然产量增加了4%,但能源消费量却下降了4%,每100 L啤酒的能源消费从37.6 kW·h降到35.9 kW·h,下降了4.4%。从2005年起,碳排放下降了5.1%(1.7万t碳)。公司的能效水平处于世界前10%企业的水平。在过去四年中,公司的沼气生产增加了70%,利用酒糟产生的沼气发电相当于提供了1.15亿kW·h的电力。2005年公司所消费的热能中有3%来自酒糟处理产生的沼气。

(3)英国气候变化政策的效果

纽卡斯尔啤酒公司只是英国气候政策效果的一个实证。为了应对全球气候变化的挑战,英国已经采取了许多创新性的政策措施,如气候变化税、气候变化协议、可再生能源义务和能源效率承诺等。这些政策的实施,对英国的温室气体排放产生了重要影响。英国是为数不多的几个能够满足《京都议定书》目标要求的国家之一。英国对欧盟的承诺是在2008—2012年使排放水平在1990

年的基础上减少12.5%。而英国国内政策所取得的效果超出了这个承诺,预计到2010年温室气体排放将比1990年水平减少20%。公平地讲,英国国内政策实践所积累的经验为国际行动提供了借鉴。如欧盟温室气体排放贸易机制吸取了英国排放贸易制度中很多有益的元素。然而,尽管英国经济增长取得了显著进步,超过了预期水平,但最近全球能源价格的增长改变了煤炭和天然气的相对价格,导致了近年二氧化碳排放增加。因此,从2000年的《气候变化计划》以来,英国实现国内目标更具挑战性。为此,2006年3月,英国对现行气候变化政策的影响和新政策选择的潜在贡献进行了评估,并制定了新的《气候变化计划》,确保英国实现2003年《能源白皮书》所承诺的到2050年减排60%二氧化碳的目标,并在2020年取得实质性进展。新计划中现有的和新的政策措施预计将使英国在1990年水平上减少15%~18%的二氧化碳排放,新措施到2010年减少120万t碳排放。预计到2010年,英国的温室气体总排放量将比1990年水平减少23%~25%,大约为《京都议定书》目标的2倍(DEFRA 2006b)。

英国环境-食品-乡村事务部(DEFRA)发布的资料显示,2005年英国的温室气体排放量(包括欧盟温室气体排放贸易机制的作用)是629.2 Mt二氧化碳当量,比1990年水平减少18.8%。预计到2010年,英国温室气体排放量为592.2 Mt二氧化碳当量,比1990年水平减少23.6%,是英国承诺《京都议定书》目标的2倍(见表7.1)。英国政府认为,欧盟温室气体排放贸易机制(EUETS)实施第一年的效果是非常显著的。排放贸易是经济生活中最重要和有效的碳定价机制,它可以确保工业充分考虑二氧化碳排放成本,并为企业减排提供经济激励。排放贸易日益成为国际社会应对气候变化挑战的主要工具,已经成为英国气候变化政策的一个重要部分(DEFRA 2007)。

表 7.1　英国温室气体排放统计数据(DEFRA 2007)

	排放量/Mt		2005年相比1990年的变化率/%	预计2010年排放量/Mt	2010年相比1990年的变化率/%
	1990	2005			
二氧化碳[1]	592.1	554.2	-6.4	525.8	-11.2
二氧化碳[2]	592.1	527.2	-11.0	496.5	-16.2
所有温室气体(CO$_2$当量)[1]	775.2	656.2	-15.3	621.5	-19.8
所有温室气体(CO$_2$当量)[2]	775.2	629.2	-18.8	592.2	-23.6

注:[1]不包括排放贸易机制;[2]包括排放贸易机制。

7.3　英国低碳经济政策对中国的借鉴意义

英国是全球气候变化行动的先行者,他们为履行《京都议定书》目标和实现低碳经济所进行的制度创新和政策创新，对其他国家，尤其是发展中国家的能源环境政策设计有很好的借鉴意义。英国气候变化税（CCL）的中性原则、气候变化协议（CCA）的目标选择方式、排放贸易制度（UK-ETS）的多种参与方式、碳基金（CT）独特的管理模式等都有独到之处。不过，特别需要指出的是，英国的各种气候变化政策工具是一个有机的整体，相互协同，因而也能够产生最佳效果。

中国是全球二氧化硫排放第一大国、能源消费第二大国和温室气体排放第二大国。以煤炭为主的能源结构（2005 年煤炭占能源消费的比重为 70%，火力发电在整个发电量中占 81.5%）使中国的能源环境问题十分突出，温室气体排放也面临越来越大的国际压力。国家"十一五"规划明确提出，2010 年主要污染物排放要在 2005 年的基础上减少 10%，单位 GDP 能耗降低 20%，同时控制温室气体排放。由于第 5 章已经谈到实现 20%能源强度目标的问题，因此这里主要分析我国二氧化硫排放控制存在的问题和努力方向（政策建议）。

2000 年我国二氧化硫排放总量达 1 995 万 t，首次超过美国，成为世界二氧化硫第一排放大国。在"十五"期间，惟独没有完成的统计指标就是环境指标。2005 年全国二氧化硫排放总量为 2 549 万 t，比总量控制目标超出 749 万 t，比 2000 年增加了 27%，这给环保部门带来了巨大压力。由二氧化硫带来的酸雨问题也十分突出。酸雨影响面积占国土陆地面积的三分之一，粗略估计酸雨造成污染的损失超过 1 100 亿元人民币。因此，中国政府一直努力谋求控制二氧化硫排放的良方。

从以往的实践来看，中国的二氧化硫污染控制办法主要是强制性地为企业设置排放上限，但并没有给企业提供经济激励，企业在被动地执行，为减小排放而增加的成本难以消化，因此企业在有形无形中抵制这种行政命令式的控制办法。为了取得二氧化硫排放控制效果，国家采取了多项措施：①确定了总量分配办法。国家环保总局在总结"九五"和"十五"期间二氧化硫排放总量控制的经验教训的基础上，确定了"十一五"的总量分配方法，尤其是确定了电力行业采取统一的绩效分配方法。②修改了排污收费制度。于 2003 年 7 月 1 日生效的《排污费征收使用管理条例》及收费标准对二氧化硫排污收费做了几个改变：一是由超标收费变为总量收费；二是由"两控区"试点收费变为全国范围收费；三是由每千克 0.2 元变为第一年（2003 年 7 月 1 日起）0.211 元，第二年（2004 年 7 月 1 日起）0.422 元，第三年（2005 年 7 月 1 日起）0.633 元。③强制安装脱硫并给予鼓励。《全国酸雨和二氧化硫污染防治"十一五"规划》规定，新建燃煤、重油火电机组应同步建设脱硫设施，现有电厂装设烟气脱硫设施的，其上网电价每千瓦时可以给予 1.5 分的电价鼓励。④国家环保总局与财政部等联合制定了《关于二氧化硫排放权有偿获得和排污权交易的管理规定》,提出要推进二氧化硫的排污权交易试点,鼓励跨行政区域、跨行业进行二氧化硫排污交易(张安华 2006)。

从 2006 年 5 月份开始,在国务院授权下,国家环保总局与全国 31 个省(市、自治区)和华能等六大电力集团公司签定了二氧化硫总量控制目标责任书,并对电力行业实行"计划单列式"管理。"十一五"期间国家对二氧化硫实行排放总量控制计划管理,计划到 2010 年,全国二氧化硫排放总量比 2005 年减少 10%,由 2 549 万 t 减少到 2 294 万 t,其中电力行业二氧化硫排放总量要控制在 951.7 万 t 以内(见表 7.2)。电力行业要实现二氧化硫排放总量控制目标,必须通过燃煤电厂脱硫工程减排总量,通过"以新带老"消化总量,通过达标排放控制总量,通过关停不符合产业政策的小火电腾出总量。从 2006 年的情况看,我国的二氧化硫排放控制指标没有完成,排放量仍然增长 1.8%。虽然政策的时滞效应可能存在,但如何做到各种政策工具之间的相互协调,发挥出最大的政策效应,还需要对各种工具进行检讨,以求改进。

表 7.2　"十一五"期间全国二氧化硫排放总量控制计划表(国务院 2006)

省份	2005 年排放量/万 t	预计 2010 年排放量/万 t		2010 年相对2005 年的变化率/%
		控制量	其中:电力	
北京	19.1	15.2	5.0	−20.4
天津	26.5	24.0	13.1	−9.4
河北	149.6	127.1	48.1	−15.0
山西	151.6	130.4	59.3	−14.0
内蒙古	145.6	140.0	68.7	−3.8
辽宁	119.7	105.5	37.2	−12.0
其中:大连	11.89	10.11	3.54	−15.0
吉林	38.2	36.4	18.2	−4.7
黑龙江	50.8	49.8	33.3	−2.0
上海	51.3	38.0	13.4	−25.9
江苏	137.3	112.6	55.0	−18.0
浙江	86.0	73.1	41.9	−15.0
其中:宁波	21.33	11.12	7.78	−47.9
安徽	57.1	54.8	35.7	−4.0
福建	46.1	42.4	17.3	−8.0
其中:厦门	6.77	4.93	2.17	−27.2
江西	61.3	57.0	19.9	−7.0
山东	200.3	160.2	75.7	−20.0
其中:青岛	15.54	11.45	4.86	−26.3
河南	162.5	139.7	73.8	−14.0
湖北	71.7	66.1	31.0	−7.8

（续表）

省份	2005年排放量/万t	预计2010年排放量/万t		2010年比2005年的变化率/%
		控制量	其中:电力	
湖南	91.9	83.6	19.6	−9.0
广东	129.4	110.0	55.4	−15.0
其中:深圳	4.35	3.48	2.78	−20.0
广西	102.3	92.2	21.0	−9.9
海南	2.2	2.2	1.6	0
重庆	83.7	73.7	17.6	−11.9
四川	129.9	114.4	39.5	−11.9
贵州	135.8	115.4	35.8	−15.0
云南	52.2	50.1	25.3	−4.0
西藏	0.2	0.2	0.1	0
陕西	92.2	81.1	31.2	−12.0
甘肃	56.3	56.3	19.0	0
青海	12.4	12.4	6.2	0
宁夏	34.3	31.1	16.2	−9.3
新疆	51.9	51.9	16.6	0
其中:新疆生产建设兵团	1.66	1.66	0.66	0
合计	2 549.4	2 246.7	951.7	−11.9

注:(1)全国二氧化硫排放量削减10%的总量控制目标为2 294.4万t,实际分配给各省2 246.7万t,国家预留47.7万t,用于二氧化硫排污权有偿分配和排污权交易试点工作。

(2)新疆生产建设兵团二氧化硫排放量不包括兵团所属各地生活来源及农八师(石河子市)的二氧化硫排放量。

污染物排放许可额度的市场有偿交易(即排放贸易),是实现污染物总量控制的一种有效方法。1990—1994年,国家环境保护总局在全国16个重点城市进行"大气污染物排放许可证制度"的试点,在六个重点城市进行了大气排污权交易试点;1996年在全国所有城市推行排污许可证制度。国家环境保护总局2002年5月发布的《关于二氧化硫排放总量控制及排污权交易政策实施示范工作安排的通知》和9月19日经国务院批准实施的《两控区酸雨和二氧化硫污染防治"十五"规划》明确提出,要在我国试行二氧化硫排污交易制度。从2002年5月开始,我国在山东、山西、江苏、河南、上海、天津、柳州和华能集团公司等四省三市一公司范围内开展电力工业二氧化硫排污权交易示范工作。据测算,我国在实现同等环境效果的前提下,采用排污权交易方式,可使投资及烟气脱硫的运行费用下降一半,可节省静态投资400亿～500亿元,年运行费用可节约150亿～200亿元(王志轩 2006)。然而,在中国二氧化硫排污权交易试点中,存在的一个主要问题是有场无市,几乎没有交易发生,仅有的几笔交易也是政府部门的"拉郎配",交易价格过低,不能反映真实的减排成本。电力行业内部进行的有关二氧化硫排污权交易工作基本没有正式开展,目前实施的电力行业二氧化硫排放总量控制工作,主要是采取关停小火电机组、建设脱硫设施、换烧低硫煤等三种方式,三种减排方式约分别占削减规划的14%,68%和18%(吴向阳2007)。

不可否认的客观原因是,中国经济正处在快速发展中,这使得二氧化硫排污权变得异常稀缺,成为竞相追求的对象。目前许多火电厂争相上马,许多电力企业在积极地寻求二氧化硫排污权;而有些电力企业手里握着二氧化硫的排污权不肯出售,一是想为自己留下发展余地,二是不想将其卖给"处于竞争关系的火电厂"。于是,二氧化硫排污权的需求虽然很旺,但是供给非常不足,从而影响了排污权交易市场的正常建立。还有一个原因是参与企业太少,范围太小,市场的过度同质,使企业的减排成本接近,排污权交易的成本效率得不到体现。因此,为了激活中国二氧化硫排污权交易市场,中国应尽快建立一个全国或者几个相邻省(如华东地区、中南地区)的二氧化硫排污权交易市场,并向其他化学、化工、冶炼企业开放,做成大规模的市场,让治理污染的行动自动发生在边际治理成本最低的污染源上,从而确保以最低的成本实现总量控制目标,达到环境资源的优化配置①。2005年12月,国务院颁布了《关于落实科学发展观加强环境保护的决定》,其中第二十四条提出"有条件的地区和单位可实行二氧化硫等排污权交易",首次将二氧化硫排污权交易写入国务院的正式文件。国家环保总局正在与财政部等部门推进电力工业二氧化硫排放权交易和排污权有偿取得机制。今后火电厂可以将富余的二氧化硫排放指标卖给其他企业,而且可以打破以前局限于地区之内的试点,鼓励电力企业跨行政区域、跨电力集团进行二氧化硫排污交易。新建和改扩建电厂如果想获得二氧化硫排放指标,要么淘汰小电厂后获得排放空间,要么从其他拥有富余排放指标的电力企业购买。过去纯粹以行政手段逼迫电力企业减排的时代已经过去,电力工业二氧化硫排污权交易成为一项重要的环境经济政策。

从推进二氧化硫排污权交易的角度看,必须要清理、整顿现行二氧化硫控制的相关法规政策,减少法规政策间的不协调、交叉和矛盾。首先,我国目前对火电厂二氧化硫的控制要求中,有排放标准要求、总量控制要求、环境影响评价的行政审批要求等,不仅在排放标准中规定了严格的排放质量浓度、排放速率,还通过行政命令规定了以年排放量为指标的总量控制要求,并提出排放超标的燃煤电厂应在2010年底之前安装脱硫设施,对投产20年以上或装机容量100

---

①珠三角地区火力发电厂的排污权交易已进入议事日程。粤港合作联席会议第九次会议于2006年8月初召开,明确香港和广东的火力发电厂、电力集团可在自愿参与的原则下,自由开展排污权交易。《珠三角火力发电厂排污交易试验计划》实施方案已获通过。

MW 以下的电厂,限期改造或关停等;对于新建的火电厂,在环境评价审批中,基本上都要求建设高效脱硫装置。然而,所有机组都安装脱硫设施,实际上是给排污权交易判了"死刑"。如果所有机组或电厂都依靠上脱硫设施实现总量控制目标,还与谁进行排污权交易? 因此,控制二氧化硫排放法规政策的制定,要坚持促进清洁生产和采取综合控制二氧化硫排放措施,坚持经济治污,不片面追求脱硫高效率和高的烟气脱硫比率。其次,现行的电价政策是按照是否上脱硫装置增加上网电价[0.015 元/(kW・h)],这客观上引导了低硫煤脱硫,而高硫煤不愿意脱硫,与排污权交易引导高硫煤脱硫正好相反,限制了排污交易的实施。所以,需从宏观层面上大力推进电力行业二氧化硫排污权交易,研究并出台引导低成本控制二氧化硫排放电价政策。在实践中,一些电厂(企业)虽然安装了脱硫设施,但不正常运转[1]。一方面骗取国家电价补贴,另一方面节约脱硫成本。这说明目前的烟气在线监测系统(CEMS)还有待完善,还不能真正成为环境监督管理的重要手段和依据[2]。第三,我国的排污收费制度实际上也影响着排污权交易的实施。因为我国的排污交易制度实际上并不是一种经济手段,而是变相的行政手段。不论是否达标都收取同样单价的二氧化硫排放费,这与排污权交易的机制是不同的。对超标排污必须收取高额的排污费,否则企业没有参与排污权交易的动力。超标排污收费的标准应该超过脱硫设施的运转成本。而排污权交易的市场价格,应以排污费收取标准(每吨 630 元)和脱硫成本(约 2 300 元)为上下限。最后,为了激活排污权市场交易,在分配总量控制指标(配额)时,政府可以借鉴欧盟温室气体排放贸易机制的做法,留一定的排放配额,以拍卖或其他形式分配给新建企业,也可以用于调节市场价格。

----

①据统计,2006 年上半年全国新增投产的火电机组容量超过 3 200 万 kW,同步建设并运行脱硫设施的只有一半;2005 年投产的燃煤机组 5 500 万 kW,安装脱硫设施的只有 40%;目前全国火电厂安装脱硫设施的只占 30%,而已投产的脱硫设施并没有全部开动。专家建议,我国大型火电机组必须安装脱硫设施,而且保证全部使用。强制性地使所有发电机组都执行国家规定安装脱硫设施并且全年运转,一年至少可以减少二氧化硫排放量 600 万 t。

②《全国酸雨和二氧化硫污染防治"十一五"规划》已经提出,对火电厂二氧化硫排放进行全过程监管,各火电厂必须安装和完善烟气在线监测系统,并在 2010 年前全部安装完毕。

第八章

全球碳市场：对低碳经济的作用与改进方向

        利用市场机制减少温室气体排放是《京都议定书》的一个有益创举。全球碳市场支持符合成本效益的减排，在一定程度上促进了向发展中国家的融资和技术转让。世界银行和亚洲开发银行等国际组织都对用建立碳市场的方法促进低碳经济发展寄予厚望。目前国际碳市场如火如荼。

利用市场机制减少温室气体排放是《京都议定书》的一个有益创举。全球碳市场支持符合成本效益的减排,在一定程度上促进了向发展中国家的融资和技术转让。世界银行和亚洲开发银行等国际组织都对用建立碳市场的方法促进低碳经济发展寄予厚望。然而,目前的国际规则和市场结构激励着非二氧化碳减排项目的开发,能效项目非常有限。中国在全球碳市场中扮演着重要的角色,其追求可持续发展权益的政策措施,得到了世界银行的肯定和支持。未来全球碳市场的发展,应该弥补和改进现有政策和规则的不足,加强各市场之间的链接,以体现市场效率,为发展中国家投资低碳能源技术给予足够的激励。

8.1　全球碳市场的形成及其构成

全球碳市场之所以会形成,是因为市场参与者在国际、国家和地区层面都面临着(现时的或预期的)碳排放的管理压力。在碳排放日益受到管制的条件下,每个国家的碳排放权就成为一种稀缺的资源,从而满足人们基本需求之外的碳排放权就有了商品的属性。由于在世界上任何地方排放的二氧化碳都具有相同的增温效果,所以温室气体的排放地和减排地就有了可替代性。这就为碳排放权作为一种商品在市场流通,为全球碳市场的建立创造了条件。1997 在日本京都达成的《京都议定书》要求《联合国气候变化框架公约》的附件 1 国家(工业化国家和经济转型国家)在 2008—2012 年第一承诺期,将温室气体排放量在 1990 年水平上平均降低 5.2%。除了国内政策措施之外,《京都议定书》允许附件 1 国家可以通过从其他附件 1 国家购买分配数量单位(AAUs),或者与附件 1 国家共同实施联合履行(JI)项目,或者在非附件 1 国家实施清洁发展机制(CDM)项目获得经核证的减排量(ERUs/CERs)来实现京都目标。由于减排温室气体是有成本的,各国政府实施《京都议定书》的减排目标使含碳的温室气体产生了价值,于是在气候变化领域正逐渐形成以温室气体为商品的市场。由于温室气体以二氧化碳为主,所以国际上将其称为碳市场。

碳交易可以定义为交易一方凭借购买合同向另一方购买一定数量的温室气体减排量,以实现它的减排目标。碳交易可以分为两种类型。一种是以项目为基础的减排量交易(projected-based market)。《京都议定书》中的联合履行和清洁发展机制就是最主要的以项目为基础的交易形式。联合履行项目在附件 1 国家之间进行,清洁发展机制则在附件 1 国家与非附件 1 国家(发展中国家)之间展开。一些以项目为基础的交易是为了实现自愿承诺目标,但多数是用于履行《京都议定书》承诺或其他管理制度。另一种是以配额为基础的交易(allowance-based market)。与基于项目机制的减排信用不同,在交易中购买者所购买的排放配额,是在限额与贸易机制(Cap & Trade System)下由管理者确定和分配(或拍卖)的。例如,《京都议定书》下发达国家相互转让的部分"允许排放量"(Assigned Amount Unit, AAU)①或在欧盟温室气体排放贸易机制(EUETS)下各成员国所拥有的欧盟配额(EUAs)的交易就属于此种类型。部分国家(如英国)已经建立了国内的排放贸易机制,为在更大范围内进行碳排放权交易积累了经验。2005 年 1 月开始的欧盟温室气体排放贸易机制是世界上最大的碳排放权交易市场。

8.1.1 欧盟温室气体排放贸易机制

《京都议定书》为欧盟规定的温室气体减排目标是到 2008—2012 年将温室气体排放量在 1990 年水平上减少 8%。1998 年,欧盟各成员国达成了"减排量分担协议",规定部分成员国(德国、英国和丹麦)必须大幅度减排;法国等国可将排放量维持在 1990 年水平;西班牙、葡萄牙、希腊等国可以在 1990 年的基础上适当增加排放量。为了以最小成本实现欧盟的京都承诺,从 2005 年 1 月 1 日开始,欧盟在其 25 个成员国范围内,对大规模点源都设定了二氧化碳排放上限,并允许它们在欧盟范围内进行配额交易。同时,欧盟排放贸易连接指令允许欧盟温室气体排放贸易机制下的经营实体利用从联合履行或清洁发展机制项目得到的核正减排量(ERUs/CERs)实现它们在欧盟温室气体排放贸易机制下的目标。

欧盟温室气体排放贸易机制(EUETS)已于 2005 年 1 月 1 日正式启动,它覆盖了欧盟 25 个成员国(包括 2004 年已经加入的 10 个新成员国)近 1.2 万个工业排放实体,占欧盟 2010 年二氧化碳排放总量的 45% 以上。欧盟建立内部温室气体排放贸易机制有着双重效益:一方面可以通过市场安排控制实现《京都议定书》目标所需的成本;另一方面可以在 2008 年实施全球碳贸易计划之前,为欧盟积累国际排放贸易的前期经验。欧盟确信,排放贸易是一个降低成本的有效方法,它可以使欧盟实现京都目标的成本减少 35%,相当于到 2012 年每年增加了 13 亿欧元的收益。分析家估计,贸易市场的总规模每年可达 50亿~100 亿欧元。由于这一机制考虑到了与其他《京都议定书》缔约方的连接与协调,因而被认为是可能的全球温室气体排放贸易机制的核心(Dornau 2004)。

欧盟温室气体排放贸易机制作为一项制度在实施中有许多问题需要解决,为此,欧盟 2003 年第 87 号法令(Directive2003/87EC)对相关问题做了具体规定。欧盟委员会根据《京都议定书》为欧盟各成员国规定的减排目标和欧盟内

①《京都议定书》为所有附件 1 国家都分配了具体的、具有法律约束力的减排目标,一些国家可以把部分"允许排放量"(AAU)出售,这些国家主要指前苏联和东欧国家。

部减排量分担协议,确定各个成员国的二氧化碳排放量,再由各成员国根据国家分配计划(National Allocation Plan,NAP)分配给国内的企业。如果这些企业通过技术改造,达到大幅度减少二氧化碳排放的效果,可以将用不完的排放权卖给其他企业,这就是二氧化碳排放交易机制。这种机制对买卖双方都有激励作用,比以往那种单纯交罚金的方式更能鼓励企业自觉从事清洁生产。

欧盟排放贸易机制分两个阶段进行。2005—2007 年为第一承诺期,该承诺期对各成员国以及被法令包括在内的部门或排放实体来说是一个"干中学"的时期。从 2008 年开始的第二承诺期,正好与《京都议定书》的第一承诺期同步。在第一阶段(2005—2007 年),欧盟温室气体排放贸易机制将只用于二氧化碳排放,而且只涉及少数对排放有重大影响的经济部门。法令要求每个成员国对超过一定生产能力和产出量的排放实体的二氧化碳排放设定上限。这些部门包括:①能源活动部门;②有色金属的生产和加工部门;③建材业(如水泥、玻璃、陶瓷生产部门);④纸浆、造纸、纸板生产等部门。从 2008 年起的第二阶段(2008—2012 年),成员国可以单方面将排放贸易机制扩大到其他的部门和温室气体种类,但要由欧盟委员会批准。排放贸易法令特别提到,为了提高该贸易机制的经济效益,化学、铝和交通部门可能被包括在内。

为了给设施运营者提供一些灵活性,法令允许在一个承诺期的每年之间进行配额的存储和借贷。存储,举例来说,在 2005 年不用来履行 2005 年义务的配额,可以用在下一年,至少在 2005—2007 年的第一个承诺期可以使用。第一承诺期的存储配额是否可以用在 2008—2012 年的第二承诺期将由各成员国决定。借贷意味着,2006 年的配额可以直接用做前一年(如 2005 年)的履行义务。这样做之所以可能,是因为当年度的配额最迟要在 2 月 28 日发放,而前一年的遵约期限是 4 月 30 日。当然灵活性也可以通过在配额市场(排放贸易)上买卖配额来实现。如果某个设施的排放超过了它的限额将受到惩罚。2005—2007 年罚金是每吨二氧化碳 40 欧元,2008—2012 年是每吨二氧化碳 100 欧元。有一点要注意,除了缴纳罚金,该设施必须在随后的年度上缴一定数量的配额来补偿。这就说明,罚金不是购买减少承诺的原因,因此不代表价格上限。

英国是世界上第一个实施温室气体排放贸易制度的国家,并于 2002 年启动。欧盟同意英国的某些设施可以暂时退出 EUETS,但不能退出整个工业部门。欧盟担心整个部门的退出将限制市场的流动性,引起内部市场的扭曲。欧盟同意英国某些部门可以暂时退出,目的是为了使它的排放贸易制度(UK-ETS)和气候变化协议能得以继续。同时,为了协调 UK-ETS 与 EUETS 之间的关系,UK-ETS 于 2006 年底结束。

为了落实《京都议定书》中的清洁发展机制和联合履行机制,欧盟 2004 年第 101 号指令(Directive2004/101/EC)对欧盟 2003 年第 87 号指令(Directive/2003/87/EC)做了一些修订,加强了 EUETS 与《京都议定书》的协调。根据这个新的连接指令,EUETS 下的运营者可以利用从《京都议定书》项目机制(清洁发展机制和联合履行机制)下获得的 CERs 履行在 EUETS 下的义务。它意味着从环境和经济的角度承认清洁发展机制和联合履行机制的 CERs 可以作为配额。这就给市场参与者更多的灵活性和确定性,增加了欧盟排放贸易市场的流动性,并降低了配额价格和遵约成本。据估算,欧盟 25 国在 2008—2012 年间利用清洁发展机制和联合履行可以节省执行成本 20%。不过需要注意的是,从《京都议定书》项目机制(清洁发展机制和联合履行机制)中产生的 CERs 可以存储,不可以借贷。也就是说,在 2008 年前产生的 CERs 可以用于 EUETS 的第一阶段和第二阶段配额,但不能把 2008 年以后产生的 CERs 作为 EUETS 的第一阶段配额使用。

8.1.2 清洁发展机制(CDM)和联合履行(JI)

清洁发展机制具有双重目标:一是帮助发展中国家实现可持续发展,并对实现《联合国气候变化框架公约》的最终目标做出贡献;二是帮助发达国家实现其在《京都议定书》下的定量的温室气体减排义务。从其设立开始,国际社会就对清洁发展机制寄予了很高的期望,期望其可以促进先进技术向发展中国家的转移,促进企业对低碳技术的大规模投资,服务于国内的减贫目标,从而促进发展中国家走上低碳发展道路。2005 年 2 月 16 日,《京都议定书》正式生效,为清洁发展机制项目的大规模和快速开发奠定了法律基础,清洁发展机制国际市场迎来了一个高速发展时期。

截止到 2007 年 8 月 6 日,在清洁发展机制执行理事会(Executive Board,EB)注册的清洁发展机制项目已达 757 个,年总减排量约为 1.58 亿 t 二氧化碳当量,预计到 2012 年的总减排量约为 10 亿 t 二氧化碳当量;71 个项目正在申请注册,年总减排量约为 1 200 万 t 二氧化碳当量,预计到 2012 年的总减排量约为 6 000 万 t 二氧化碳当量;处于清洁发展机制项目渠道(包括已经注册、正在申请注册和其他开发阶段)的项目总数超过 2 100 个,预计到 2012 年的总减排量约为 22 亿 t 二氧化碳当量[1]。

虽然表面上,国际清洁发展机制市场一片繁荣景象,但实际上其持续和健康发展面临一系列严峻挑战,表现在项目的类型分布、区域分布、规模、项目的直接可持续发展效益、对技术转让的促进作用、项目的真实减排效益,以及项目

---

[1]相关数字来自《联合国气候变化框架公约》秘书处网站(http://cdm. unfccc. int/statistics/index.html)。

对低碳技术的投资促进作用等多个方面。

从数量上看,在已注册的项目中,能源类项目占了 52.54%,废弃物处理占 20.83%,农业占 7.83%,氢氟碳化物(HFCs)、六氟化硫(SF_6)和其他化工类项目仅占 1.32% 左右。但从减排量的角度看,情形则完全不同。氢氟碳化物、六氟化硫和其他化工类项目的年减排量占所有注册项目的 70% 左右,而能源类和废弃物处理类只占 30% 左右。

能源类以及废弃物处理类项目具有明显的可持续发展效益,如改善区域环境等,而且像风电和太阳能等能源项目可能给东道国带来真正的技术转让,或促进先进技术在东道国的应用;氢氟碳化物、六氟化硫和其他化工类项目则不同,主要活动是收集化工业的废气,然后进行分解,而这些废气一般不是区域污染物,因此此类项目对东道国的直接可持续发展的贡献相对有限,同时所用技术也不具有很高的技术含量和推广价值。

从促进技术转让的角度看,大约只有三分之一的项目声称促进了先进技术向发展中国家的转让,而所谓的技术转让的主要形式是购买国外设备、促进知识扩散等(Haites 等 2006)。但购买国外设备更应该看做是一种正常的商业行为,而不是真正意义上的技术转让。

从项目规模上看,在已经注册的 757 个项目中,小规模项目为 355 个,占 47%。但从减排量的角度看,小项目减排的比例不到 7%,几乎是微不足道的。但是,大部分的小项目具有很好的可持续发展效益和扶贫效益。

从区域分布上来说,已经注册的清洁发展机制项目中,59.58% 的项目分布在亚太地区,36.86% 的项目分布在拉丁美洲和加勒比海地区,只有不到 3% 的项目分布在非洲(2.77%)和其他地区。可以看出,清洁发展机制项目在不同区域之间的分布是不均衡的,经济发展水平较高和经济发展较快的国家所占比例较高,而贫穷国家所占的比例有限。

目前清洁发展机制国际市场的现状是市场力量趋利避害的直接表现。对于投资者来说,一个自然的选择是积极寻找那些减排潜力大、减排成本低、不确定性小、技术简单而且建设周期短的项目。化工类项目符合几乎所有的条件,从而成为清洁发展机制国际市场的宠儿,而可持续发展效益突出的能源类、废弃物处理类项目,则不是投资者的首选。对于业主来说,进行清洁发展机制项目开发类似于风险投资,尤其是开发那些单个项目减排潜力有限、投资大、技术复杂,而且建设周期长的能源类和废弃物处理类项目风险最大。因此,开发清洁发展机制项目的积极性受到了一定的遏制。此外,国际市场 CERs 的价格偏低,除了减排氢氟碳化物、氧化亚氮、甲烷等非二氧化碳温室气体的项目外,CERs 收益对提高项目的经济性的贡献非常有限。这也导致了清洁发展机制因素不能成为项目开发者决定是否实施一个项目的关键因素(段茂盛 2006)。

由于《京都议定书》只为发达国家规定了第一承诺期(2008—2012 年)的温室气体减排义务,目前国际碳市场包括清洁发展机制市场的主要动力来自发达国家履行其在第一承诺期义务对减排量的需求。由于国际社会尚未就 2012 年之后的国际气候制度上达成任何协议,2012 年以后国际碳市场的需求具有很大的不确定性。国际清洁发展机制市场越来越面临着失去发展动力的威胁。

根据 2005 年 11 月 28 日至 12 月 10 日在加拿大蒙特利尔召开的《联合国气候变化框架公约》第 11 次缔约方大会(COP11)暨《京都议定书》第一次缔约方大会(MOP1)的规定,只有 2008 年以后联合履行项目产生的减排单位(ERUs)才被承认,可以作为项目减排信用使用。从目前联合履行项目减排交易量来看,大约只占清洁发展机制项目减排交易量的 5%,规模非常有限,价格也很低。预计经济转型国家在第一承诺期将以排放贸易为主,联合履行项目的前景不大。

8.1.3 其他碳排放贸易体系

出于保护全球环境的责任感和对碳市场的信心,有些没有加入《京都议定书》的国家和地区也建立了自愿参与的温室气体排放贸易市场。其中,美国芝加哥气候交易所(CCX)是全球第一个由企业发起的、横跨北美的企业与都市间、自愿参与温室气体排放权交易的组织。开展的减排交易涉及二氧化碳、甲烷、氧化亚氮、氢氟碳化物、全氟化物、六氟化硫等六种温室气体。芝加哥气候交易所成立于 2003 年,其目标分为两个阶段:第一阶段为在 2003—2006 年间将温室气体排放相对于 1998—2001 年水平平均每年削减 1%;第二阶段为在 2007—2010 年间将温室气体排放相对于 1998—2001 年水平削减 6%。两个阶段的减排承诺均具有法律约束力。如果届时不能达标,它们将受到相应惩罚。目前该交易所有会员近 200 个,分别来自航空、汽车、电力、化工、环境、交通、制药、半导体等 25 个行业,其中包括杜邦、福特、摩托罗拉等大企业,另外芝加哥市和墨西哥市也同意作为成员之一参与交易。2006 年 4 月,以节能技术研究和开发著称的中国北京神雾热能技术有限公司也加入了芝加哥气候交易所。2004 年,芝加哥气候交易所在欧洲建立了分支机构——欧洲气候交易所,2005 年与印度商品交易所建立了伙伴关系,此后又在加拿大建立了蒙特利尔气候交易所。芝加哥气候交易所的市场交易货币单位为减量信用(credit for reductions),会员间能自行进行买卖,使企业在符合成本效益下实现减排目的。芝加哥气候交易所的一个特征是排放补偿机制(emission offsets)。各交易会员可以通过参与如垃圾填埋场消除甲烷、森林碳贮存、农业、可再生能源、燃料效率等种类的补偿机制获得信用额度(Sandor 2006)。

澳大利亚新南威尔士州温室气体减排体系(NSW/ACT)是一个地方性的、

强制性的温室气体排放贸易体系,它始于 2003 年 1 月 1 日。NSW/ACT 在新南威尔士州的电力部门建立基准线,要求每个购买或出售电力的参与者达到规定的基准线,否则罚款 8～11 美元。其总体目标是到 2007 年将新南威尔士州的人均 CO_2 排放量降至 7.27 t。

NSW/ACT 是京都体制之外世界上最大的碳交易市场。2005 年交易总量为 610 万 t CO_2,交易额为 4 850 万美元。2006 年前三个季度交易量已达到1 600万 t CO_2,交易额达到 1.84 亿美元。到 2006 年 6 月,该体系下共核证 146个项目,绝大多数为发电和需求侧减排项目,还包括生物质能项目提供的碳汇。由于该体系的成功,新南威尔士州政府决定将实施期扩展到 2012—2020 年。

在京都体制之内还有英国排放交易机制(UK-ETS)、挪威排放贸易制度(N-ETS)和日本排放贸易制度(JVETS)。正在计划中的瑞士排放交易制度、澳大利亚国家排放交易制度(NETS in Australia)、美国地区排放倡议(RGGI)和加州机制(California Scheme)等就不在这里详述。

8.2　全球碳市场的发展与中国的地位

随着《京都议定书》生效和 EUETS 的启动,无论是以项目为基础的减排量交易市场还是以配额为基础的配额交易市场都做出了响应。2005 年和 2006 年前三个季度的交易数据显示,以项目为基础的减排量交易总量和以配额为基础的交易总量都显著增长。碳市场总价值在 2006 年前三季度增长到 215 亿美元,比上一年上涨 1 倍有余(见表 8.1)。全球碳市场主要以欧盟排放贸易体系(EUETS)为主,且成功摆脱了由于 2006 年 5 月核证减排量数据公布而引起的交易价格下滑、市场疲软的局面。同时,基于项目的市场总价值也在 2006 年前9 个月增至 24 亿 1 000 万美元。

2006 年的前 9 个月,欧盟配额(EUAs)在主要交易所以及柜台交易的成交量达到 7.64 亿 t 二氧化碳当量。2005 年全年的该部分交易量仅为 3.24 亿 t 二氧化碳当量。按照 24 美元的加权平均成交价格估算,欧盟配额的市场价值达到 188 亿美元,相比上一年的 82 亿美元的市场值翻了一番。同期,芝加哥气候交易所、澳大利亚新南威尔士温室气体排放交易体系和英国排放交易体系的发展都呈明显上升趋势。发展中国家提供了基于项目的减排额约 2.1 亿 t 二氧化碳当量,其市场总值为 23 亿美元,约占全球碳市场总成交量的 21%(Capoor 等2006)。

根据表 8.1 每年的成交量和成交额,我们可以计算出欧盟排放配额和清洁发展机制项目 CERs 的平均价格。2005 年,欧盟配额的平均价格为每吨二氧化

表 8.1　全球碳市场概览(2005 年及 2006 年前 3 季度成交量和交易额)(Capoor 等 2006)

	2005 年		2006 年前三季度	
	成交量 /Mt CO$_2$	成交额 /(×100 万美元)	成交量 /Mt CO$_2$	成交额 /(×100 万美元)
配额市场				
欧盟排放贸易体系	324.31	8 204.48	763.90	18 839.79
澳大利亚南威尔士排放贸易体系	6.11	59.13	16.19	184.07
芝加哥气候交易所	1.45	2.83	8.25	27.15
英国排放贸易体系	0.30	1.31	2.26	9.27
小计	332.17	8 267.75	788.34	19 051.00
基于项目的市场				
清洁发展机制	359.08	2 651.44	214.26	2 260.96
联合履行	20.85	100.89	11.86	93.88
其他减排义务	4.51	36.72	7.92	60.02
小计	384.44	2 789.05	234.05	2 414.87
总计	716.61	11 056.79	1 022.39	21 465.85

碳 25 美元,而 CERs 的价格只有每吨二氧化碳当量 7 美元。以项目为基础的减排量(CERs)交易价格和以配额(EUAs)为基础的交易价格之间巨大的价格差距可以从以下几个方面来解释(IETA 2005):

首先,欧盟配额市场和减排信用市场是两种不同的市场。以项目为基础的减排量,只要它们没有注册和交付,就存在很大的注册和交付风险。例如,这些减排信用能否按时签发取决于项目是否正常运行、减排信用是否会被批准和认可等诸多因素。相反,欧盟配额是由政府签发的,像通货一样,没有项目风险。当然,远期欧盟配额合同也不是没有风险的,但一般来说,欧盟国家比清洁发展机制东道国的信用等级要高。减排信用存在不被签发的风险是以项目为基础的交易和配额交易之间最主要的区别。

第二,两种市场只有部分连接。准确地说,以项目为基础产生的减排信用如果要在 EUETS 第一阶段(2005—2007)使用,卖方必须能够保障减排信用能够在 2005,2006,2007 年度交付使用,而这个挑战是非常大的,因为任何项目实施的推迟都会导致一两个年度的损失。资料显示,在 2005,2006 和 2007 年可以交付的减排量是有限的。此外,把减排信用转让到 EUETS 中所必需的一些技术准备还不具备。

第三,欧盟配额价格没有反映 EUETS 长时期内供给和需求之间的一般均衡价格。出现这种情况的原因有以下几个方面:一是关于国家分配计划(NAP)的不确定性依然存在;二是缺乏适当的注册机构;三是对排放贸易机制(ETS)

还不太熟悉；四是相当数量的工业部门对环境问题不重视；五是东欧国家的一些企业，尤其是中小规模企业，它们对到底有多少减排信用能够出售心里没底，因而不愿参与交易。

欧盟配额的价格要由供求关系决定。2006 年 4—5 月间，EUETS 市场价格出现了较大波动，欧盟配额每吨二氧化碳的价格一度跌至 10 欧元以下。主要原因是许多成员国的温室气体实际排放量低于被分配的排放许可配额造成排放许可过剩，市场供大于求。根据 2006 年 5 月 15 日欧盟公布的 2005 年排放清单，21 个欧盟国家的实际排放比规定的排放许可低约 6 280 万 t 二氧化碳，造成需求减少（郑爽 2006）。在经历了短暂的价格崩溃后，欧盟配额的价格稳定在每吨二氧化碳 15～16 欧元。清洁发展机制是一个高风险的领域，每个项目的风险及其在买方和卖方之间的分配决定了交易价格。成交的价格对于卖方来说，应该是低价格低风险，高价格高风险；对买方来说应该是低价格高风险，高价格低风险。一般来说，清洁发展机制的价格是商业秘密，价格因素（无论是过高或过低）影响着清洁发展机制项目的总体发展。据估计，中等风险的清洁发展机制项目，欧盟配额价格为每吨二氧化碳当量 5～6 欧元，风险低的清洁发展机制项目价格为每吨二氧化碳当量 7～8 欧元，已经注册的清洁发展机制项目价格大约为每吨二氧化碳当量 8～11 欧元。当前较高的欧盟配额价格以及各欧盟成员国较为严格的第二阶段的国家分配计划（NAP），预示着清洁发展机制项目必将增加（吕学都 2007）。

专家估计，《京都议定书》发达国家缔约方 2012 年以前的总减排需求量为 50 亿 t 二氧化碳当量，其中海外的减排需求为一半，约 25 亿 t 二氧化碳当量。来自各个渠道的数字显示，欧盟成员国政府计划清洁发展机制项目减排信用为 5.2 亿 t，企业购买 5 亿～15 亿 t；加拿大总计需求项目减排量 7.5 亿 t，日本政府计划购买 1 亿 t，企业购买 8 亿 t（吕学都 2007）。目前全球开发的清洁发展机制项目共 2 100 个，预计到 2012 年可以提供约 22 亿 t 二氧化碳当量。从目前的供需情况看，清洁发展机制项目开发还有较大的空间。由于《京都议定书》第一承诺期将于 2012 年结束，清洁发展机制项目的未来还有很大的不确定性。无论后京都的国际气候制度是何种形式，以最小成本实现温室气体减排目标的原则却是各国的共识。这也符合具有大量低成本减排潜力的发展中国家的利益。2007 年的八国集团峰会已达成政治共识，要正视气候变化，西方八国首脑甚至承诺认真考虑 2050 年的温室气体排放，要比 1990 年排放水平下降 50% 的建议。未来清洁发展机制市场需求可能非常看好。

根据《联合国气候变化框架公约》和《京都议定书》的有关规定，中国作为发展中国家，可以参加以项目为基础的碳排放交易。世界银行报告预计，2008—

2012 年,除澳大利亚和美国之外,平均每年全球减排需求大约为 600～1 150 Mt 二氧化碳当量(Haites 2004)。作为经济充满活力的发展中大国,中国被认为有很多有利条件(如技术能力强、国家风险低、比较容易获取项目投资等)来实施清洁发展机制项目。尽管中国的人均排放比发达国家低很多,但由于人口众多和经济增长较快,中国的温室气体排放量也迅速增长。能源利用效率较低以及对能源需求的迅速增加,决定了中国在实施清洁发展机制项目上的巨大潜力。世界银行曾预测,中国将占据全球核正减排量市场 50% 的份额(World Bank 2004)。

中国开展清洁发展机制项目的活动是一个渐进的过程。《京都议定书》生效之初,中国清洁发展机制活动的步伐远远落后于印度和巴西。然而,截至 2007 年 8 月 6 日,在清洁发展机制执行理事会已经注册的 757 个清洁发展机制项目中,来自中国的项目为 104 个,虽然落后于印度的 267 个,但已与巴西持平。

应该说,中国对实施清洁发展机制项目的态度是相当复杂的。首先,在《京都议定书》生效以前,出于对市场前景的担心和对清洁发展机制项目风险的考虑,中国进行清洁发展机制能力建设项目的投资都由世界银行和发达国家政府提供。其次,从清洁发展机制项目中获得的减排量收益只相当于中国每年外国直接投资(FDI)的 2%～3%,政策决策者没有高度重视。第三,中国担心现在实施的清洁发展机制项目利用了大量低成本的减排机会,较低的 CERs 市场价格使来自清洁发展机制项目的收入无法补偿中国将来承诺的成本。最后,也是最重要的一个原因,中国坚持严格的可持续发展标准,不希望清洁发展机制项目只成为发达国家廉价的减排工具。

从目前全球清洁发展机制市场的供给结构来看,全球碳排放市场激励着生产速度快、风险较低、供给量大的氢氟碳化物(HFCs)、氧化亚氮(N_2O)减排等清洁发展机制项目的开发。非甲烷和非二氧化碳减排项目(如 HFCs,N_2O 项目)的年减排量大约占总供给量的 34%。而最初指望提供较多减排供给的项目,如提高能源利用效率和燃料转换项目仅提供不到 20%(见表 8.2)。开发可再生能源和提高能源效率项目都属于资本密集型的绿色投资(green investment)。开发这样的一个清洁发展机制项目一般需要一个较长的时期,根据不同的技术和商业环境,需要 3～7 年的时间进行选项、取得批件、融资和建设,建成后需经过一年的运行才能取得 CERs 认证,因此投资回报率很低。相反,氢氟碳化物(HFCs)、六氟化硫(SF_6)、氧化亚氮(N_2O)和全氟化物(PFCs)等气体的全球增温潜势很高,但减排项目的增量成本相对于二氧化碳和甲烷来说很低,只需要常规的设备和技术条件就可以解决,不到一年就可以收回初始投资。

表 8.2　全球清洁发展机制市场供给结构（截至 2007 年 7 月 18 日）

（UNEP Risoe Centre 2007）

项目类型	数量		年度减排信用供给量 (1000)		2012 年减排信用供给量 (1000)	
HFCs，PFCs，N_2O 项目	61	30%	123 729	34%	751 307	34%
CH_4 减排、水泥和煤层气项目	420	19%	73 055	20%	499 404	23%
可再生能源项目	1 327	59%	93 921	26%	537 220	25%
供给侧能效项目	253	11.2%	42 215	11.64%	226 509	10.4%
需求侧能效项目	120	5.3%	3 683	1.02%	22 263	1.0%
燃料转换项目	71	3.1%	25 131	6.93%	140 101	6.4%
造林与再造林项目	8	0.4%	842	0.2%	5 460	0.3%

因此，不管 2012 年以后清洁发展机制项目是否延续，为了满足附件 1 国家的《京都议定书》承诺以及对 CERs 的需求，开发非二氧化碳、非甲烷清洁发展机制项目成为市场的优先选择（Zhuang 2006）。

在这种情况下，中国在 2005 年 10 月出台的《清洁发展机制项目运行管理办法》中明确规定，中国政府将从氢氟碳化物（HFCs）、氧化亚氮（N_2O）减排项目的收益中拥有 65% 和 30% 的份额，用来建立清洁发展机制基金，支持国家在优先领域（提高能效、发展新能源和可再生能源、煤层气回收利用）开展应对气候变化的活动。这反映了中国作为负责任的大国对世界的承诺和表率作用：清洁发展机制在帮助附件 1 国家以成本效率的方式实现减排承诺的同时，也要促进发展中国家的可持续发展。世界银行通过实际行动表明了对中国的支持。2005 年 12 月 19 日，中国江苏的两家化工企业与世界银行的伞型碳基金签订了 HFC_{23} 减排购买协议，总额达 7.75 亿欧元，两家企业预计每年减少约 1 900 万 t 二氧化碳当量的排放量。

随着中国实施清洁发展机制政策的逐渐明朗，中国的信用等级已经上升到第二位（Point Carbon 2006）。中国正在采取积极措施，促进清洁发展机制项目的开发，中国已经超过印度成为全球最大的 CERs 供给者（见图 8.1）。截至 2007 年 8 月 6 日，中国已经注册的清洁发展机制项目每年可提供的 CERs 占总量的 44.21%，印度只占 14.95%，巴西只占 10.07%（见图 8.1）。作为世界上最大的发展中国家和最具活力的经济体，中国是清洁发展机制项目投资最具吸引力的国家之一。中国作为世界上第二大温室气体排放国，虽然反对做出有约束力的绝对量减排承诺，但是中国对于在快速经济增长中出现的能源资源短缺和环境恶化等问题非常关注，中国非常希望通过实施清洁发展机制项目促进节能减排和联合国千年发展目标在中国的实现。

中国在"十一五"（2006—2010 年）规划中明确提出，五年之内要将单位 GDP

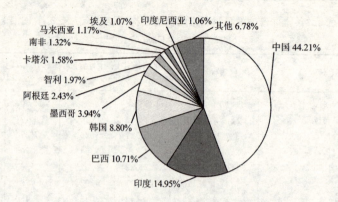

图 8.1　清洁发展机制东道国每年核正减排量供给份额

表 8.3　中国清洁发展机制的部门潜力（World Bank 2004）

部　门	份额/%	数额 /（Mt/a） （2008—2012 平均，以碳计）
炼钢	10	2.16
水泥	10	2.16
化学工业	5	1.08
发电	50	10.80
其他部门	15	3.24
非二氧化碳项目	10	2.16
总计	100	2.16

能源消费量（即能源强度）降低 20%。中国现阶段环境、经济、社会发展目标的实施过程中存在着巨大的清洁发展机制项目开发的机遇和潜力。根据 2005 年国务院提出的建设资源节约型社会的工作重点，在企业节能方面将目标锁定在 1 008 家高耗能企业，包括钢铁、有色金属、煤炭、电力、石油和石化、化工、建材、纺织和造纸等高耗能行业和年耗能万吨标煤以上的企业。从上述九部门选取的这 1 008 家企业，2004 年的能源消费总量为 6.7 亿 t 标煤，计划在五年内节约 1 亿 t 标煤。根据世界银行的研究，中国上述九部门具有很大的清洁发展机制开发潜力（见表 8.3）。其中电力行业占中国 50% 的份额，炼钢和水泥部门各占 10%，化学部门占 5%，其他部门占 15%，非能源非二氧化碳项目占 10%（World Bank 2004）。

中国清洁发展机制项目开发正面临着一个前所未有的大好环境，发达国家日益把中国作为其实现《京都议定书》目标、开展清洁发展机制项目的战略重点之一。在政府的大力支持和政策引导下，企业开发清洁发展机制项目的热情高涨，清洁发展机制项目的开发速度正以一个加速度增长。截至 2007 年 8 月 17

表 8.4　中国清洁发展机制项目开发现状（截至 2007 年 8 月 17 日）

项目类型	项目数	比例/%
可再生能源	528	71.6
（水电）	(387)	(52.5)
（风电）	(112)	(15.2)
（生物质能及其他）	(29)	(3.9)
能源效率	115	15.6
甲烷回收利用	52	7.1
（废弃物处理）	(18)	(2.5)
（煤层气利用）	(34)	(4.6)
HFC_{23} 破坏	12	1.6
N_2O 破坏	15	2.0
燃料转换/替代	11	1.5
其他	4	0.6
总计	737	

资料来源：中国清洁发展机制网（http://cdm.ccchina.gov.cn/web/index.asp）

日,国家发展和改革委员会（NDRC）共批准了 737 个清洁发展机制项目,其中新能源和可再生能源类项目 528 个,占 71.6%,节能和提高能效类项目 115 个,占 15.6%,甲烷回收利用类项目 52 个,其他项目 42 个（见表 8.4）[1]。清洁发展机制项目的开发对中国推进可再生能源发展和煤层气利用等方面发挥了重要作用。与国际 CDM 市场的供给结构一样,中国的能效 CDM 项目也比较有限,项目数仅占总量的 15% 左右。因此,未来国际气候制度的发展,必须克服现有规则的不足,在能效 CDM 项目开发上给予政策倾斜。

8.3　全球碳市场发展对低碳发展的作用

　　发展中国家向低碳经济转型的一个主要障碍是缺乏资金和技术。专家指出,深层次的和流动性的全球碳市场可以在向低碳转型过程中发挥重要作用[2]。世界银行一直在积极推动用建立碳市场的方法向低碳经济发展。其"清洁能源与发展投资框架"评估认为,如果全球碳市场的未来不受不确定性因素影响的话,发展中国家每年可获得数百亿美元的投资[3]。亚洲开发银行区域与可持续发展局局长宾度·罗哈尼（Bindu Lohani）指出,向低碳经济转型的一个重要因

---

　①见中国清洁发展机制网（http://cdm.ccchina.gov.cn/web/index.asp）。

　②Fergus Auld, Commentary at COP12/COP2 side event hosted by RCSD/CASS. *Low Carbon Development: An Assessment of Potential for the Use of Incentives in China*, November 11, 2006

　③世界银行与气候变化。见 http://www.worldbank.org.cn/Chinese/Content/IB-climate.htm。

素是帮助新兴经济体在 2012 年后实现碳信用额度的收益①。《联合国气候变化框架公约》秘书处的资料显示,如果发达国家进一步大量削减温室气体排放,并且将一半的减排额度从发展中国家购买的话,那么北南之间的贸易额将达到每年 1 000 亿美元(Wynn 2007)。然而 2006 年清洁发展机制项目的贸易额只有 50 亿美元,差距很大。未来的国际气候制度,必须弥补碳市场规则的缺陷,加强各市场之间的有效链接。

8.3.1 清洁发展机制的成功与不足

在国际气候政治中,一个永恒的主题是如何使发展中国家参与控制温室气体排放。尽管发展中国家有比气候变化更为紧迫的优先领域,但它们必须是任何有效的全球变暖解决方案的一部分。为了鼓励发展中国家参与,《京都议定书》设立了清洁发展机制并开创了全球碳市场。目前,这个市场已足够成熟,可以分析它的成功和缺点。有学者认为,清洁发展机制不仅被看做是个市场,也可以被看做是一个补贴和政治机制。到目前为止,清洁发展机制在实现它的政治目标方面是最有效的(Wara 2007)。

清洁发展机制的工作原理是支持发展中国家采用低排放技术。例如,在这个机制下,发展中国家(如中国)的公用事业单位不是修建廉价但效率很低的燃煤电站,而是建设一个更有效率的燃气电站以减少二氧化碳排放。燃煤和燃气电站之间潜在的碳排放差异,在经过监测和认证之后,可以转换为清洁发展机制信用出售给《京都议定书》下工业化国家缔约方。信用出售的收入可以使公用事业单位能够支付得起更昂贵的燃气电站。发达国家购买低成本的信用抵消自己的排放,以减少履约成本。这个机制之所以发挥作用,是因为在发展中国家建设低碳能源基础设施相对于在发达国家更新现有技术更便宜。

清洁发展机制已成为欧盟政府履行《京都议定书》承诺的一个重要组成部分,因为它减少了履约的成本。清洁发展机制对能源公司和涵盖在欧盟温室气体排放贸易机制(EUETS)下的企业来说也是非常重要的。2006 年,英国提出应该允许具有二氧化碳排放限额的排放者利用清洁发展机制信用实现它们在排放贸易制度下三分之二的目标(DEFRA 2006a)。

目前全球碳市场极其活跃,已经出现了清洁发展机制信用一级和二级市场。最初对清洁发展机制持怀疑态度的发展中国家(如中国和印度)已经带着巨大的热情进入这个市场,出售最多的信用。大家几乎一致认为,清洁发展机制的成功在于促进了买方(发达国家)和卖方(发展中国家)的积极参与,并减少《京都议定

---

① 亚洲开发银行区域与可持续发展局局长宾度·罗哈尼(Bindu Lohani)在亚洲碳博览会开幕式上的讲话,2006 年 10 月 26 日,北京。

书》下六种温室气体的排放。据估计，目前已经和正在开发的清洁发展机制项目到 2012 年预计减少 17.5 亿 t 二氧化碳当量的排放（EIA 2006）。相当于每年减排 2.78 亿 t 二氧化碳当量，这只占每年全球二氧化碳排放的一小部分（2003 年为 260 亿 t 二氧化碳当量）（Wara 2006）。

但是清洁发展机制的效果怎么样？答案在于评价成功的标准。虽然从政治层面看清洁发展机制的这些政治成就是显著的，但用另外一种方法，或许是更重要的方法来评价，清洁发展机制并没有取得成果。人们的初衷是希望市场能为在发展中国家投资低碳能源基础设施给予强有力的经济激励。能源部门通常是每个国家最大的二氧化碳排放源。虽然许多气体导致全球变暖，但二氧化碳关系最大，因为它排放数量巨大并有较长的大气生命周期。然而目前清洁发展机制市场的 CERs 供给结构在激励非二氧化碳 CERs 的生产，几乎三分之二的减排来自于非二氧化碳项目。未来的排放情景表明，如果不能够说服中国和印度在下一个十年到 20 年建设更有效率、低碳排放的电站（燃气而不是燃煤），那么，全球变暖的趋势不会有大的改变。相反，廉价的非二氧化碳信用如 HFC_{23} 在市场中的存在是一种反向激励，阻碍着能源类清洁发展机制项目的开发。

目前，几乎整个市场 30% 的减排信用来自于 HFC_{23} 捕获和分解项目。HFC_{23} 是一种威力很大的温室气体，是生产制冷气体的一种副产品。以目前的市场价格（每吨二氧化碳当量 10 欧元或 13 美元）计算，如果不考虑税的话，这些 HFC_{23} CERs 到 2012 年（《京都议定书》第一承诺期结束）价值将达 47 亿欧元。事实上，HFC_{23} 排放者从清洁发展机制 CERs 得到的收入相当于出售制冷气体的收入的 2 倍。从这些设施减少 HFC_{23} 排放是极其便宜的，大约只有 1 亿欧元的投资。

HFC_{23} 项目的支持者认为，清洁发展机制寻找的是最具成本效率的减排机会，这类项目不应该被市场越过。但有专家认为，清洁发展机制既是一个市场，也是从发达国家向发展中国家的补贴。作为一种补贴，它应该由每个美元如何有效地减少排放来判断。在这些方面，清洁发展机制是无效率的补贴。减少 HFC_{23} 排放应该在气候公约之下建立一个独立的议定书，如同在《蒙特利尔议定书》下补偿发展中国家替代臭氧层损耗物质那样的机制，由于涉及的设施很少，所以在管理上是可追踪的（Wara 2007）。

关于 2012 年以后清洁发展机制的规则，有专家建议：全球碳市场只应针对二氧化碳进行交易，而不是《京都议定书》的六种温室气体。现存的碳市场结构是与《京都议定书》承诺期匹配的，2012 年以后的全球碳市场应该有所改变。欧盟政府应该尽早给投资者发出一个清晰的信号，它们只倾向于购买二氧化碳信用,偏好是能源部门的项目。如果给予足够的警示和警告,中国和印度的能源部门将可能满足这种来自发达国家新的低成本碳信用需求。但是全球碳市场本身不可能足以使主要发展中国家走向低碳能源的轨道。因为一个项目基线和实际排放的差作为清洁发展机制奖励信用,它的影响总是边际的。最终,如果要解决全球变暖问题,基线排放路径必须改变。考虑到技术的锁定效应,未来的清洁发展机制规则必须与发展中国家低碳能源基础设施建设联系在一起。除了全球碳市场之外,2012 年以后的国际规则需要给发展中国家设定一个面向可持续能源未来的路径,如大幅度增加技术投资、分享低碳技术协议等,以便这些措施符合主要发展中国家促进低碳经济增长的利益。

8.3.2 加强各排放贸易制度与全球碳市场的链接

《京都议定书》的生效促进了全球碳市场的发展。有几个不同的排放贸易制度正在运行,还有几个国家的或地区间的排放贸易制度可能在近期出现。这些正在出现的排放贸易制度将进一步促进市场的发展并改善市场的经济效率。现有的排放贸易制度在规模、设计特征、地理和部门范畴等方面有很多不同(见表 8.5)。一些排放贸易制度是用来履行《京都议定书》下的排放承诺(如EUETS,UK-ETS,挪威排放贸易制度和日本排放贸易制度),而其他的排放贸易机制用于非《京都议定书》缔约方,如芝加哥气候交易所(CCX)和澳大利亚新南威尔士排放交易体系。一些排放贸易制度是强制性的,而其他一些是自愿性质的。一些只包括直接的排放源,而其他的则包括间接排放源(如电力零售商和用户)。不同的排放贸易制度的遵约条款也有很大不同。另外,目标期和目标也有很大不同。最后,不同的排放贸易制度对接受补偿信用的数量和类型也存在差异。多数现有的或计划中的排放贸易制度都允许所涵盖的实体利用清洁发展机制和联合履行或其他以项目为基础的补偿机制产生的信用,以及通过排放贸易来实现它们的排放目标。

目前,不同的排放贸易机制和市场之间的联系很少(见图 8.2)。这些联系主要是单边的。还没有概念上的原因说明为什么不能扩展排放贸易体系和市场的联系。的确,一些排放贸易制度计划在 2008 年之前实现链接,更多的其他链接计划在 2008 年以后。这些排放贸易制度之间的链接可能是直接的,也可能是间接的,既可能是双边的,也可能是单边的。不同排放贸易机制之间也可以通过转让那些来自项目机制的信用或通过政府出售或转让大量的配额(如AAUs)来进行间接链接。实际上,2008 年之前双边的链接可能局限在 EUETS和挪威的排放贸易机制之间。单边的链接如从 EUETS 到芝加哥气候交易所(CCX)之间的链接已经发生,并将继续下去。清洁发展机制信用是被最广泛接

表 8.5 [正在运行的]不同排放贸易制度的主要特征(Ellis 等 2006)

	EUETS(I)	EUETS(II)	挪威 ETS	NSW/ACT	UKETS	JVETS	CCX
温室气体种类	CO_2	CO_2+选择性加入其他温室气体	CO_2	《京都议定书》温室气体	《京都议定书》温室气体	CO_2	《京都议定书》温室气体
排放源	燃烧厂、炼油厂、焦炭、钢铁、水泥、玻璃、陶瓷、制砖、纸浆和造纸	同 EUETS(I),可能加入其他气体/部门	同 EUETS(I)	电力生产和使用	各工业部门和能源利用	工业、食品、酿酒、纸浆、化学	电力生产、制造业
强制性或自愿性	强制性	强制性	对无 CO_2 税的工厂强制	强制性	自愿性	自愿性	自愿性
参与者	排放者	排放者	排放者	电力零售商,大电力	用户排放者和用户	排放者(第一年 32 个设施,第二年 38 个设施)	排放者和信用提供者
指标性目标或固定目标	固定	固定	固定	指标	固定	固定	固定
目标期	2005—2007	2008—2012	2005—2007	最初 2003—2012(每年)延长到 2020	2002—2006	2006 财年 2007 财年	2003—2006 2007—2012
违约惩罚	有:40 欧元(不足量计在下一年)	有:100 欧元(补足不足量)	有:同 EUETS(I)	有:每吨超额排放 11.5 澳元,不计入下一年	有:30 英镑+计入下一年,没有补贴	有:返还补贴,通报批评	没有明确的惩罚
补偿机制	有:CDM(不包括森林)	CDM(不包括森林)、JI	有:同 EUETS(I)	有:某些项目类型	无	有:CDM	有:某些国家/部门
存贮	一些国家允许	可以	可以:只 2005—2007	可以	可以	可以	可以
单位	1 t CO_2 当量	1 t CO_2 当量	1 t CO_2 当量	1 t CO_2 当量	1 t CO_2 当量	1 t CO_2 当量	1 t CO_2 当量

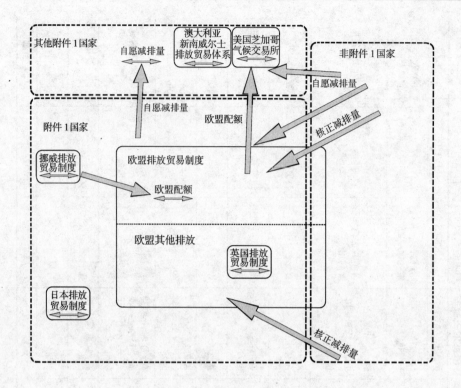

图 8.2 2008 年前不同温室气体减排体系之间的可能联系(Ellis 等 2006)
(由于马耳他和塞普路斯是欧盟成员国,但不属于附件 1 国家,
所以在欧盟排放贸易机制和非附件 1 国家两个框图之间有交叉部分)

受的补偿机制,它们在京都履约机制和非京都减排体系之间将继续作为"通货"使用(Ellis 等 2006)。

另外,扩大碳市场的规模,加强各个市场之间的链接,可以增强流动性和提高全球碳市场的经济效率。欧盟温室气体排放贸易机制(EUETS)是全球碳市场的核心。欧盟代表在《联合国气候变化框架公约》第 11 次缔约方会议上号召各国加入并在 2012 年后建立一个"全球统一的碳市场"。可能影响各市场之间链接速度重要因素包括:目标类型(如固定的目标或指标性限制)(fixed or indexed limits)、精确的监测和汇报、存储/借贷条款、承诺期的长度和起始点等。

除此以外,还要考虑不同排放贸易机制的价格差异、价格上限、分配方法、与补偿相关的政策等。

在未来几年,不同的排放贸易体系和不同类型的补偿机制之间的相互作用可能增加。双边链接增加了市场之间的流动性,增加了潜在减排机会的范围,因而使经济效率最大化。然而,双边链接也有负面影响。例如,如果一个系统有固定排放限制，而另一个系统没有，或者一个系统的监测和认证程序不太严格，而另一个系统相对严格，那么链接可能减少一个系统的总体环境有效性。另外，如果一个有严格违约惩罚的系统与一个不严厉的系统进行双边链接，也增加了不履约的可能性。还有，不同的排放贸易机制内排放许可配额分配的宽松与否可能对竞争力有分配影响。总之，对两个系统双边链接的渴望取决于它们的设计特性和系统参与者的目标。对于直接的、双边的链接来说，运转良好的全球碳市场需要清晰的规则和一定程度的和谐统一。

相反，如果在不同温室气体市场之间建立单边的链接，就不需要这种协调统一。如果两个不同系统的目标和设计差别很大，那么单边链接对一个系统的参与者来说还是可以接受的。例如，具有指标性的排放目标或者设有自愿的固定排放目标的系统可以决定接受用来履行《京都议定书》目标的核正减排量，但它们不能把核正减排量转让回京都履约系统。目前的芝加哥气候交易所就是这样，接受清洁发展机制减排信用。计划中的美国地区温室气体倡议（RGGI）在某些条件下也接受清洁发展机制下的 CERs。最后，不同非京都体系之间的链接可能也会出现，虽然不必要是直接的链接。考虑到一些排放贸易制度正处于发展的早期阶段，非常重要的是在所有的体系都不要设立先例，因为这可能阻碍不同体系将来的链接。

第九章

前景展望：后京都时代的中国低碳发展之路

　　低碳经济不仅是一项经济愿景，更是一项社会工程。中国向低碳经济转型机遇与挑战并存，但挑战可能大于机遇。因此，中国向低碳经济转型必须在后京都国际制度框架中统筹考虑。

　　由英国引领的全球向低碳经济转型的大趋势逐渐被各国所重视，欧盟、加拿大、法国和日本不仅积极跟进，而且还纷纷提出相关的政策措施。低碳经济不仅是一项经济愿景，更是一项社会工程。虽然中国在《气候变化国家评估报告》中明确提出走"低碳经济"的发展道路，但需要对低碳发展的机遇与挑战、成本与效益、政策与措施等进行辨识。虽然各国对低碳经济发展道路的思考，不应被简化为温室气体减排对经济的短期负面影响，但发展中国家的低碳经济转型必须在后京都国际气候制度框架中综合考虑。

9.1　低碳经济发展与后京都制度构建

　　低碳经济概念的提出着眼于后京都国际气候制度建设。中国以及广大发展中国家经济的低碳发展应该是后京都国际气候制度构架的一个重要组成部分。自从《京都议定书》生效以来，各种官方、半官方有关后京都制度构架的方案层出不穷。从方法上看，主要有基于承诺(pledge-based)的"自上而下"方法(top-down approach)、基于原则(principle-based)的"自下而上"方法(Bottom-up approach)，以及综合方案三种。从方案设计者来看，绝大多数来自发达国家的学者和国际组织，只有少数来自发展中国家的学者，如南非学者的可持续发展政策措施方案(SD-PAMs)、中国学者的人文发展承诺方案(Pan 2003)等。综合各方的讨论来看，一个公平和可持续的国际气候制度构架需要包含以下几方面的因素(庄贵阳等 2005)：

　　(1)义务的法律约束力。一般而言，所有国际公约的义务都是自愿的，因为主权国家有权选择加入或不加入该公约，但不加入也是有代价的。如果主权国家选择加入并且一旦国际公约生效，公约所规定的某一项具体义务在法律性质上可能有所不同，基本可分为有法律约束力的(binding)和没有法律约束力的(non-binding)两种。

　　(2)限排或减排义务的类型。限排或减排义务是国际气候制度构架的核心要素，也是争议最多的内容。目前，国际上提出了许多不同的原则或方法。有的针对具体的减排行动(如全球统一碳税)，有的针对定量的排放目标(如绝对的或动态的排放目标等)，也有的是定性的政策措施(如可持续发展政策措施)。

　　(3)活动的覆盖面和涉及范围。限排或减排活动的覆盖面是指是否除温室气体的排放源之外，还包括温室气体的吸收汇。就排放源而言，指是包括全部六种温室气体还是其中的几种。减排活动的涉及范围指项目、部门、国家、地区、全球的不同层次。

　　(4)时间安排和启动条件。不同国家采取减排行动的时间有所不同，正如

《联合国气候变化框架公约》及其《京都议定书》规定的,发达国家应率先承担减排义务。其他国家何时参与减排行动,可以设立一定的启动条件(trigger),如一定的宽限期,或根据其他指标,当满足一定条件之后,再参与全球减排行动。

(5)确定不同义务的方法。在限排或减排义务的不同类型中,建立定量的排放目标是其中最主要的类型,国际上提出的分担原则和分配方案也最多。要区分这些方法,有许多不同标准,如它包含的公平原则,是分配型、结果型还是过程型的(allocation-, outcome-or process-based),是动态型还是静态型的,是现实型的还是历史型的,是减排型的还是配额型的,等等。

(6)市场机制。将市场机制引入国际公约是为了发挥其成本效率的优势,降低减排成本。未来国际气候制度构架中,市场机制仍将是一个必不可少的组成部分,而且应该发挥更大的作用。正如一些学者提出的,将基于项目的清洁发展机制扩展为基于部门的(sectoral CDM)和基于规划的(programmatic CDM)两种,以期为发挥市场机制的潜力创造更大的空间。

(7)资金和技术方面的义务。资金援助和技术转让问题是当前国际气候谈判中南北争论的焦点之一。未来发达国家与发展中国家之间能否在限排或减排义务方面达成某种程度的妥协,资金和技术机制的设计和运作至关重要。

(8)统计方面的义务。任何有效的国际制度体系都必须包含数据的监测、报告、评审等基本环节,数据的准确性和完整性是保证公约规定的义务能够得到切实履行的前提条件。此外,同样重要的是,国际气候制度构架还必须包含一旦缔约方完不成规定义务或出现其他不遵约情况时的程序和后果。

(9)全球环境目标。尽管目前国际社会对温室气体的危险浓度水平尚没有共识,因此国际气候谈判很难在此基础上采用总量控制的"自上而下"的方法为不同国家确定排放目标,但国际气候制度的发展方向必须与公约规定的稳定浓度的长远目标相一致。关于长远目标的一种表述是,当前的全球减排行动至少应保证未来全球气候系统不至于丧失将二氧化碳浓度稳定在某一可接受浓度水平(如450或550 ppm)上的机会。

后京都谈判已经启动。后京都国际气候制度谈判涉及减缓、适应、技术、发展等多个层面,发展中国家的低碳发展也不会是完全孤立的,而是与减缓、适应、技术、援助等相关联,需要在可持续发展框架下综合考虑(Srinivasan 2006)。

首先,后京都国际气候制度构架的设计应该比当前的制度更有效地尊重和反映广大发展中国家的利益、优先领域和发展热望,尤其是由于经济的快速增长和人口增加对能源需求和温室气体排放的影响。尽管国际社会日益形成共识,减少发展中国家温室气体排放是未来气候制度成功的主要决定因素,但在国际气候谈判中反映发展中国家关心和热望的努力远不令人满意。这在一定程度上是由于发展中国家的利益相关者缺乏有效的参与和驾驭谈判的能力。实际上,由于尚不清楚各附件 1 国家的后京都立场,以及气候变化在国家政策中的优先性还比较低,多数发展中国家还没有明确的后京都国家立场。《京都议定书》生效是许多发展中国家制定气候和能源政策的主要驱动力,如颁布新的节能法规、建立实施清洁发展机制项目的国家主管机构(DNA)等。从这些努力中得到的经验是在国际谈判中提出和支持轮廓清晰、具有可操作性方案的基础。目前最好且直接可获得的结构是延续京都模式的框架,以多边协议作为补充,如中欧气候变化合作、发展亚太地区清洁发展与气候新伙伴关系等。《联合国气候变化框架公约》第 11 次缔约方大会已对此达成共识,并启动了附件 1 国家第二承诺期的谈判。但是,应该继续努力,以建立一个包括所有附件 1 国家且具有强制性的制度框架。

其次,未来的气候制度如果要做到公平有效,就要充分反映发展中国家的发展需求和优先领域。未来的制度谈判应该加强能源安全、发展需求和气候保护之间的联系,促进发展和气候行动的整合。未来的气候制度应该进一步支持制定气候友善的能源政策,识别出发展收益和温室气体减排相协同的政策措施。虽然"能源"和"发展"两个术语在《联和国气候变化框架公约》和《京都议定书》中的多个条款中被提及,但在国际气候谈判中反映发展中国家对能源安全和发展需求的关注的努力远不令人满意。因此,未来气候制度应该采取最务实的措施,把对气候变化问题的考虑体现在国家能源和发展计划中,在各个层面支持实施综合性的发展和气候战略。实际上,未来气候制度的成功取决于它在多大程度上能够帮助发展中国家向低碳社会经济结构转型,同时对能源安全和发展问题给予真正的考虑。

保障能源供给安全对实现发展中国家的经济发展和气候收益是非常重要的。既然能源安全是发达国家和发展中国家有着共同利益的问题,加强发达国家和发展中国家战略性的能源合作对减少温室气体排放、减少地区和全球能源安全的脆弱性至关重要。未来的气候制度应该通过分享好的实践经验、制定标准和指导原则、加强适度的人文和制度能力建设、启动地区合作的伙伴关系等途径促进气候友善能源政策的进一步开发。未来的制度讨论应该探讨清洁能源投资的机遇。清洁发展机制已成为向清洁能源融资的一个补充,但是调动公约之外的资源是非常重要的。

第三,世界银行和亚洲发展银行等国际机构对利用全球碳市场的方法促进发展中国家的低碳发展寄予厚望。然而,关于 2012 年以后清洁发展机制作用的不确定性限制了全球碳市场的发展,所以目前需要附件 1 国家和多边金融机构的单边宣言,给 2012 年以后减排信用的价值提供一个清晰的、可靠的信号。

因为清洁发展机制活动刚刚获得动力，许多项目要求长期的准备和较高的投资，2012年后清洁发展机制前景的不确定性将减少许多清洁发展机制项目的可行性。目前面临的选择有三种：一是附件1国家单方面宣布广泛使用2012年后产生的核正减排量，包括用它们实现第一承诺期目标；二是把下一承诺期延长到十年，而不是五年；三是多边金融机构积极支持2012年以后产生的核正减排量。

不管未来国际气候制度的构架如何，利用市场机制、以成本有效方式减排温室气体的做法都必不可少。现有的清洁发展机制规则应该改变，以扩大清洁发展机制项目的收益。包括：一是扩展清洁发展机制范围，从目前以项目为基础的活动扩展到以部门、行业或政策为基础；二是纠正清洁发展机制项目在地理分布上的不均衡性；三是确保清洁发展机制项目的可持续发展收益。目前的全球碳市场结构激励着非二氧化碳减排项目的大量开发，通过清洁发展机制项目对发展中国家的技术转让并未如人们预期的那样。扩展全球碳市场的范围并加强碳交易的流动性，不仅需要附件1国家在《京都议定书》后续承诺期的大量承诺，也需要不同排放贸易体系之间的科学链接。专门建立二氧化碳排放贸易市场，并结合其他温室气体的减排协议不失为一种选择。

第四，技术创新是减缓气候变化的核心手段。技术转让是《联合国气候变化框架公约》中赋予发达国家的义务，公约下的技术转让应该是一种在非商业基础上的或优惠的技术转让活动，是"共同但有区别的责任"原则的具体体现。发展中国家对目前的气候制度促进清洁技术开发与转让的能力非常关注。正如中国所呼吁的那样，要探讨建立有效的技术推广机制，既要符合市场规律，又要从气候变化、实现全球可持续发展的大局出发，切实降低技术转让成本，使更多的发展中国家买得起、用得上先进环境友好型技术。

为了促进快速的技术开发和转让，应该积极探索与《联合国气候变化框架公约》之外的许多倡议建立协同关系，加强现有的国际技术合作协议，开发合理对待低碳技术知识产权的方法。技术合作是几个非公约（公约框架之外）倡议的基石，如《亚太地区清洁发展与气候新伙伴关系》（APP）、《中国和欧盟气候变化联合宣言》等，这些倡议在某些行业具有减少温室气体排放的巨大潜力。例如，目前的气候制度使减排甲烷排放具有了市场价值，可以给项目开发者提供甲烷回收的清洁发展机制机会和额外的收入，而《亚太地区清洁发展与气候新伙伴关系》提供了必要的技术支持途径。同样，气候制度使碳捕获与埋藏（CCS）项目适合于清洁发展机制项目开发，通过《亚太地区清洁发展与气候新伙伴关系》可以获取CCS技术。

未来的气候制度讨论应该寻找一些突破点，因为一些小的干预或资源注入就可能在气候友善技术的开发与转让方面获得大的收获。把关键低碳技术看做全球公共物品,并加强这种技术知识产权(IPR)制度的灵活性是另一种战略。可选择的方式包括在技术开发的早期阶段开展广泛深入的合作、与发达国家共有知识产权、创造多边的技术支持基金等。此外,通过创新性的公共和私人支持机制确保额外的融资是非常重要的,可以使目前可获得的技术在商业上具有竞争力。

第五,未来的国际气候制度至少要像关注减缓气候变化一样,关注适应气候变化问题。人类系统适应和应对气候变化的能力取决于许多因素,如资产、技术、教育、信息、技能、基础设施、占有资源的程度以及管理能力。发展中国家,尤其是最不发达国家的人口和社区,在这方面的能力通常最弱。结果使这些国家适应气候变化的能力较弱,对气候变化的危害最为脆弱。因此,需要改变目前这种重减缓、轻适应的选择方式,要开始讨论适应议定书的优缺点,鼓励公共和私人部门投资适应项目。虽然设计一个单独的适应议定书的过程可能需要在谈判中花费大量的资源和时间,但在未来气候制度建设中加强适应地位是非常重要的。因此,未来气候制度应该促进对适应议定书及其组成部分的讨论,以更正式的方式获得不同缔约方的观点,如果必要的话可以建立一个探索性的适应委员会。为推进适应日程,把"自上而下"的支持和"自下而上"的参与方法结合起来,无论是在政策层面还是在操作层面,都应使适应问题在发展计划中主流化。

最后,对于 2012 年以后国际气候制度来说,企业部门、金融机构和非政府组织的作用日益重要。未来的制度应该积极支持私人部门的倡议(如有进取心的公司采取的碳中性方法作为企业社会责任),在公约缔约方会议上给予私人部门适当的机会。同样,在应对减缓和适应问题方面金融企业的保险、信贷、投资实践和财产管理服务将逐渐变得重要起来。发展中国家的非政府组织数量有限,参与气候讨论的太少。这些利益相关者在国家层面和国际谈判层面的有效参与,肯定有助于建立一个有效和灵活的气候制度。

建立一个包括以上所有选择的新方法绝对是个挑战。然而,既然目前的气候制度形成需要大量的资源,未来的气候制度应该是改良现有制度,排除弱点,而不是设计一个全新的框架。新的制度框架应该更加灵活,适合不同的国家环境,在承诺和行动方面有较大的灵活性,在时间、承诺/行动形式和严格性等有所不同。虽然达成一个被所有国家都认为是公平的 2012 年以后框架的协议是个大目标,但在近期根本不达成任何目标对整个世界来说是更危险的。

9.2 IPCC 第四次评估报告的主要结论及潜在影响

关于附件 1 缔约方后京都减排责任的国际气候谈判已于 2005 年启动,但随后的几次谈判都踏步不前,主要有几个方面的影响因素(苏伟等 2006)。首先,美国布什政府在其任期内不会改变对《京都议定书》的立场,但 2008 年大选后,美国新政府立场可能出现变化。附件 1 缔约方寄希望于届时能通过某种方式将美国纳入谈判进程。其次,公约长期合作对话刚刚开始,《京都议定书》第九条规定对议定书所有缔约方义务的审议要到 2006 年底才能进行。上述进程得出结论的时间最早要到 2007 年底,甚至可能拖到 2008 年或更晚,附件 1 缔约方希望将第二承诺期谈判与上述进程的进展情况挂钩。第三,政府间气候变化专门委员会(IPCC)第四次评估报告的决策者摘要已于 2007 年发布。附件 1 缔约方希望利用第四次 IPCC 评估报告推动第二承诺期第一轮谈判取得进展。最后,附件 1 缔约方在履行现有减、限排温室气体义务方面进展缓慢,有些国家甚至不减反增。一些附件 1 缔约方在承担新的减排指标方面将遇到巨大的国内经济阻力。就欧盟而言,没有美国、澳大利亚的参与及日本、加拿大和俄罗斯的积极配合,凭自身力量难以推动谈判进程。

在后京都谈判进程中,其驱动和约束因子主要涉及政治意愿、经济利益和科学认知,而三者又是相互联系和相互影响的。政治意愿取决于对经济利益的判断,而经济利益又需要有坚实的科学基础。为了促进各国形成政治意愿,打消决策者对减排经济成本的顾虑,IPCC 评估报告无疑是欧盟推动全球减排行动的科学武器。IPCC 第三工作组关于减缓气候变化经济影响评估的第四次报告《气候变化 2007:减缓气候变化》(IPCC 2007b)于 2007 年 5 月正式发布。在《京都议定书》通过十周年和《京都议定书》第二承诺期谈判启动之际,IPCC 第四次评估报告意义非凡。IPCC 报告具有科学属性,但也越来越带有政治色彩,其主要结论对各国的潜在影响和政策含义需要认真加以辨识。

(1)自工业革命以来,人类活动引起的温室气体排放导致大气温室气体浓度显著上升,若不采取进一步的措施,未来几十年全球温室气体排放量仍会持续增长,未来排放增长主要来自发展中国家。

从温室气体排放的历史趋势看,《京都议定书》中所包含的六种温室气体以全球增温潜力[①]计,2004 年排放总量比 1970 年增加了 70%,比《京都议定书》规定发达国家减排的基准年即 1990 年增加了 24%,已达 490 亿 t 二氧化碳当量。

---

①GWP,将非二氧化碳温室气体以二氧化碳当量计,得到潜在的全球增温效应。

其中主要温室气体的二氧化碳排放量（2004 年二氧化碳排放量占全球温室气体排放的 77％）从 1970 年到 2004 年增长了 80％，从 1990 年到 2004 年增长了 28％。从 1970 年到 2004 年全球能源强度下降（-33％）对全球排放的效果，小于全球收入增长（77％）和全球人口增长（69％）的综合作用。

IPCC 评估报告显示，以当前的减缓气候变化政策和相关可持续发展实践，全球温室气体排放在未来几十年将继续增长。由于到 2030 年矿物能源继续支配世界能源的生产和消费结构，基线情景预计从 2000 年到 2030 年由于能源利用产生的二氧化碳排放将增长 45％～110％。到 2030 年，全球温室气体排放增量的三分之二到四分之三将源自发展中国家。

(2)越早采取有效的减缓措施，经济成本越低，减缓效果越好。

到 2030 年，若把大气温室气体浓度控制在 445～710 ppm（2005 年底全球大气二氧化碳浓度为 379 ppm，全球宏观经济减排成本[①]将控制在全球 GDP 总量的 3％以下（见表 9.1）。若 2030 年之后再采取减排措施将会付出更大的经济成本。到 2050 年，若把温室气体浓度控制在 490 ppm（对应于全球平均升温 2.0～2.4 ℃）以下，全球减排宏观经济成本将占全球 GDP 总量的 5.5％（见表 9.2）。无论是到 2030 年还是到 2050 年，使温室气体浓度走向 445～535 ppm 稳定水平的宏观经济成本，大约只是相当于平均年度 GDP 增长率下降 0.12 个百分点，微不足道。

表 9.1 2030 年全球宏观经济减排成本（IPCC 2007b）

稳定浓度水平 （二氧化碳当量）/ppm	GDP 减少中值 /%	GDP 减少范围 /%	年度 GDP 增长率 平均降幅/百分点
590～710	0.2	-0.6～1.2	<0.06
535～590	0.6	0.2-2.5	<0.1
445～535	—	<3	<0.12

表 9.2 2050 年全球宏观经济减排成本（IPCC 2007b）

稳定浓度水平 （二氧化碳当量）/ppm	GDP 减少中值 /%	GDP 减少范围 /%	年度 GDP 增长率 平均降幅/百分点
590～710	0.5	-1～2	<0.05
535～590	1.3	略小于0～4	<0.1
445～535	—	<5.5	<0.12

①"经济减排成本"不是指市场可实现的成本，而是包括社会收益的成本概念，需要政策措施的引入才可能实现。相对应的经济减排潜力，也是指在采用社会贴现率并考虑碳排放的外部成本后，通过理论分析才得到的减排量。

表 9.3　不同稳定浓度水平的主要特征（IPCC 2007b）

大气中二氧化碳浓度水平/ppm	大气中温室气体浓度水平/ppm	自工业革命以来全球升温幅度/℃	二氧化碳排放达到峰值年	2050—2000 年二氧化碳排放变化/%
350～400	445～490	2.0～2.4	2000—2015	−85～−50
400～440	490～535	2.4～2.8	2000—2020	−60～−30
440～485	535～590	2.8～3.2	2010—2030	−30～+5
485～570	590～710	3.2～4.0	2020—2060	+10～+60
570～660	710～855	4.0～4.9	2050—2080	+25～+85
660～790	855～1 130	4.9～6.1	2060—2090	+90～+140

（3）大气中不同温室气体浓度水平是与工业革命以来全球温度上升幅度相对应的，所要达到的稳定浓度水平越低或温升幅度越低，全球二氧化碳排放的高峰年越近，减排幅度要求越大。

IPCC 评估报告的一个重要创新是把大气中温室气体浓度（二氧化碳浓度）和全球温度上升挂钩，并给出了二氧化碳排放的高峰年和减排所需的努力。为了实现公约最终目标，即稳定大气温室气体浓度，全球温室气体排放必须早日达到峰值然后开始下降。情景研究表明，稳定浓度水平越低，要求二氧化碳排放达到顶峰的时间越早。当大气温室气体浓度稳定在 445～490 ppm 情景时，对应的温度上升为2.0～2.4 ℃，相应的二氧化碳排放需要在 2015 年以前达到峰值，然后开始下降，到2050 年的排放水平要比 2000 年水平减少 85%～50%。同样，如果大气温室气体浓度需要稳定在 490～535 ppm 情景下，二氧化碳排放需要在 2020 年达到峰值，然后开始下降，到 2050 年的排放水平要比 2000 年减少 60%～30%。如果大气温室气体浓度要稳定在 535～590 ppm情景下，二氧化碳排放需要在 2030 年达到峰值，然后开始下降，到 2050 年排放水平比 2000年减少 30%或增加 5%（见表 9.3）。

（4）现有各种技术手段和许多在 2030 年以前市场可行的低碳和减排技术，可以较低的成本实现有效的减排，未来全球减排潜力主要在发展中国家。

IPCC 评估报告认为，到 2030 年，不论是宏观经济分析还是部门技术经济分析的经济成本并不高，而且减排量十分可观，能够抵消预计的全球排放增长或将排放降低到当前水平。宏观计算结果表明，若每吨二氧化碳当量的价格为20 美元时，每年的经济减排量可达 90 亿～180 亿 t 二氧化碳当量，若每吨二氧化碳当量的价格为 50 美元时，减排潜力可达 140 亿～230 亿 t 二氧化碳当量，若每吨二氧化碳当量的价格为 100 美元时，经济减排总量可达 170 亿～260 亿 t二氧化碳当量（见表 9.4）。部门技术经济分析结果认为，通过节能及包括健康安全等的社会收益，有 50 亿～70 亿 t 二氧化碳当量减排潜力的经济成本为负，

表 9.4　2030 年全球经济减排潜力（宏观经济研究）（IPCC 2007b）

碳价格 （以二氧化碳当量计） /(美元/t)	经济减排潜力 （以二氧化碳当量计） /(Gt/a)	相对于 SERS[①] A1B[②] 情景的减排量比例 /%	相对于 SERS B2[②] 情景的减排量比例 /%
20	9～18	13～27	18～37
50	14～23	21～34	29～47
100	17～26	25～38	35～53

注：①SERS 为 IPCC《排放情景专题报告》（*Special Report on Emissions Scenarios*）．//http://www.gri-da.no/climate/ipcc/emission/index.htm.

②A1B 和 B2 均为 SERS 中的情景。情景 A1B 的排放量是每年 68 Gt 二氧化碳当量，情景 B2 的排放量是每年 49 Gt 二氧化碳当量。

表 9.5　2030 年全球经济减排潜力（部门技术研究）（IPCC 2007b）

碳价格 （以二氧化碳当量计） /(美元/t)	经济减排潜力 （以二氧化碳当量计） /(Gt/a)	相对于 SERS A1B 情景的减排量比例 /%	相对于 SERS B2 情景的减排量比例 /%
0	5～7	7～10	10～14
20	9～17	14～25	19～35
50	12～26	20～38	27～52
100	16～31	23～46	32～63

注：同表 9.4。

即减排还带来社会收益（见表 9.5）。到 2030 年，各主要部门每年的经济减排潜力（以二氧化碳当量计）分别为：能源供给部门 24 亿～47 亿 t，交通部门 16 亿～25 亿 t，建筑部门 53 亿～67 亿 t，工业部门 25 亿～55 亿 t，农业部门 23 亿～64 亿 t，林业部门 13 亿～42 亿 t，废弃物处理部门 4 亿～10 亿 t。

（5）目前已经实施的减缓政策和措施各有利弊，市场机制和政府干预缺一不可。

IPCC 评估报告进一步表明，尽管有着不确定性，只要给碳一个大于零的价格，只要排放大国参与减排承诺，通过各种政策手段，完全可能将大气温室气体浓度控制在 550 ppm 以下，而且还可能促进可持续发展。给碳排放定价等市场机制能够有效推动低碳产品和技术的开发利用。2030 年之前把碳价格提高到每吨二氧化碳当量 20～80 美元，2050 年之前提高到每吨二氧化碳当量 30～155 美元，能够使 2100 年的大气温室气体浓度控制在 550 ppm 左右。政府可以通过财政投入、制定标准和市场机制等多种手段，在低碳技术的开发、创新和应用等方面发挥重要作用。对发展中国家的技术转让受制于实施条件和财政状况。有效执行《联合国气候变化框架公约》和《京都议定书》将对未来的减排行动起到重要的基础和示范作用。

IPCC 评估报告认为,把大气中温室气体浓度稳定在 445～490 ppm 水平目标,二氧化碳排放的高峰年在 2015 年之前;稳定在 490～535 ppm 水平目标,二氧化碳排放高峰年在 2020 年之前,稳定在 535～590 ppm 水平目标,二氧化碳排放高峰年在 2030 年之前。表 9.3 的数据表明,实现这些稳定浓度目标,都需要二氧化碳排放水平在 2050 年比 2000 年水平有大幅度的减少。从 1990 年到 2003 年的历史排放数据来看,除俄罗斯之外,其他十个国家和地区的温室气体排放都呈增长态势,虽然温室气体排放强度在下降,但其贡献被人口增长和人均 GDP 增长所抵消。从表 9.6 中可明显看出,欧盟 25 国在这 13 年中温室气体排放量只增加 1.3%,远低于美国(17.7%)、加拿大(26.0%)和日本(12.6%),主要原因在于欧盟 25 国人口已经趋于稳定,温室气体排放强度下降幅度也是发达国家中最快的。相反,主要发展中国家(如中国、印度和墨西哥)温室气体排放量的增长主要来自于人均 GDP 增长和人口增长的贡献。

从未来趋势来看,根据美国能源信息署(EIA)2007 年发布的资料,世界各主要国家和地区从 2015 年到 2020 年和 2030 年的二氧化碳排放量相比 2004 年都将继续呈增长态势,但增长幅度各不相同(见表 9.7)。从 2004 年到 2015 年,美国的二氧化碳排放量将增长 11.2%,加拿大增长 12.8%,欧盟 15 国增长 4%,日本增长 2%,澳大利亚和新西兰增长 15.7%,俄罗斯增长 13%,中国、印度、巴西和墨西哥分别增长 61.6%,35.6%,35.9% 和 38.1%。如果国际社会决定把大气温室气体浓度稳定在较低的水平,要求全球二氧化碳排放量在 2015 年前达到峰值的话,欧盟、美国、日本、加拿大、澳大利亚、新西兰等发达国家必须从现在起大幅度减少二氧化碳排放。由于欧盟国家人口增长缓慢,一些国家甚至出现负增长,经济发展趋于稳定,外延型发展的余地不大,而且近年来在气

表 9.6　主要国家温室气体排放量影响因素分解表(1990—2003)(WRI 2005)

国　别	温室气体排放 总量增长率/%	人均 GDP 增长率/%	温室气体排放 强度变化率/%	人口增长率 /%
俄罗斯	−27.5	−16.0	−14.3	31.3
中国	77.3	211.1	−49.8	13.5
韩国	92.7	84.8	−6.6	11.6
澳大利亚	29.0	33.2	−16.8	16.5
美国	17.7	24.7	−19.0	16.5
加拿大	26.0	23.7	−10.5	13.8
墨西哥	29.1	15.2	−8.8	22.9
印度	77.0	50.1	−12.0	25.3
欧盟 25 国	1.3	27.5	−23.5	3.8
日本	12.6	11.4	−2.1	3.3
巴西	52.6	12.4	11.8	21.4

表 9.7　2004—2030 年主要国家和地区二氧化碳排放趋势(EIA 2007)

国家/地区	各年二氧化碳排放趋势/Mt			
	2004	2015	2020	2030
美国	5 923	6 589	6 944	7 950
加拿大	584	659	694	750
墨西哥	385	532	592	699
欧盟 15 国	4 381	4 558	4 579	4 684
日本	1 262	1 290	1 294	1 306
韩国	497	574	614	691
澳大利亚和新西兰	424	490	516	573
俄罗斯	1 685	1 908	2 018	2 185
中国	4 707	7 607	8 795	11 239
印度	1 111	1 507	1 720	2 156
巴西	334	454	500	597
中东	1 289	1 788	1 976	2 306
非洲	919	1 291	1 423	1 655
世界	26 922	33 889	36 854	42 880

候变化领域进行了卓有成效的努力,温室气体排放呈下降趋势。而美国人口和经济仍处于增长期,经济对外扩张的趋势比较明显,温室气体排放还呈明显增长趋势。气候变化是欧盟在国际舞台发挥领导作用的重点领域,控制温室气体排放无疑可以提升其对美国等国的竞争优势。

虽然从未来排放来看,全球温室气体排放主要来自发展中国家,但是从历史责任来看,仅仅从 1950—2000 年 50 年的累积排放来看,附件 1 国家的累积排放占世界的 51.49%,非附件 1 国家只占 46.68%。从人均累积排放来看,附件 1 国家是 459.1 t 二氧化碳,非附件 1 国家为 104.6 t 二氧化碳,相差 4 倍。另外,附件 1 缔约方的人均 GDP,人均温室气体排放量,人均能源消费量分别是非附件 1 缔约方的 5 倍、4 倍和 5 倍。如果以 2003 年温室气体排放强度即单位 GDP 的温室气体排放量来比较的话,附件 1 国家 1 美元 GDP(2000 年购买力平价)为 0.5 kg 二氧化碳当量,非附件 1 国家 1 美元 GDP(2000 年购买力平价)为 0.55 kg 二氧化碳当量,差别并不是很大(见表 2.4)。虽然发展中国家有参与全球减排和限排的必要性,但如果要施加强制性减排或限排措施的话,无疑要威胁到温室气体排放空间,影响其经济发展。

9.3　后京都时代中国的战略选择

应对气候变化,不仅要考虑社会经济发展的现实需要,还要考虑国家和全球可持续发展的战略目标。发达国家在分析认识气候变化的环境、经济和政治风险的基础上,对未来的气候变化在总体上有着明确的战略考虑。例如欧盟,不仅明确了第二承诺期的目标,而且还提出了 2050 年的目标。中国自然环境脆弱,气候变化的潜在影响巨大而深远,作为发展中国家,适应气候变化显然是第一要务。中国在工业化、城市化的进程中,还需要更大的排放空间,但完全可以走低碳发展的道路。这就要求我们充分认识气候变化对中国的各种潜在风险,心中有数,有序应对。

首先,虽然发达国家随着人均 GDP 增长,人均温室气体排放量出现饱和甚至下降的趋势,但这不足以得出人均 GDP 和人均温室气体排放量之间必然存在环境库兹涅茨曲线的结论。从全球层面来看,很少看到人们变得富裕以后自愿大量减排的证据。发达国家之所以出现了环境库兹涅茨曲线趋势,但这在一定程度上受益于制造业向发展中国家的大量转移。而且随着收入的增加,人们对碳密集商品和服务的需求有较高的收入弹性。因此,从全球来看,如果没有足够的政策干预,人均收入增长和人均排放之间的正相关关系将长期存在,必须通过适当的政策措施,才能打破这种联系。退一步说,即使我们暂且相信人均温室气体排放与人均收入之间会出现近似倒"U"型的曲线,但中国也正处于这一曲线的爬坡阶段。

其次,中国政府通过经济增长实现中等小康社会目标的决心和努力,是过去 30 年和未来 20 年能源需求和温室气体排放持续高速增长的主要驱动力量。中国正处于快速工业化和城市化进程之中,二者都需要大量的能源密集型产品。由于资本密集型的工业化和城市化都只是发展进程中的过渡阶段,因此,能源需求的增长将会在中国达到后工业化和城市化实现平衡之后稳定下来。然而,除资本密集型的工业化和城市化之外,由于收入增长和生活水平的提高而导致的对于能源密集型消耗品和耐用品的需求也是中国增长和排放背后的主要驱动因素。技术进步是双刃剑。一方面,能源效率和可再生能源将更有竞争力地促进单位能源消费的碳排放减少,另一方面,技术进步的积极影响又会被预算约束放松带来的价格效应所抵消。在国际贸易分工的大格局下,中国正在成为"世界加工厂",从而增加了中国的能源需求。此外,以煤炭为主的能源资源禀赋也是中国温室气体排放的重要影响因素。

第三,中国对提高能源效率和降低能源强度的目标不仅雄心勃勃,而且已经付出了卓有成效的努力。中国第十一个五年计划(2006—2010 年)明确要求能源强度降低 20%,这个目标对于二氧化碳减排也有重要意义。然而研究表明,即便中国实现了"十一五"期间能源强度下降 20%的目标,也只能做到相对的低碳发展。由于中国目前正处于资本密集型工业化和城市化阶段,投资规模在中国乃至世界历史上几乎都是前所未有的,比如,仅仅在能源部门,在过去几

年里平均每年新装发电能力达 50 MW,总投资规模超过 300 亿元人民币。在建
筑业,平均每年总投资规模也已超过 1 万亿元人民币。由于中国的储蓄率很
高,资金似乎并不是低碳发展路径的关键约束,但资金或者沉淀或者浪费,投资
者更多注意的是短期的经济回报而不是能源节约。能源服务公司虽然发挥了
积极的作用,但很有限。考虑到技术的锁定效应以及制度和消费行为的惯性,
必须及早采取措施。

第四,自 20 世纪 50 年代以来,中国政府就一直在促进能源多样化。尽管
能源多样化相对困难而且代价高昂,中国还是付出了很大的努力来发展水电、
核能、风能、太阳能和生物质能。特别是水电和生物质能的开发已经有了很长
的历史。核能、风能和太阳能尽管目前在能源结构中的比例还非常低,但是近
年来一直都在稳步地增长。伴随着城市化和人民生活水平的不断提高,为了烹
饪和供暖而购买和使用生物质能的人口越来越少。中国生物质能的潜在产量
可高达 3 亿 t 标煤,但是商业利用受到现有技术高成本的限制。风能和太阳能
在边远地区可能很有竞争力,但在其他地方仍需要适当补贴使其在市场上得以
生存。能源补贴是政府为了实现国家能源政策目标而经常采取的一种政策手
段,其存在的唯一理由是外部收益内部化。然而,现实中扭曲的能源价格和补
贴政策已经成为控制温室气体排放的最大障碍,因此,在推进减缓气候变化的
行动中,需要通过引入环境政策,增强许多新能源和可再生能源技术在商业上
的竞争力。

最后,中国是世界经济的有机组成部分,也是全球能源市场上的重要参与
者。能源安全要求中国与世界其他国家开展国际合作,同时中国也需要在世界
能源和气候安全方面承担国际责任。考虑到存在许多其他优先领域而且技术
都相对昂贵,中国的国际能源合作应该分若干阶段逐步推进,从政府对政府的
国际援助,到公共部门与私营部门的合作,最后才是全面的市场运作(Pan 等
2006)。在《联合国气候变化框架公约》和《京都议定书》下,中国是全球碳市场
中的重要参与者,提高能源效率、发展可再生能源和开发利用煤层气甲烷是中
国开展清洁发展机制项目的优先领域。其实在公约框架之外的很多双边或多
边合作,技术合作是这些协议的基石,而且都把目标锁定中国,如《中国与欧盟
气候变化联合宣言》、《亚太地区清洁发展与新气候伙伴关系》等,中国应该利用
自身作为能源消费和温室气体排放大国的优势,促进低碳技术向中国的转让。

后京都国际气候谈判的关键是促进美国和广大发展中国家的参与。在发
展中国家参与的问题上,美国和欧盟立场的差异导致后京都气候谈判缺乏最有
效的集体行动。美国是全球温室气体排放最大的国家,但美国一直不愿意削减
温室气体排放量,在《联合国气候变化框架公约》缔约国各次会议上,美国一方

面将制约发展中国家未来发展的规则纳入国际制度中，另一方面，尽力防止欧盟和"中国＋77国集团"在减缓气候变暖方面的联盟、阻挠旨在让它承担限制温室气体排放义务的制度谈判(Brouns 等 2004)。美国一贯强调通过技术途径解决气候变化问题，在公约框架之外创建了《亚太地区清洁发展与气候新伙伴关系》(APP)等新的合作平台。欧盟作为防止气候变暖集体行动的领导者，欧盟各国积极推进清洁能源技术合作、在选择性激励方面援助发展中国家等，努力减缓气候变化。欧盟国家积极利用现有各种平台(如八国集团领导人峰会、亚欧首脑会议、20国能源与环境部长级会议等)进行国际气候交流与对话，目的是增加发达国家之间以及发达国家与发展中国家之间对气候变化问题的认识，推进《京都议定书》模式。

气候变化已成为2007年的一个热门话题。在2007年初的达沃斯世界经济论坛年会上，气候变化超过恐怖主义、阿以冲突、伊拉克问题成为压倒一切的首要问题。2007年4月联合国大会首次对气候变化与安全问题进行了讨论。2007年6月，气候变化再次成为八国集团峰会的重要议题之一。2007年9月的联合国大会，11月的亚欧首脑会议，12月在印度尼西亚巴厘岛举办的《联合国气候变化框架公约》第十三次缔约方会议，都将专题讨论应对气候变化问题。

虽然国际社会对全球气候变暖的科学认识不断加深，但各国对温室气体减排的负面经济影响仍有很多担心和顾虑。2007年5月，IPCC第三工作组关于减缓气候变化经济影响评估的第四次报告传递了导向性非常强烈的信息：把大气中温室气体浓度控制在较低水平是可能的，而且越早采取行动成本越低；全球未来排放的增长主要来自发展中国家，减排潜力也主要在发展中国家。为了起到表率作用，2007年3月8—9日在布鲁塞尔召开的欧盟春季首脑会议上，欧盟各成员国领导人一致同意承诺到2020年将欧盟温室气体排放量在1990年基础上至少减少20％，如果其他发达国家能够参与类似的承诺，欧盟将考虑减排30％。2007年的八国集团峰会已达成一种政治共识，要正视气候变化，西方八国首脑甚至承诺认真考虑2050年的温室气体排放比1990年的排放水平下降50％的建议，并希望全球温室气体排放大国都为此而努力。

中国目前是全球温室气体排放第二大国。虽然《京都议定书》没有为发展中国家规定具体的减排或限排义务，但是发展中国家日益面临国际社会要求控制温室气体排放的巨大压力。根据国际能源机构(IEA)的预测，中国的温室气体排放量将于2009年前后超过美国，成为世界第一。目前国际媒体对中国的负面报道很多。面对越来越大的国际压力，如果不能有效化解外部压力，中国的发展空间将受到钳制。

胡锦涛主席指出，气候变化是环境问题，也是发展问题，归根到底是发展问题。显而易见，我们要用发展的眼光，来看待和应对气候变化，制定总体方略。中国作为一个负责任的发展中国家，为应对气候变化采取了一系列有利于减缓温室气体排放的政策措施，并取得了初步成效。在胡锦涛主席赴德国出席 2007 年八国集团和五个发展中国家(G8+5)领导人对话会议前夕，《中国应对气候变化国家方案》和《节能减排综合性工作方案》分别于 6 月 4 日和 6 月 3 日对外发布。短短两天之内，气候变化和环保节能等方面的相关政策、方案密集出台，确实让人感受到了节能减排的重要性和紧迫性，也进一步彰显出我国政府在节能减排等方面的决心和勇气。《中国应对气候变化国家方案》是我国第一部应对气候变化的综合性政策性文件，也是发展中国家颁布的第一部应对气候变化的国家方案。节能就是减少温室气体排放。中国一直以实际行动向世界表明，中国愿意和国际社会共同努力来减缓气候变暖的趋势。胡锦涛主席在"G8+5"的对话会上指出，发展中国家工业化、城市化、现代化进程远未完成，发展经济、改善民生的任务艰巨。为了实现发展目标，发展中国家的能源需求将有所增长，这是发展中国家发展的基本条件。因此，在现阶段对发展中国家提出强制性减排要求是不合适的。同时，发展中国家也应该在力所能及的范围内，根据自身情况采取措施，为促进全球可持续发展做出积极贡献。

中国参与后京都谈判的利益体现在三个方面：①争取和维护中国的发展空间；②促进、支持中国的可持续发展；③树立负责任大国的良好形象。中国学者认为，中国在参与后京都国际气候谈判中可以做出三种类型的承诺，即自愿承诺、道义承诺和条件承诺(潘家华 2005)。中国经济要实现低碳发展，其可能路径应该是三种承诺的组合。

第一，自愿承诺。有许多减缓气候变化的措施，其目标并不是气候变化，而是出于能源安全、环境保护和降低成本的考虑，但却有非常好的减缓气候变化的政策效果。中国的可持续发展、新型工业化道路、可再生能源促进法等均具有明确的低碳经济含义。中国提出在"十一五"期间能源强度降低 20% 的目标，作为一种自愿承诺，虽然并不形成刚性约束，却展示了中国主动应对挑战的勇气。

第二，道义承诺。限制奢侈性、浪费性排放，保障基本生存排放。中国人口众多，人均资源禀赋相对不足。中国的资源禀赋不允许无节制的奢侈。中国正处在工业化进程之中，一方面需要较大的温室气体排放空间，另一方面奢侈性消费和浪费性消费也比较严重。中国号召建立资源节约型社会，通过经济手段遏止奢侈浪费，也是对发展权的一种维护，是道义承诺的一种体现，是实现低碳经济发展的重要手段。

第三，条件承诺。中国属于发展中国家，能源效率有待提高，可再生能源开发潜力还很大。如果有资金、技术支持，中国可以进一步减少温室气体的排放，如同《蒙特利尔议定书》一样，有资金和技术援助，中国在限定时间里成功地替代了氟利昂的生产与使用。气候变化是环境问题也是发展问题。解决气候变化问题的实质是实现可持续发展，其关键是实现技术创新、转让、推广，开展灵活务实的国际合作。

总而言之，中国通过经济增长实现全面建设小康社会目标的决心和努力，是推动15～25年中国能源需求和排放增长的主要驱动力。虽然技术进步降低了能源强度，但矿物能源禀赋又对能源多样化的效果产生了制约。中国是一个发展中国家，正处于实现工业化和推进现代化的历史时期。客观地讲，随着经济规模进一步扩大，工业化、城镇化进程加快，居民消费结构升级，中国能源需求会持续增加。国际经验也表明，从全球来看，如果没有足够的政策干预，人均收入增长和人均排放之间的正相关关系将长期存在，必须通过适当的政策措施，才能打破这种联系。向低碳经济转型已经成为世界经济发展大趋势。发达国家已经采取积极措施加强新兴低碳技术研发，开发利用新型替代能源，以期在低碳技术的竞争中抢占前沿技术的制高点。因此，中国需从近期着手，结合中长期发展战略，对现行的可持续发展战略进行调整，将发展低碳经济作为新形势下可持续战略的重要内容。超前认识，超前部署，超前投资，以超常规的措施大规模发展和推广先进能源等低碳技术，为未来国家的发展奠定坚实的技术基础，维护国家长远的战略利益。

参考文献

Capoor K，Ambrosi P. 2006. 2006 年碳市场发展状况与趋势分析(第 1～3 季度)[J]. 世界环境，(6)：52-60.

白春荣. 2006. 技术节能需要拓宽资金渠道[N]. 中国经济时报，2006-11-23.

陈百明，杜红亮. 2006. 试论耕地占用与 GDP 增长的脱钩研究[J]. 资源科学，28(5)：36-42.

陈佳贵，黄群慧，钟宏武. 2006. 中国地区工业化进程的综合评价与特征分析[J]. 经济研究，(6)：4-15.

陈清泰. 2005. 能源财税政策国际研讨会的启示. 在能源基金会高级政策顾问研讨会上的发言(2005-11-18).

陈迎. 2006. 英国促进企业减排的激励措施及其对中国的借鉴[J]. 气候变化研究进展，(4)：197-201.

程实. 2005. 进退两难的能源补贴[N]. 新京报，2005-09-09.

邓华，段宁. 2004. "脱钩"评价模式及其对循环经济的影响[J]. 中国人口·资源与环境，(6)：44-47.

杜婷婷，毛锋，罗锐. 2007. 中国经济增长与 CO_2 排放演化分析[J]. 中国人口·资源与环境，(2)：94-99.

段茂盛. 2006. 清洁发展机制国际制度的现状和走向[J]. 气候变化研究进展，(6)：60-63.

冯飞，周凤起，王庆一. 2004. 国家能源战略的基本构想(总报告)[J]. 经济研究参考，(83)：3-28.

国家发展和改革委员会. 2004. 节能中长期专项规划[G].

国家发展和改革委员会. 2006. 可再生能源中长期发展规划[G].

国家发展和改革委员会能源研究所. 2004. 减缓气候变化——IPCC 第三次评估报告的主要结论和中国的对策[M]. 北京：气象出版社.

国家环保总局中国环境规划院课题组. 2005. 2020 年中国能源与环境面临的挑战与对策[N]. 王金南执笔. 经济参考报，2005-11-10.

国家能源战略课题组. 2003. 国家能源战略的基本构想[R]. 2003-11-10.

国家统计局，国家发展和改革委员会，国家能源领导小组办公室. 2006. 2006 年上半年全国单位 GDP 能耗公报[EB]. 2006-07-31.

过孝民，王金南，於方，等. 2005. 我国环境污染和生态破坏经济损失计量研究的问题与前景[R]//广东省环保总局公众服务网.

韩文科，高世宪，刘小丽，等. 2006. 应对高油价的对策建议[R].国家发展和改革委员会能源研究所，2006-11-15.

韩智勇，魏一鸣，范瑛. 2004. 中国能源强度与经济结构变化特征研究[J]. 数理统计与管理,(11):1-6.

杭雷鸣,屠梅曾. 2006. 能源价格对能源强度的影响——以国内制造业为例[J]. 数量经济技术经济研究,(12):93-100.

何建坤,刘滨. 2004. 作为温室气体排放衡量指标的碳排放强度分析[J]. 清华大学学报(自然科学版),**44**(6):740-743.

何建坤,张希良. 2006. 我国"十一五"期间能源强度下降趋势分析[J]. 中国软科学,(4):33-38.

何祚庥. 2006. "十一五"期间"节能 20%",能做到吗?[R]. 中国科学院院士建议(第 18 期,总第 155 期).

贺秀斌,文安邦,张信宝,等. 2005. 农业生态环境评价的土壤侵蚀退耦指标体系[J]. 土壤学报,(5):852-856.

华建敏. 2006. 加强清洁发展合作,守护人类共同家园[EB]. 在"亚太清洁发展与气候新伙伴计划"部长级启动会上的演讲. 2006-01-12.

蒋金荷,姚愉芳. 2003. 人文发展需求与碳排放需求空间的定量分析[J]. 数量经济与技术经济研究,(11):78-83.

蒋雷. 2006. 中国汽车工业"十五"发展回顾及"十一五"规划展望[G]. 中国中小企业信息网 2006-04-27.

阚海东,陈秉衡,陈长虹,等. 2002. 提高能源效率及结构调整对居民健康影响的评价[J]. 上海环境科学,(9):520-524.

雷惊雷,张占军,吴立人,等. 2001. 电动车,电动车用电源及其发展战略[J]. 电源技术,(1):40-46,59.

李坚明,孙一菱,庄敏芳. 2005. 台湾二氧化碳排放脱钩指标建立与评估[R].//两岸环境保护与可持续发展研讨会论文集[C](内部资料).

李剑平. 1995. 关于汽车排放控制及其建议[J]. 汽车研究与应用,(5):18-23.

李连成. 2006. 交通节能必须予以高度重视[N]. 人民网,2006-11-19.

李新民. 2005. 中国机动车污染控制政策[N]. 人民网,2005-07-15.

林伯强. 2006. 2020 年奇迹:能耗翻一番[N]. 21 世纪经济报道,2006-08-21.

林伯强. 2007. 能源定价:补贴与市场定价并存[N]. 21 世纪经济报道,2007-01-04.

林艳君,冯春萍. 2006. 浅析上海市产业结构变动对能源强度的影响[J]. 中国能源,(2):43-46.

刘成杰,张桂香. 2006. 我国能源消费与经济增长的关系分析[J]. 统计观察,(5):57-58.

刘树杰,陈扬. 2006. 新时期能源价格政策的基本思路[EB/OL]. 国家能源领导办公室网页,2006-05-22.

卢中原(执笔). 2005. "十一五"期间至 2020 年中国经济社会发展的突出矛盾、基本任务、前景展望和政策取向[R]. 国务院发展研究中心内部研究报告.

吕学都. 2007. 全球 CDM 市场发展与中国 MDC 碳融资[R]. 在"实现千年发展目标的中国清洁发展机制开发合作项目"启动会上的发言. 2007-02-06.

马超群,储慧斌,李科,等. 2004. 中国能源消费与经济增长的协整与误差校正模型研究

[J]. 系统工程, **22**(10):47-50.

马凯. 2006a. 驳"中国能源威胁论"[J]. 求是杂志, (21):51-54.

马凯. 2006b. 确保实现"十一五"节能目标[N]. 中国经济导报, 2006-08-12.

马凯. 2006c. 我国当前的能源形势与"十一五"能源发展——在中宣部等六部委联合举办的形势报告会上的报告[J]. 时事报告, (8):8-26.

潘家华. 2002. 人文发展分析的概念构架与经验数据——以对碳排放空间的需求为例[J]. 中国社会科学, (6):15-25.

潘家华. 2004a. 低碳发展:中国快速工业化进程面临的挑战[R]. 中英双边气候变化政策圆桌会议, 北京蟹岛度假村, 2004-10-26.

潘家华. 2004b. 低碳发展的社会经济与技术分析[R]. //滕藤, 郑玉歆, 等. 可持续发展的理念、制度与政策[M]. 北京:社会科学文献出版社. 223-262.

潘家华. 2005. 后京都国际气候协定的谈判趋势与对策思考[J]. 气候变化研究进展, (1):10-15.

潘家华, 庄贵阳, 陈迎, 等. 2006. 英国气候变化政策:通过激励机制促进低碳发展[N]. 中国环境报, 2006-01-27.

气候变化国家评估报告编写委员会. 2007. 气候变化国家评估报告[M]. 北京:科学出版社.

曲格平. 2006. 从"环境库兹涅茨曲线"说起[R]. 在北京大学中国青年环保大会上的讲话, 2006-08-26.

施发启. 2005. 我国能源消费弹性系数变化的初步分析及原因[J]. 统计研究, (5):8-11.

世界银行东亚和太平洋地区基础设施局, 国务院发展研究中心产业经济研究部. 2007. 机不可失——中国能源可持续发展[M]. 北京:中国发展出版社.

斯皮德. 2005. 中国能源政策的成效与挑战[J]. 王燕燕译. 国外理论动态, (8):34-38.

苏伟, 孙国顺, 赵军. 2006.《京都议定书》第二承诺期谈判艰难迈出第一步[J]. 气候变化研究进展, (4):202-203.

唐更克, 何秀珍, 本约朗. 2002. 中国参与全球气候变化国际协议的立场与挑战[J]. 世界经济与政治, (8):35-41.

汪光焘. 2006. 全面落实优先发展公共交通战略, 促进城市科学发展和社会和谐[R]. 建设部部长汪光焘在全国优先发展城市公共交通工作会议上的讲话, 2006-12-02.

王金照(执笔). 2006. 我国节能环保汽车的发展趋势及影响评估[R]. 国务院发展研究中心报告.

王庆一. 2005. 2005 能源数据[EB]. 可持续能源发展财政和经济政策研究参考资料, 美国能源基金会北京代表处.

王志轩. 2006. 火电厂二氧化硫排放控制难题待解[N/OL]. //中国电力新闻网(http://www.cepn.sp.com.cn/hbfb/hbxw/200610100049.htm).

王中英, 王礼茂. 2006. 中国经济增长对碳排放的影响分析[J]. 安全与环境学报, (5):88-91.

魏一鸣, 范英, 王毅, 等. 2006. 关于我国碳排放问题的若干对策与建议[J]. 气候变化研究进展, (1):15-20.

魏一鸣, 廖华, 范英, 等. 2007. "十一五"期间我国能源需求及节能潜力预测[R]. 中国科学院科技政策与管理科学研究所能源与环境政策研究中心/中国科学院预测科学研究中心,2007 年能源与环境政策研究系列研究报告之一.

吴丽兵,黄志斌. 1999. 论当代中国可持续消费模式[J]. 合肥工业大学学报(社科版),(1)：72-78.

吴巧生,成金华,王华. 2005. 中国工业化进程中的能源消费变动——基于计量模型的实证分析[J]. 中国工业经济,(4)：30-37.

吴瑞林. 2006. 不能躺在"环境库兹涅茨曲线"上等拐点[N]. 中国环境报,2006-08-25.

吴文化. 2005. 中国交通运输领域节能现状与政策取向[N]. 中国网,2005-06-21.

吴向阳. 2006. "中英排放贸易制度:成绩、问题与挑战"学术研讨会综述[R]. 研究快讯,中国社会科学院可持续发展研究中心,(30)：1-4.

吴向阳. 2007. 英国温室气体排放贸易制度的实践与评析[J]. 气候变化研究进展,(1)：58-61.

萧代基,庞雅文. 2005. 有害环境的补贴:迈向可持续发展道路上的障碍[R]. //台北:"有害环境补贴的问题与改革对策座谈会"论文,2005-10-19.

徐国泉,刘则渊,姜照华. 2006. 中国碳排放的因素分解模型及实证分析:1995—2004[J]. 中国人口·资源与环境,(6)：158-161.

徐玉高,郭元,吴宗鑫. 1999. 经济发展、碳排放与经济演化[J]. 环境科学进展,(2)：54-64.

杨富强. 2005. 交通和建筑节能是可持续城市能源发展的重点[R]. 能源基金会—中国可持续能源项目.

杨柳,李力. 2006. 能源价格变动对经济增长与通货膨胀的影响——基于我国 1996—2005 年间的数据分析[J]. 中南财经政法大学学报,(4)：51-55.

翟烜,张越. 2006. 新奥运　新北京——环境建设不只一个拆字[N]. 北京娱乐信报. 2006-03-29.

张安华. 2006. 近期有关中国电力行业二氧化硫排污权交易工作的情况[R](内部报告).

张雷. 2003. 经济发展对碳排放的影响[J]. 地理学报,(4)：629-637.

张晓强. 2005. 国家发展和改革委员会副主任就"当前中国节能形势"在"中国发展高层论坛 2005——建设节约型社会国际研讨会"上的演讲稿.

赵一平,孙启宏,段宁. 2006. 中国经济发展与能源消费响应关系研究[J]. 科研管理,(3)：128-134.

赵云君,文启湘. 2004. 环境库兹涅茨曲线及其在我国的修正[J]. 经济学家,(5)：69-75.

郑爽. 2006. 全球碳市场动态[J]. 气候变化研究进展,(6)：281-285.

中国价格协会联合课题组. 2005. 关于深化能源价格改革的若干重要问题研究[J]. 王永治执笔. 价格理论与实践,(10)：7-11.

中国社会科学院农村发展研究所,国家统计局农村社会经济调查司. 2006. 2005—2006 年：中国农村经济形势分析与预测[M]. 北京：社会科学文献出版社.

中国社会科学院数量经济与技术经济研究所课题组. 2006. 国家能源政策的目标及其确定[EB/OL]. //国家能源领导办公室网页,2006-06-13.

中国现代化战略研究课题组,中国科学院中国现代化研究中心. 2007. 中国现代化报告

2007 年——生态现代化研究[M]. 北京：北京大学出版社.

周大地. 2006. 努力实现节能降耗目标，建设节约型社会[R]. 十届全国人大常委会专题讲座第二十一讲讲稿，2006-07-03.

周大地，等. 2003. 2020 中国可持续能源情景[M]. 北京：中国环境科学出版社.

庄贵阳. 2005. 中国经济低碳发展的可能途径与潜力分析[J]. 太平洋学报，(11)：79-87.

庄贵阳. 2006. "十一五"期间能源强度下降 20%目标约束下我国的能源需求及政策措施[J]. 经济研究参考，(77)：5-15.

庄贵阳，陈迎. 2005. 国际气候制度与中国[M]. 北京：世界知识出版社.

Ankarhem M. 2005. A Dual Assessment of the Environmental Kuznets Curve: The Case of Sweden [R]. Umeå Economic Studies, 660, Umeå University, Sweden.

Apostolakis B E. 1990. Energy-capital substitutability/complementarity: The dichotomy [J]. *Energy Economics*, (12): 48-58.

Auld F. 2006. Commentary at COP12/COP2 side event "Low Carbon Development: An assessment of potential for the use of incentives in China" hosted by RCSD/CASS on November 11, 2006.

Baumert K A, Herzog T, Pershing J. 2005. *Navigating the Numbers: Greenhouse Gas Data and International Climate Policy* [M]. World Resource Institute, Washington D C.

Binswanger M. 2001. Technological progress and sustainable development: What about the rebound effect? [J]. *Ecological Economics*, (36): 119-132.

BP. 2007. BP Statistical Review of World Energy 2007 [R/OL]. //http://www. bp. com/productlanding. do? categoryId=6848&contendId=7033471.

Bradley R, Baumert K A. 2005. *Growing in the Greenhouse: Protecting the Climate by Putting Development First* [M]. World Resource Institute, Washington D C.

British Petroleum (BP). 2006. Statistical Review of World Energy 2006 [EB/OL]. //http://www. bp. com, 2007-01-20.

Brookes L. 1990. The greenhouse effect: The fallacies in the energy efficiency solution [J]. *Energy Policy*, (18): 199-201.

Brooks N, Gash J, *et al*. 2004. Climate stabilisation and dangerous climate change: A review of the relevant issues [R]. Background Paper of Defra Scoping Study: Setting a New Agenda for Research Related to Climate Stabilisation.

Brouns B, *et al*. 2004. It takes two to tango: US stall as EU awaits a change of heart at the Climate Conference in Buenos Aires [R]. Wuppertal Institute for Climate, Environment and Energy, Buenos Aires, December.

Chen H, Hu H, Pan J. 2005. Low carbon development: Challenges for China as a rapid industrializing developing country [J]. *China & World Economy*, 13(2): 63-77.

Cluver F H, Cooper C J, Kotte D J. 2005. Role of energy in the economic growth [R/OL]. Rand Afrikaans University, Johannesburg, South Africa, World Energy Council. //http://www. worldenergy. org , 2005-10-20.

De Brueyn S, *et al*. 1998. Economic growth and emissions: Reconsidering the empirical basis of Environmental Kuznets Curves [J]. *Ecological Economics*, **25**(2): 161-175.

DEFRA (Department of Environmental, Food and Rural Affairs). 2006a. EU Emissions Trading Scheme, UK National Allocation Plan [OL]. //http://www. defra. gor. uk/environment/climatechange/trading/eu/nap/index. htm , 2006-12-20.

DEFRA. 2006b. *Climate Change—The UK Programme* 2006 [M]. DEFRA, London.

DEFRA. 2006c. *UK Emissions Trading Scheme* 2005: *Scheme Report and Market Analysis* [R]. DEFRA, London.

DEFRA. 2007. Greenhouse gas statistics show UK on track to double Kyoto target [EB/OL]. News Release. //http://www. defra. gov. uk/news/2007/070131b. htm.

DETR (Department of the Environment, Transport and the Regions). 2000. *Climate Change-the UK Programme* [M]. TSO, London.

Dornau R. 2004. The Emissions Trading Scheme of the European Union. //Freestone D, Streck C eds. *Legal Aspects of Implementing the Kyoto Protocol Mechanisms* [M]. Oxford University Press, 417-430.

DRC (Development Research Center for China Council). 2004. Overview of national energy strategy. //*China National Energy Strategy and Policy* 2020 [R]. Energy Foundation Project Report.

DTI (Department of Trade and Industry). 2003. *Energy White Paper: Our Energy Future-Create a Low Carbon Economy* [M]. TSO, London.

EIA (Energy Information Administration). 2006. *International Energy Outlook* 2006 [M]. Energy Information Administration Office of Integrated Analysis and Forecasting U. S. Department of Energy, Washington, D C 20585.

EIA (Energy Information Administration). 2007. *International Energy Outlook* 2007 [M]. Energy Information Administration Office of Integrated Analysis and Forecasting U. S. Department of Energy, Washington, D C 20585.

Ellis J, Tirpak D. 2006. *Linking GHG Emission Trading System and Market* [R]. OECD.

Fang J, Chen A, *et al*. 2001. Changes in forest biomass carbon storage in China between 1949 and 1998 [J]. *Science*, (292): 2320-2322.

Finamore B, *et al*. 2003. *Demand-side Management in China: Benefits, Barriers, and Policy Recommendations* [R]. Natural Resources Defense Council.

French Brothers Insulation. 2007. Climate Change Levy-How we can help you [OL]. //http://www. insulate. co. uk. ccl. htm. 2007-02-10

Friedl B, Getzner M. 2003. Determinants of CO_2 emissions in a small open economy [J]. *Ecological Economics*, **45**(1): 133-148.

Frondel M, Schmidt C M. 2002. The capital-energy controversy: An artifact of cost shares? [J]. *The Energy Journal*, **23**(3): 53-79.

Future Energy Solution. 2005. *Climate Change Agreement-Results of the Second Target*

  Period Assessment [R]. AEA Technology plc, London.

Galeotti M, Lanze A. 1999. Richer and cleaner? A study on carbon dioxide emissions in developing countries [C]. //*Proceedings from the 22nd IAEE Annual International Conference*.

Giles D E A, Mosk C. 2003. *Ruminant Eructation and a Long-Run Environmental Kuznets' Curve for Enteric Methane in New Zealand*: *Conventional and Fuzzy Regression Analysis* [R]. Department of Economics, University of Victoria. Department of Economics, University of Victoria in its series Econometrics Working Papers with number 0306.

Grossman G M. 1995. Economic Growth and the Environment [J]. *Quarterly Journal of Economics*, **110**(2): 353-378.

Grossman G M, Krueger A B. 1991. *Environmental Impacts of a North American Free Trade Agreement* [R]. NBER Working Paper No. 3914.

Grubb M, Muller B, Butter L. 2004. The relationship between carbon dioxide emissions and economic growth. Oxbridge study on CO_2-GDP relationships, Phase I results.

Guttormsen A G. 2004. *Causality between Energy Consumption and Economic Growth* [R]. Discussion Paper No. 24, Department of Economics and Resource Management, Agricultural University of Norway.

Haites E. 2004. *Estimating the Market Potential for the Clean Development Mechanism*: *Review of models and Lessons Learned* [R]. Prepared for the World Bank, International Energy Agency (IEA), and International Emission Trading Association (IETA), Washington D C report 19.

Haites E, Duan M, Seres S. 2006. Technology transfer by CDM projects [R]. http://www.basic-project. net/data/Brazil_%20sao%20Oaulo/technology%20transfer%20by%20CDM. PDF.

Howarth R B. 1997. Energy efficiency and economic growth [J]. *Contemporary Economic Policy*, (25): 1-9.

Hu X, Jiang K, Liu Q. 2006. Development of China carbon emission scenario toward 2050. Presentation at SB24 side event Asia-Pacific initiative toward Environmentally Sound and Sustainable society, May 23, 2006, Bonn.

Huntington H G. 2005. US carbon emissions, technological progress and economic growth since 1870 [J]. *International Journal of Global Energy Issues*, **23**(4): 292-306.

IEA. 2002. *World Energy Outlook 2002*: *Energy & Poverty* [M]. IEA/OECD, Paris, France.

IEA. 2003. *World Energy Investment Outlook* 2003 [M]. OECD/IEA, Paris, France.

IEA. 2004. *World Energy Outlook 2004* [M]. IEA/OECD, Paris, France.

IEA. 2005. 30 *Key Energy Trends in the IEA & Worldwide* [M]. 30th Anniversary of the International Energy Agency. IEA.

IEA. 2006. *World Energy Outlook* 2006 [M]. IEA/OECD, Paris, France.

IETA (International Emissions Trading Association). 2005. *State and Trends of the Carbon Market*: 2005 [M]. Washington D C.

IPCC. 1997. *Revised 1996 IPCC Guidelines for National Greenhouse Gas Inventory*: Workbook Volume 2 [M]. IPCC/OECD/IEA. UK Meteorological Office, Bracknell.

IPCC. 2000. *Land Use, Land Use Change and Forestry*: A Special Report of the IPCC [M]. Cambridge University Press, Cambridge.

IPCC. 2001. *Climate Change*: Mitigation [M]. Cambridge University Press, Cambridge.

IPCC. 2007a. *Climate Change 2007*: The Physical Science Basis—Summary for Policymakers [R/OL]. //http://www. ipcc. ch/SPM2feb07. pdf.

IPCC. 2007b. *Climate Change 2007*: Mitigation of Climate Change—Summary for Policy Makers [R/OL]. //http://www. ipcc. ch/SPM3may07. pdf.

Jorgenson D W. 1984. The role of energy in productivity growth [J]. *Energy Journal*, **5** (3): 11-26.

Kander A. 2002. *Economic Growth, Energy Consumption and CO_2 Emissions in Sweden, 1800—2000* [M]. Lund Studies in Economic History, 19. Stockholm: Almqvist and Wiksell International.

Kaufmann R K. 2004. The mechanisms for autonomous energy efficiency increases: A cointegration analysis of the US energy/GDP ratio [J]. *Energy Journal*, **25** (1): 63-86.

Kaufmann R K, Azary-Lee I G. 1991. A biophysical analysis of substitution: Does substitution save energy in the U. S. forest products industry? //*Proceedings of Ecological Economics*: Implications for Forest Management and Practice [C]. St. Paul, MN.

Kaya Y. 1990. Impacts of carbon dioxide emission control on GDP growth: Interpreation of proposed scenarios [R]. Paper presented at IPCC Energy and Industry Subgroup, Response Strategies Working Group, Paries, France.

Kushler M. 2004. Trends in utility-related energy efficiency spending in the US. Presented at the AESP Brown Bag Lunch Series, Washington, D C.

Li J. 2004. *Renewable Energy Policy in China*: Financial Incentives [R/OL]. NREL (National Renewable Energy Laboratory) International Programs (www. nrel. gov/international).

Li Z, Ito K, Komiyama R. 2005. Energy Demand and Supply Outlook in China for 2030 and a Northeast Asian Energy Community—the automobile strategy and nuclear power strategy of China [R/OL]. http://eneken. ieej. or. jp/en/data/pdf/300. pdf.

Lin J. 2006. *Trends in Energy Efficiency Investments in China and the US* [R]. Ernest Orlando Lawrence Berkeley National laboratory.

Lovins A B. 1988. Energy saving from more efficient appliances: another view [J]. *Energy Journal*, (10): 157-166.

Nakicenovic N, Swart R (eds). 2000. *Special Report on Emissions Scenarios* [M]. Cambridge University Press, Cambridge.

OECD. 2002. *Indicators to Measure Decoupling of Environmental Pressure from Economic Growth* [R]. Summary Report, OECD SG/SD.

OECD. 2003. *Environmentally Harmful Subsidies: Policy Issues and Challenges* [M]. OECD.

OECD. 2006. OECD Steel Committee sees market outlook bright but slower demand expected in 2007 [N/OL]. //http://www. oecd. org, 2006-11-08.

Pan J, Chen Y, Zhuang G, *et al*. 2006. *Understanding China's Energy Policy: Economic Growth and Energy Use, Fuel Diversity, Energy/Carbon Intensity and International Cooperation* [R]. Background paper prepared for Stern Review on the Economics of Climate Change, Research Centre for Sustainable Development, Chinese Academy of Social Sciences.

Pan J. 2003. *Commitment to Human Development Goals with Low Emission: An Alternative to Emissions Caps for Post-Kyoto from a Developing Country Perspective* [R]. Presentation at UNFCCC COP9 side event hosted by Research Centre for Sustainable Development, Chinese Academy of Social Sciences on December 1, 2003.

Panayotou T. 1993. *Empirical Tests and Policy Analysis of Development* [R]. ILO Technology and Employment Programme Working Paper, WP238.

Panayotou T. 2003. *Economic Growth and the Environment.* //*Economic Survey of Europe* [M]. No. 2: 45-72.

Papineau M. 2005. China Needs to Become a Leading Partner in Efforts to Decarbonize Development [R]. IISD Commentary, February.

Point Carbon. 2006. CDM Host Country Rating (26 February, 2006) [EB/OL]. http://www. pointcarbon. com.

Roca J. 2001. Economic growth and atmospheric pollution in Spain: discussing the environmental Kuznets curve by hypothesis [R/OL]. //http://www. ecap. uab. es/RePEc/doc/wp0101. pdf.

Sandor R L. 2006. Chicago Climate Exchange: Updates and Recent Developments in North America's only market for Greenhouse gas Emissions Reductions". //Kirkman A-M ed. *Greenhouse Gas Market* 2006: *Financing Response to Climate Change* [C], IETA (International Emissions Trading Association).

Scheffran J. 2001. *Economic Growth, Emission Reduction and the Choice of Energy Technology in a Dynamic-Game Framework* [R]. Potsdam Institute for Climate Impact Research (PIK).

Schmalensee R, Stoker T M, Judson R A. 1998. World Carbon Dioxide Emissions: 1950—2050 [J]. *Review of Economics and Statistics*, **80**(1): 15-27.

Schurr S, Netschert B. 1960. *Energy and the American Economy*, 1850—1975 [M]. Johns Hopkins University Press, Baltimore.

Spalding F R. 2002. SD-PAM: *Starting from Development to Tackle Climate Change* [R].

Presentation at Dialogue on Future International Actions to Address Global Climate Change, Brussels, Belgium October.

Srinivasan A (ed). 2006. *Asian Aspirations for Climate Regime beyond* 2012 [M]. Institute for Global Environmental Strategies (IGES), Japan.

Stern D I. 2004. *Economic Growth and Energy* [R]. NRGY: 00147. Rensselaer Polytechnic Institute, Encyclopedia of Energy, Volume 2.

Stern D I, Cleveland C J. 2004. *Energy and Economic Growth* [R]. Rensselaer Polytechnic Institute Working Papers in Economics.

Stern N. 2007. *Stern Review on the Economics of Climate Change* [M]. Cambridge University Press.

Sturluson J T. 2002. *Economic Instruments for Decoupling Environmental Pressure from Economic Growth* [R]. Project Description, August 13, 2002.

Sugiyama T (ed). 2005. *Governing Climate: The Struggle for a Global Framework Beyond Kyoto* [M]. Published by the International Institute for Sustainable Development (IISD), Canada.

Tapio P. 2005. Towards a theory of decoupling: Degrees of decoupling in the EU and the case of road traffic in Finland between 1970 and 2001 [J]. *Journal of Transport Policy*, (12): 137-151.

Toman M A, Jemelkova B. 2003. Energy and economic development: An assessment of the state of knowledge [J]. *Energy Journal*, **24**(4): 93-112.

UNEP Risoe Centre. 2007. CDM pipeline overview (updated July 18, 2007) [EB/OL]. // http://www.cd4cdm.org.

Wara M. 2006. Measuring the clean development mechanism's performance and potential [R/OL]. //http://pesd.stanford.edu/publications/cdm.

Wara M. 2007. Is the global carbon market working?" [J]. *Nature*, **445**: 595-596.

Warwick J M. 2005. *Environmental Consequences of Rising Energy Use in China* [R]. Revised paper prepared for the Asian Economic Policy Review conference held in Tokyo on October 22, 2005.

WHO. 2004. *Environmental Health Country Profile—China* [R]. WHO, Geneva.

World Bank. 1997. *Expanding the Measures of Wealth* [M]. World Bank, Washington D C.

World Bank. 2004. *Clean Development Mechanism in China: Taking a Proactive and Sustainable Approach* [M]. World Bank, Washington D C.

Wynn G. 2007. *Analysis—Kyoto Carbon Trade Seen Buying Planet* 20 *Years* [N]. Reuters News Service (February 9, 2007), UK.

Zhuang G. 2006. Role of China in Global Carbon Market [J]. *China & World Economy*, (5): 93-104.

索　引

后　记

　　本书是在我的博士论文基础上完成的。已经有近十年工作经历的我能够重返校园，进行在职博士学习，机会难得，备感珍惜。我于1995年工学硕士毕业后进入中国社会科学院世界经济与政治研究所，非常荣幸地在潘家华研究员的指导下从事环境经济与可持续发展、能源与气候变化方面的研究工作。虽然我具有自然科学的教育背景，也有在国外进修经济学的经历，并在世界经济与政治研究所历经十年的科研磨砺，但是拥有完整的学历、系统掌握经济学理论和先进的经济学分析方法对我的学术生涯仍具有重要意义。

　　博士论文是我于2004年9至2007年6月在中国社会科学院研究生院攻读博士学位期间，在导师潘家华研究员的悉心指导、严格要求下完成的。论文选题来自潘老师主持的英国外交与联邦事务部资助的"通过激励机制促进低碳发展"项目（2005—2007）。本人亲历该项目的协调运作，为论文的完成奠定了良好的基础。在该项目执行期间，英国驻华使馆王蕾女士一直给予大力支持，在此深表谢意。论文初稿完成以后，潘老师悉心审读，其高屋建瓴般的学术指导，使论文上升了一个新的高度。潘老师严谨的治学态度、渊博的知识、忘我的工作热忱，将激励我在可持续发展经济学研究道路上和今后的工作中不断努力。

　　感谢中国社会科学院可持续发展研究中心的滕藤老师和徐更生老师在工作和学习方面对我的关心；感谢城市发展与环境研究中心牛凤瑞主任和张新平副主任在工作中对我的支持。非常感谢世界经济与政治研究所的领导和同事们对我攻读博士学位的支持，尤其感谢王逸舟研究员对我学术研究的一贯支持、不断鼓励和给予的各种机会。

　　感谢论文答辩委员会委员周大地研究员、徐更生研究员、牛凤瑞研究员、张晓研究员和冯中越教授以及同行评阅专家罗勇教授和张群教授给予的中肯建议。

　　感谢可持续发展研究中心的陈迎博士、张安华博士、崔大鹏博士、陈洪波博士、胡怀国博士、彭武元博士、伞锋博士、赵行姝博士、郑艳博士、朱仙丽博士、吴向阳博士、陈冰波博士、万里霜博士、陈凯元硕士、傅娆硕士、谭芳硕士、谢来辉硕士在我考博准备和攻读博士学位期间的支持。在论文写作期间，同他们的讨论使我受益良多。特别感谢我多年的学术伙伴陈迎博士在工作中给予的支持与配合。感谢赵行姝博士对我若干文章提出的中肯建议。感谢熊健滨女士在日常工作中提供的秘书支持。感谢王玲博士、刘仕国博士、曹永福博士、王智勇博士在计量经济学方面给予的帮助和支持。特别感谢本书的责任编辑、气象出版社郭彩丽女士对本书提出的诸多建设性建议，本书的出版凝结了她很多的心血。

最后要特别感谢的是我的妻子陈蕾，她知书达理，幽默风趣。正是有了她的支持，我才得以在学术研究中投入充足的时间和精力，并取得一定成绩。

由于作者水平有限，不足和疏漏之处在所难免，诚请读者批评指正。

庄贵阳
2007 年 6 月于北京